21世紀の戦争

文藝春秋編

文藝春秋

21世紀の戦争◎目次

第一章●新しい戦争の始まり

二〇世紀の「負の遺産」 柳田邦男（ノンフィクション作家） 2
全く新しいタイプの戦争を克服する道はあるか

自爆テロの研究 立花隆（評論家） 20
自らの命を省みないテロリズムの背景と本質を抉る

その時、ホワイトハウスは… 手嶋龍一（NHKワシントン支局長） 53
NHKワシントン支局長が見たアメリカの惨劇

暴力の悪循環が始まった 吉本隆明（詩人・文芸評論家） 71
同時多発テロからアフガニスタンの空爆へ。この戦争に「終わり」はあるのか

戦争の枠組みを決めたブッシュ議会演説 D・T・マックス（ジャーナリスト） 85
敵を絞り込み、国際政治の中でできるだけ多くの支持をとりつける。流れを決めた演説の書かれ方

我々の側につくか？ テロリストの側につくか？ 112
米上下両院合同本会議でのブッシュ大統領演説全文

文春文庫〈12月の新刊〉

12月7日発売

ずんが島漂流記
波が踊り風が笑う、痛快青春冒険小説の決定版！
椎名　誠
476円
733417-8

幽斎玄旨
馬と茶の湯を知らぬは武士の恥
佐藤雅美
638円
762704-3

一夜の客
盧遮那仏と遣唐使の時代を生きた庶民の哀歓
杉本苑子
505円
722427-5

うつくしい子ども
13歳の弟は猟奇殺人犯!?　兄の孤独な闘いが始まる
石田衣良《いら》
448円
717405-7

怒濤のごとく　上下
アジアが燃える！　日中混血の運命の子の生涯
白石一郎
各552円
737021-2
737022-0

あの世の話
霊能者に聞く〝死後の世界〟と、この世での生き方
佐藤愛子・江原啓之
381円
745005-4

イギリスはおいしい2
誰にも教えたくない、本当のイギリスがここにある
林　望
648円
757008-4

「がん」と言われたとき、読む本

それは違う！
その常識はホントなのか!?
日垣　隆
524円
765502-0

読者は踊る
タレント本から聖書まで、話題の本253冊の読み方
斎藤美奈子
676円
765620-5

屈折愛　あなたの隣りのストーカー
時に凄惨な犯罪に至るストーキング、その精神の病理とは？
春日武彦
562円
712902-7

空母零戦《ゼロ》隊
わが青春に悔いなし!!　零戦パイロットの空戦記録
岩井　勉
514円
765624-8

蝶の戦記〈新装版〉上下
天を奔り地に潜む女忍びの魅力
池波正太郎
各590円
714277-5
714278-3

われらが父たちの掟　上下
殺人法廷は〝同窓会〟だった
スコット・トゥロー　二宮　磬訳
各781円
752791-X
752792-8

超音速漂流〈改訂新版〉
不朽の名作・航空サスペンス、完全版登場
ネルソン・デミル　トマス・ブロック　村上博基訳
705円
752793-6

※数字は本体価格です。定価は別途消費税がかかります。

いま静かな
感動を呼んで
売れています

盲導犬クイールの一生

写真／秋元良平
文／石黒謙吾

12刷

小学生でも1人で読めます。
ルビを大幅に増やした改訂版

大きな反響を呼んだ盲導犬クイールの写真集が再び！　生後すぐから'98年に亡くなるまで、写真と文章でたどる盲導犬の一生の記録

●本体1429円（税別）

「壬生義士伝」お正月ドラマ化

2002年1月2日テレビ東京で10時間ドラマとなって登場

壬《み》生《ぶ》義《ぎ》士《し》伝《でん》

上・下

浅田次郎感動のベストセラー

浅田次郎

「死にたぐねえから、人を斬るのす」壬《み》生《ぶ》浪《ろ》と呼ばれた新選組にあって、ただ一人庶民の心を失わなかった吉村貫一郎の非業の生涯

●本体各1524円（税別）

小さな雑誌に大きな知恵

本の話

1月号の内容は……

対談　鹿島茂×久世光彦

「若き日の読書、晩年の読書」

1月号12月20日発売（毎月20日発売）
A5判・中綴じ96頁
●この雑誌は年間購読者に直送します。購読料は1年12冊分で1000円です（送料込み）。まずお八ガキでお申し込み下さい。
文藝春秋直接販売部「本の話」係

●山本容子が明かす「本と美術」の幸せな結婚

本の話　絵の話

山本容子

二〇〇二年全国巡回予定の「山本容子の美術遊園地展」に先立ち、読書の喜び、装幀の秘密と楽しさ、アートの挑戦を語り明かします

◆12月8日
四六判
上製カバー装
本体価格2286円
357990-7

●島抜け博徒「竹居の吃安」の壮絶な生涯

裏返しお旦那博徒

高橋直樹

名家に生まれながら侠客として名を馳せた吃安《どもやす》こと安五郎。島抜けしてまで故郷にこだわり続けた男の気概とは。気鋭が描く博徒小説

◆12月8日
四六判
上製カバー装
本体価格2095円
320590-X

●涙とユーモアてんこもりの全米ベストセラー上陸！

驚くべき天才の胸もはりさけんばかりの奮闘記

デイヴ・エガーズ　中野恵津子訳

相次いで両親を亡くした21歳の若者が8歳の弟を育てるはめに。超自己流・破天荒な子育てぶりとユニークな構成で話題沸騰の回想録

◆12月7日
四六判
並製カバー装
本体価格2381円
358020-4

●三十を越えて銭湯通いなんて、十年前は考えてもいなかった――

銭湯の女神

星野博美

いとしの香港から帰ってみれば、とかく日本は住みにくい……。銭湯とファミレスから透視する、新しい東京論。大宅賞受賞第一作！

◆12月9日
四六判
上製カバー装
本体価格1524円
358030-1

●心豊かに生きるために、「読むクスリ」。よく効きます

妻が横に立っている

読むクスリ36

上前淳一郎

お馴染みのシリーズ最新刊。不況にも政治不安にもめげず、逞しく活躍する日本企業人たちの奮闘記

12月9日
六判
製カバー装
体価格1143円
58040-9

文藝春秋の新刊

12

2001

「スノードーム」　©大高郁子

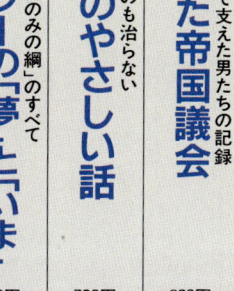

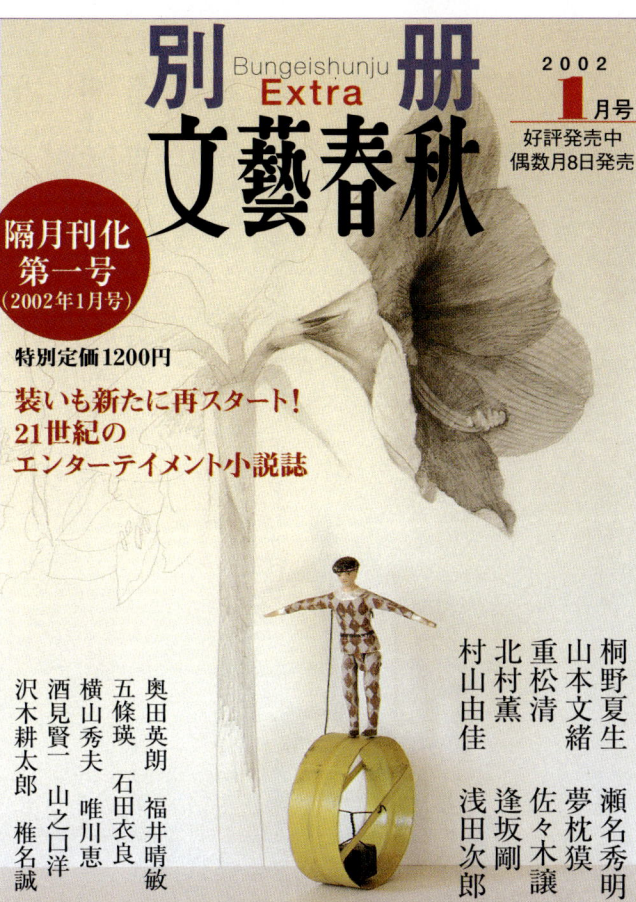

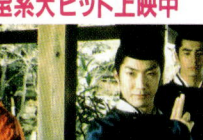

明るく心温まる実話が満載

●300万人「2ちゃんねらー」必読の書！

2《に》ちゃんねる宣言

挑発するメディア

井上トシユキ＋神宮前・org

インターネット最強掲示板サイト「2ちゃんねる」。成功の秘密からネット時代のベンチャー企業のあり方まで主宰者ひろゆきが語る

◆12月8日
四六判
並製カバー装
本体価格1476円
358050-6

●緊急出版！これは世界戦争の幕明けなのか

21世紀の戦争

文藝春秋編

自爆テロと終わることのない報復。「新しい戦争」は何処に向かうのか。立花隆、柳田邦男、吉本隆明、福田和也ら豪華執筆陣による論考

◆12月14日
四六判
並製カバー装
本体価格1524円
358190-1

●第1回松本清張賞受賞作家が描く「またぎ」の世界

春またぎ

葉治英哉

一度はまたぎをやめた半蔵だったが、藩命を帯びて再び「穴もたず」の熊に立ち向かう。またぎとしての自尊心をかけた猟が始まった

◆12月14日
四六判
上製カバー装
本体価格1905円
320600-0

●会社からの手紙、それは希望退職の勧めだった

さらば、愛しきマツダ

迫《さこ》　勝則

九六年四月、フォード傘下に入ったマツダ。日本人社員の運命は激変する。外資進出の時代に、いかに働くべきかを考えさせる手記

◆12月14日
四六判
上製カバー装
本体価格1429円
358070-0

●クレーマー・ムロイの優雅ならざる日常

私は、おっかなババア

すっぴん魂4

室井　滋

ムカツク毎日にクレーマー増加中。そして、ムロイのクレーマー歴はとても長いのだった。放置自転車、ゴミ置場——果てなき闘いは続く

◆12月15日
四六判
上製カバー装
本体価格1238円
357710-6

●戦後最大のスーパースターかく語りき

長嶋茂雄　笑顔の言葉

文藝春秋編

最も日本人に愛された男・長嶋茂雄。巨人軍入団から二度の監督時代までを、インタビューの言葉を通して、偉大な足跡を振りかえる

◆12月14日
四六判
並製カバー装
本体価格1619円
358200-2

●女王様、人生最大のピンチ！

崖っぷちだよ、人生は！

ショッピングの女王3

中村うさぎ

住民税の取りたて、カード会社の支払いの催促……。たまった借金は雪ダルマ式に増える一方。それでも女王様の浪費癖は止まらない

◆12月15日
小B6判
上製カバー装
本体価格1238円
358120-0

渡辺淳一

妖しのシャトウの奥で
おこなわれていた密事とは
現代の性の不毛に鋭く切り込む
衝撃の問題作！

●本体1524円(税別)　320420-2

退屈な世間の良識に敢然と背を向けて、渡辺さんは刺激に満ちた、多くの作品を紡いでこられた。本書は間違いなく、その集大成と言える。　小池真理子

第二章●「イスラム原理主義」という見えない敵

「開かれた社会」の「敵」　山内昌之（東京大学教授）130
「文明の衝突」などと早合点するなかれ。非道なテロリストに対して日本よ、断固たれ！

アラブの大義とは何か　ムハンマド・ラーファアット・オスマン（アズハル大学イスラム法学部学部長）148
真の「ジハード」はパレスチナの防衛戦だけだ／聞き手・構成●金子貴一（ジャーナリスト）

キリスト教徒から見たイスラム　曽野綾子（作家・日本財団会長）×徳岡孝夫（ジャーナリスト）160
ビンラディンの狂気を読み解くためのキーワードとは？

第三章●グローバル経済の行方

世界恐慌から世界戦争へ　福田和也（文芸評論家・慶應大学助教授）182
砕け散った世界金融の砦。21世紀の扉が開いた

「戦時経済」を覚悟せよ　榊原英資（慶應大学教授・元大蔵省財務官）199
「戦争」と同時進行の世界不況が日本を直撃する

二〇世紀の「負の遺産」

全く新しいタイプの戦争を克服する道はあるか

柳田邦男（ノンフィクション作家）

やなぎだ・くにお　一九三六年生まれ。事故、災害、公害、戦争、病気など様々な局面での現代人の「生と死」の問題を問い続けている。

暗い予感の分析

アメリカにおける同時多発テロの映像は、われわれを震撼させるに余りあるものだった。だが、われわれは二一世紀の幕開けの年に起こったこの事件に、ただ驚愕し恐怖心を抱いただけでなく、頭の中のどこかで、これからの時代への暗い予感あるいは不安を感じたにちがいない。

その暗い予感とは、何なのだろうか。それこそが、今しっかりと考え、見極めなければならない問題ではないかと、私は思う。では、問題を見極めるには、どのような方法で分析すればよいのか。

今回のテロは、世界支配の中枢的トポス（場）への直撃をやってのけたことや、大型旅客機を乗客乗員もろとも爆弾代わりに使ったことや、数万の一般市民が出入りしている超高層ビルを一挙に崩壊させ六千人以上もの犠牲者を出したことや、周到に準備され地球規模でネットワークを張りめぐらせた集団自爆のテロであったこと、等々、予想もしていなかった要素に満ち満ちていた。そこには、二〇世紀にはなかった恐怖の形態があった。

それでもなお、それらの要素の一つ一つは過去に全く類例を見ないブランドニューの企てであったのかというと、必ずしもそうではない。今回の同時多発テロを様々な戦争や事件の歴史の潮流の中に置いて分析的に見てみると、衝撃をもたらした要素の一つ一つは、突然変異のように過去から断絶した形で生まれたものではなく、内実においては、過去と濃密につながっているものであることがわかってくる。それゆえに、問題の本質を見極めるには、事件を構成する要素を抽出し、それらの一つ一つについて、どのように二〇世紀の「負の遺産」を引きずっているのか、そこにどのような新奇さを上乗せしたのかを分析する必要があろう。その作業をとおして、これからの時代がどうなっていくのかを考えるべきだと、私は考えている。

そこで、私なりの分析を書くことにする。

自爆テロ戦術の進化

【要素１】新型集団自爆テロの出現

同時多発テロの実行犯は十九人にも上った。多くは二十歳台の若者だが、三十歳台の者もいた。

それだけ多くの青年たちが、同時に自分の命を捨てて航空機で突入死するなどということは、日本の若い世代には現実感をもって理解し得る域を超えているだろう。

だが、二〇世紀前半の世界規模の戦争の時代から、二〇世紀後半の様々な局地戦争やテロリズムの時代を、同時代として生き、作家として多少なりとも戦史研究をした私の眼から見ると、自爆という捨て身戦術は、二〇世紀において脈々と流れを持続してきたものだ。

その最も大規模で組織的なものは、太平洋戦争末期における日本の旧陸海軍による特攻作戦だった。圧倒的な戦力を誇る米軍の艦隊を葬ろうと、陸海軍の航空機や艦艇で敵の艦艇に操縦者や乗組員もろとも続々と体当たりしていったのだ。最後には、人間魚雷「回天」などの特攻兵器も作られた。それらの特攻作戦は国家命令による集団自爆作戦だったと言うことができる。米軍は特攻作戦を"suicide attack《スーサイド・アタック》"(自殺攻撃)と名づけ、レーダーによる探知と航空機と艦の銃砲による迎撃で徹底的に防御した。このため、特攻隊の大部分は体当たり前に撃破され、特攻作戦は凄絶な失敗に終わった。それでも体当たりに成功した機もあったため、米艦隊の乗組員の中には、恐怖のあまり神経症に陥る者が続出した。

自爆戦術が再び世界の注目を集めるようになったのは、パレスチナとイスラエルの紛争においてだった。とくに一九七二年五月のイスラエルのテルアビブ国際空港事件は、世界に衝撃を与えた。PFLP(パレスチナ解放人民戦線)の指令を受けた日本赤軍のゲリラ三人が空港ビル内で自動小銃を無差別に乱射し、一般人二十六人を殺し、七十三人に重軽傷を負わせたのだ。ゲリラの二人は手榴弾で自爆、一人(岡本公三)は逮捕された。その後、トラックなどに爆弾を積んでイスラエル市街地や軍施設などに突入・自爆する事件は、数え切れないほど起きている。

一九九〇年代になると、イスラム過激派は攻撃目標を、イスラエルを支援する超大国アメリカに堂々と向けるようになった。九三年二月、今回と同じニューヨークの世界貿易センタービルの爆破事件（死者六人、重軽傷一千人以上）は、アメリカ経済のいわばランドマーク・タワー的存在を爆破することによって米本土攻撃への狼煙《のろし》をあげたものだと意味づけることができる。

さらに一九九八年八月、ケニアの首都ナイロビとタンザニアの首都ダルエスサラームにある二つのアメリカ大使館同時爆破事件（死者二百四十七人、負傷者五千人以上）は、テロ攻撃を同時に複数個所で起こし得るだけの組織力を持っていることを誇示したものだった。

これらのアメリカへのテロ攻撃は、爆弾を仕掛けこそしても、自爆を覚悟しての特攻的な突撃ではなかった。しかし、この三十年余りのテロの歴史は組織、手段、規模など様々な面で進化の一途をたどっていることから見れば、テロ組織の指導者がアメリカ本土におけるテロの戦果をいちだんと大きくするために、アメリカの政治権力、軍事、経済それぞれの中枢に対する、より巨大な破壊力による同時攻撃を企画するのは必然の流れであっただろう。そのためには、防備が堅固で地上からの突入が困難なペンタゴンやホワイトハウスへの攻撃や、世界貿易センタービルのような超高層ビルに対して致命的な破壊力をもたらす攻撃の方法として、誘導ミサイルに匹敵する何かを懸命に考えたにちがいない。そこに旧日本軍の特攻作戦にヒントを得た大型旅客機を乗っ取っての突入・自爆という戦略が浮上するまでに、さして時間はかからなかっただろう。

かくて自爆テロは、二一世紀を迎えて、再び大きく進化したのだ。

絨毯爆撃に匹敵する破壊力

【要素2】旅客機の破壊力の発見

テロ集団による旅客機ハイジャック事件は、この半世紀の間に数えきれないほど起こっている。しかし、これまでのハイジャックの目的は、乗客を人質にしての、逮捕されている仲間の釈放要求だったり、政治的要求や資金獲得の実現だったり、国外逃亡の手段だったりであって、乗客を皆殺しにするといった残虐行為におよぶことはなかった。一九八六年九月、パキスタンのカラチ空港で、パレスチナゲリラがパンアメリカン航空機を乗っ取った時には、パキスタン軍の特殊部隊が機内に突入して乗っ取り犯を皆殺しにし、その銃撃戦の際に乗っ取り犯以外の乗客乗員にも、死者十人以上、重軽傷約百三十人の被害が出たが、それはテロ集団が計画的に殺傷したのではなかった。

しかし、今回の同時多発テロにおけるハイジャックの目的と形態は全く違っていた。ハイジャックの際に、抵抗する乗員や乗客を容赦なくナイフで殺傷したらしいことが断片的な情報として伝えられている。しかも最終的には恐怖におののく乗客乗員全員を旅客機による体当たり攻撃の道連れにしてしまったのだ。なぜそこまでやったのか。それは、テロ集団にとって、大型旅客機をビルに突入させることによって予想される戦果の前には、百人や二百人の乗客の命などは虫けら同然と見なされたからだ。

実際、彼らにとって戦果は絶大だった。二百トン前後の重量のある大型旅客機が、推定時速四百キロ前後の高速でビルに激突する時の慣性エネルギーによる破壊力は物凄い。三十五年前、羽田空港への着陸に失敗したＤＣ８型機（最近の旅客機よりずっと小さい）が防潮堤に激突して滑走路にバラバラになって転がりこんだが、速度は二百キロ程度に落ちていたにもかかわらず、堅固なコンクリートの防潮堤は爆破されたかのように破壊されていた。防潮堤に比べれば、はるかに構造が弱体の超高層ビルである。しかも、大陸横断飛行のためにジェット燃料を大量に積んでいたのだから、ビルに突入と同時に猛烈な爆燃現象を起こす。超高層ビルは衝撃力と爆燃火災によって、設計強度を失い、凄まじい勢いで崩壊する。ペンタゴンの場合は、通常のビルなので、世界貿易センタービルのような崩壊の仕方は見せなかったが、それでも旅客機突入の衝撃力と爆燃火災による破壊力が凄まじいものであったことは、映像が示している。

かつて第二次大戦中、日本でもドイツでも、一挙に五千人以上の市民が殺戮されたのは、都市への相当大規模な空襲、しかも爆撃機編隊による無差別絨毯爆撃によるものだった。それは、敵の戦意をくじくために、軍事施設の有無にかかわらず、都市の一定の地域を目標に定めると、その地域の住民の殺傷を含めて、縦横に絨毯爆撃を繰り返し、徹底的に破壊し焼きつくしてしまう作戦で、連合軍はそれを「地域爆撃」と呼んだ。投下する爆弾・焼夷弾の量は大変なものだった。

ところが、立体化し過密化した現代の大都市においては、二つの超高層ビルに大型旅客機一機ずつを突入させただけで、のべ数百機の爆撃機編隊を出撃させ、雨霰《あめあられ》と爆弾・焼夷弾を降らせる「地域爆撃」に匹敵する人的被害をもたらすことができたのだ。しかも現代はコンピュータを介する情報ネットワーク社会になっているため、中枢機能を持つビルの破壊は、広域にわたって経済活動と都市機能を麻痺させてしまう。現代都市は脆いのだ。

旅客機が爆弾なしでもこれほどの破壊力を持つ〝兵器〟になり得るのを発見したテロ集団の指導者は、まさに恐るべき存在だ。今回の事件は、都市の立体化、ＩＴ革命、空の過密化が一段と進む国家と社会、さらには国際社会が、その中枢部をピンポイントでねらわれた時の脆さを教えてくれたものだ。その意味で二一世紀への警鐘と見ることができる。

戦争か犯罪か

【要素３】戦争という殺戮《さつりく》正当化の装置

四機の乗客乗員二百六十六人を恐怖に陥れたうえに自爆戦術の道連れにし、さらに地上の六千人以上を殺戮したテロ集団の残虐さは、絶対に許されるべきものではない。首謀者も実行犯も支援者も、すべて裁かれるべきである。だが、その残忍な心は、彼らだけの特異なものなのだろうか。

現代史を振り返るなら、大虐殺の例は枚挙にいとまがないほどだ。ナチス・ドイツによる強制収容所でのユダヤ人数百万人の殺戮、スターリン時代のソ連における反ソ・反共と見なされた人々への拷問・死刑・暗殺の際限のない繰り返し、ベトナム戦争中の米軍によるソンミ事件に象徴されるような村民皆殺し作戦、カンボジアのポル・ポト革命政権による上流階級・知識階級・反ポル・ポト派の百万人虐殺、さらには旧東欧圏のボスニア・ヘルツェゴビナ共和国やコソボ自治州における民族紛争での殺し合いなど、一体人間はどこまで残忍になれるのかと考えこんでしまうような歴史に残る虐殺事件が延々と続いたのが、二〇世紀だった。離れた立場から客観的に見れば、こうした殺戮は許されるべきものでないことは明らかなのだが、殺戮の加害者側は、その渦中においては、常に宗教やイデオロギーや民族主義などを動員しての自己正当化の論理を振りかざしている。

これが戦争になると、いかに残虐なことをやっても、そのほとんどは正当化されてしまう。人口の集中する都市に対する無差別爆撃は、その最たるものだ。無差別爆撃は、スペイン戦争中の一九三七年、フランコ軍を支援するナチス・ドイツ空軍によるゲルニカ爆撃（ピカソが大作「ゲルニカ」で告発した市民虐殺の爆撃だ）や、一九三八年末から開始された日本軍航空部隊による重慶爆撃に始まる。そして、第二次世界大戦に入ると、英空軍が「地域爆撃」と称する爆撃法を考え出し、ドイツの都市に対する猛爆を開始した。そのクライマックスは、一九四三年七月末から八月はじめにかけての工業都市ハンブルク市に対する空襲で、四回にわたり二千七百機の爆撃機を投入し、総計八千百四十トンの爆弾・焼夷弾を投下するという空前の無差別絨毯爆撃によって、約五万人の市民が殺戮された。

この戦果を知った米空軍は、日本を焦土と化すためのB29による大規模な焼夷弾作戦を立案した。一九四五年三月の東京大空襲は、十万人の市民の退路を断って焼き殺したもので、まさに「地域爆撃」の恐怖を示したものだった。そして、五カ月後の八月六日には広島に投下された一発の原爆で二十万人以上の命が奪われ、続く八月九日には二発目の原爆が長崎に投下されて、約七万人が犠牲となった。アメリカの戦争指導者たちは、これで日本を降伏させることができると狂喜した。

繰り返し言うなら、戦争になると、敵味方双方とも、「勝つ」ことが至上目的となるため、どのような大量殺戮でも正当な行為とされるのだ。戦争になると、政治指導者も軍の指揮官も戦闘員も、しばしば人格が変わってしまうのだ。(年月が経ってから、その非人道性が非難されることはあるが。)

今回の同時多発テロは、テロ集団側から見るなら、「地域爆撃」に勝るほどの絶大な戦果をあげたと映っているにちがいない。原爆投下機の搭乗員たちが任務遂行に誇りを感じこそしても、胸に何の痛みも感じなかったのと同じように、テロ集団のメンバーたちもまた、世界貿易センタービルやペンタゴンの凄絶な被害状況を見ても、良心の呵責《かしやく》は感じていないだろう。それはおそらく彼らの心の中に、「われわれはアメリカと戦闘状態にあるのだ」という意識があるからにちがいない。平時とは考えていないのだ。そして、テレビで伝えられた、小躍りして歓喜するパレスチナ難民と同じように、密かに大戦果を祝っているにちがいない。同時多発テロの首謀者と見なされているオサマ・ビンラディン氏や同氏をかくまうアフガニスタンのタリバン政権指導者は、やがて明確に「聖戦《ジハード》」を宣言し訴えるようになる。

これに対し、アメリカ側(およびアメリカを支援する国々)は、同時多発テロは絶対に許せない文明への破壊行為だと人道的観点から断じて、法による裁きにかけると宣言している。それは、本質的には戦争でなく、平時における無防備の市民に対する虐殺の犯罪という位置づけをしているからに他ならない。しかし、ブッシュ大統領は同時に「これは単なるテロを超えた戦争だ」

（事件直後の九月十二日の声明）と叫び、アフガニスタンに対する大規模な空爆や特殊部隊潜入に踏み切っていく。それは単なる報復攻撃を超えた「戦争」への突入となっている。

貧困と宗教と

【要素４】自爆志願の若者像

一体、パレスチナをはじめアラブ諸国の若者たちの中から、テロ集団への参加者や自爆志願者が続出しているのは、なぜなのか。

同時多発テロの犯人十九人の思想的背景については、いまだ明らかにされていないが、自爆テロ志願の若者像を知る手がかりとなる貴重な記事がある。パレスチナ自治区のガザから朝日新聞の川上泰徳記者が伝えてきたもので（同紙九月十五日朝刊）、イスラム過激派ハマスがイスラエルに対する自爆テロをたたえるポスターに遺影を掲げて賞賛している若者の遺書を紹介している。

イスマイル・アルマサワビーという名の二十三歳のその大学生は、「同胞への遺書」の中で、現世を「虫の羽ほどの価値もなく」「楽しみの少ない世界」と見なし、あの世で「預言者や信仰者や殉教者や善行者らと共に真実の座」を与えられたいと願って、殉教者の道を進む決心をしたのだという。彼らは自爆テロを殉教作戦と呼び、自爆者を殉教者としてたたえるのだ。

イスマイル・アルマサワビーは、大学でデザインを学び、卒業間近だったという。しかし、大学に通う自分の身のまわりを見ると、生活水準の高いイスラエルの人々に比べ、パレスチナ人たちはあまりにも貧しい。イスラエルからは、頻繁に軍事的な抑圧を受けている。彼は信仰心が篤《あつ》いがゆえに、富と軍事力の圧倒的な差の中で、ハマスが「武器を持たない者の対抗措置」として推進している殉教作戦に身を投じたのだろう。最近は、学生や学卒者という高学歴の自爆者が多くなっていると、川上記者は伝えている。

貧困と宗教あるいはイデオロギーが結びついたところに、革命家やテロリストが生まれるという構図は、様々な国で歴史的に見られた現象だ。そして、現代においては、貧困の意味が必ずしも衣食住の貧しさに限らなくなっていて、心の渇き、精神生活の満たされない空虚感、社会的（国際的）矛盾への怒りといったものの比重が大きくなってきている。それは、日本においても、一九七〇年代の三菱重工業本社ビル爆破事件（死者八人、重軽傷約三百人）など一連の爆弾テロ事件を起こした過激派グループや、一九九〇年代の地下鉄サリン事件（死者十一人、重軽傷五千五百人）を起こしたオウム信者たちの人間模様にはっきりと現れている。彼らの多くは高学歴者だった。

自爆者は国家間の戦争や宗教紛争・民族紛争の中ではしばしば英雄扱いされ、第二、第三の自爆者を生み出す役割を果たすことになる。私は戦争中の少年時代に頭にたたきこまれた肉弾三勇士の美談を思い出す。一九三二年（昭和七年）二月、中国の上海占領を企図して上陸した日本軍が中国軍と衝突した上海事変のさなかのことだ。中国軍陣地への総攻撃の突破口を開くために、日本軍工兵部隊の三人の一等兵が長さ三メートルの爆薬筒（竹筒に爆薬を詰めたもの）を抱いて鉄条網に突入し、壮絶な爆死を遂げたというのだ。味方のため国のために自分の命を捨てたこの自爆行為は、新聞で美談として大きく報道され、絵本や映画や演劇にまでなり、若い世代に軍国精神を浸透させる役割を果たした。三人が炭鉱労働者、農家、漁師のいずれも貧しい家庭の出身だったことが、一層人々の胸を突いた。（実は三人の爆死は導火線が短くて逃げきれなかったためのいわば事故死だったが、その真相が明らかにされたのは戦後になってからだった。）

後に太平洋戦争末期になり、陸海軍の特攻作戦が開始された時、若い航空隊員たちが潔く体当たり攻撃に出撃していった背景には、肉弾三勇士の美談をモデルとする全国民規模の洗脳キャンペーンがあったのだ。そして、特攻作戦が始まると、爆弾をかかえて敵艦に突入していった隊員たちは軍神としてたたえられ、後続の隊員たちを鼓舞したのだった。

彼らが何のために命を捨てようとしたのか、その心の内実は、遺書や手紙から判断すると、天皇のためであったり、日本の国と国民のためであったり、家族あるいは恋人を守るためであったり、様々だが、散華していった多くの若者たちに共通していたのは、たとえ今は敗れても、いつの日か日本民族が再興し、遺された家族が幸福な生活を送れるようになることへの願望であり、そのための礎《いしずえ》になろうとする決意だった。それはほとんど敬虔な祈りに近いものだった。

日本軍の特攻作戦は、国家間の激烈な戦争の中で、戦力が圧倒的に劣勢になった時に着想されたものだった。攻撃目標は主に敵の艦艇であり、一般市民のいる都市ではなかった。その点では、ある意味で整然とした枠組みがあった。これに対し、パレスチナ過激派の自爆テロは国家間の戦争の中で生み出された作戦ではなく、イスラエルの強力な軍事力に抑圧されたパレスチナ人側の「武器を持たない者の対抗措置」として選択された作戦だ。パレスチナ紛争は国際社会では「戦争」とは見られていないが、パレスチナ過激派にとっては、恒常的に「戦争」が続いている状態なのだろう。それゆえに、彼らは「殉教作戦」という呼称を使い、自爆テロの目標をイスラエル軍の施設や部隊だけでなく、公共施設や市街地やバスなどあらゆるところに広げている。それは、ほとんど枠組みのない無差別攻撃と言ってよい破壊行為になっている。当然多くの一般市民が巻きぞえになっている。

さらに、国際テロの黒幕とされるオサマ・ビンラディン氏を軸にする「アフガン・ネットワーク」につながる中東、アフリカ、アジア各地のイスラム過激派組織のテロ行為は、目の前のイスラエルと戦っているパレスチナ過激派の行動枠を大きく超えて、一九九三年のニューヨークの世界貿易センタービル爆破事件や一九九八年のケニア、タンザニアの米大使館爆破事件に象徴されるように、グローバル化している。そのテロ行為を支える思想は、前述のように、反イスラエルだけでなく、突出した覇権国家アメリカに対する聖戦という色彩を濃厚にしている。この変化は、アメリカの価値観とシステムを世界に押しつけるグローバリゼーションに対抗するための、イスラムの信仰と価値観によるテロのグローバリゼーションと言うことができるのではないかと、私はとらえている。

二一世紀型の「超《スーパー》世界戦争」

【要素5】国家も宣戦布告もない戦争

世界経済の心臓部が破壊され、世界戦略の軍事中枢が直撃されたというのに、どこからも宣戦布告もなければ、犯行声明すら出されていない。ビンラディン氏やタリバン政権指導者が「聖戦」を打ち出したのは、アメリカが報復攻撃を宣言してからだが、その時点でもビンラディン氏らは、同時多発テロを自分たちがやったとは明言していない。

一九九八年八月にケニアとタンザニアで米大使館が相次いで爆破された時には、ビンラディン氏が関与する反米イスラム組織から犯行声明が出された。これに対し、アメリカは事件から十三日後に、報復措置として、アフガニスタン東部のビンラディン氏の活動拠点と、スーダンのハルツーム地方にある化学兵器を製造しているとみられた薬品工場を、巡航ミサイルで攻撃したが、ビンラディン氏の反米テロ活動を封じるだけの戦果はあげられなかった。ビンラディン氏はこの年二月に各地のイスラム原理主義過激派組織の連合組織として「ユダヤ人と十字軍に対する聖戦のための国際イスラム戦線」を結成し、反米テロ活動を広範に展開する体制を整えていた。そして、アメリカの巡航ミサイルによる報復攻撃があると、結成して間もない「国際イスラム戦線」は反米テロ活動の続行を宣言したのだ。

今回の同時多発テロは、準備に五年かけたと推定されている。逆算すると、ケニアとタンザニアの米大使館爆破事件を実行した時には、すでに次の作戦である世界貿易センタービルなどの米本土攻撃の準備は並行して進められていたことになる。巡航ミサイルの攻撃を受けようと、反米テロ活動の続行という強気に出られるだけの根拠があったのだ。

ところが、今度は同時多発テロが実行された後、「国際イスラム戦線」もビンラディン氏が関与する反米イスラム組織も、犯行声明の類は何も出していないばかりか、ビンラディン氏は関与を否定していると伝えられる。

実行犯十九人のうち十二人までが航空機の操縦訓練を受けていたということだけでも、準備がいかに大がかりなものであったかがわかる。綿密な組織的な取り組みがなければ、あれほど確実に作戦を成功させることはできなかったはずだ。にもかかわらず、どの反米イスラム組織からも犯行声明が出されないのは、なぜなのか。いかなる意味を持つのか。

あまりに被害が甚大で悲惨だったがゆえに、犯行声明など出したら、国際社会から孤立するのではないかと恐れたのか。それとも、予想されるアメリカの報復攻撃は巡航ミサイル程度では済まない徹底的なものとなり、草の根を分けてでもビンラディン氏を探し出して暗殺または逮捕するとともに、反米イスラム組織をとことん武力攻撃するのではないかと恐れたのか。それとも、これからは反米テロを、声明などは出さないで黙々と実行し、かえってアメリカ側を不安に陥れようとしているのか。

いずれであるかはわからないが、反米イスラム組織の自己防衛のためには、犯行声明などは出さないほうが得策であることは確かだ。関与を否定しているのに、アメリカが報復措置として無差別攻撃などをしたら、国際世論はアメリカ支援から離れるおそれがある。犯行声明を出さなくても、そういうテロは反米イスラム組織の犯行にちがいないと、誰もが想像する時代になっている。

様々なイスラム過激派のテロが、いよいよアメリカに照準を合わせていることは確かだ。ビンラディン氏が結成した「ユダヤ人と十字軍に対する聖戦のための国際イスラム戦線」の名称が、重要な戦略転換を示している。一九四八年のユダヤ民族の国家イスラエルの建国以来、中東紛争というと、イスラエルに対するパレスチナゲリラの戦いであり、イスラム諸国（アラブ諸国）の戦いだった。アメリカはイスラエルを支援しつつも、仲介役を演じる立場にも立っていた。

しかし、「国際イスラム戦線」は、ユダヤ人と戦うだけでなく、十字軍つまりキリスト教国家とも戦うと宣言したのだ。キリスト教国家とは、湾岸戦争に見られたように、十字軍に似て中東にまで覇権をおよぼそうとする超大国アメリカに他ならない。この宣言はまた、さらに大きな世界戦略として、世界をアメリカを中心とする西欧先進諸国対イスラム勢力に二分割し、その対立の中で、かつて十字軍を壊滅させたのと同じように、アメリカを世界支配の座からたたき落とそうという構想を描いていると読み取るべきだろう。

宣戦布告は、すでに一九九八年の「国際イスラム戦線」結成の宣言でなされている。同時多発テロは、いよいよ戦闘が開始されたことを示したものだと見ると、世界が直面している状況の構図がはっきりと見えてくる。それは二〇世紀を特徴づけた二つの世界大戦とは全く違った様相の「超《スーパー》世界戦争」と呼ぶべきものだ。

平時・戦時のけじめのない時代

同時多発テロは、テレビ時代になってから最も衝撃的な事件だと、誰もが言う。なぜそんなにも衝撃的なのか。映像の凄まじさに驚くだけでなく、事件の構造を以上のように要素に分けて、歴史的な視点を入れながら分析すると、この事件は、二〇世紀において人間が行ってきた恐るべき営為のスタイルをいくつもの側面で引き継ぎながら、それらを一挙に様々な面でいちだんと飛躍させたがゆえに、比類のない衝撃をもたらす事件になったのである。

しかもこの事件は一時的に衝撃をもたらして終わるものでは決してなく、全く新しい二一世紀型とも言うべき「超《スーパー》世界戦争」の始まりとしてとらえる必要があるというのが、私の見方だ。

かつて米ソ対立の時代において、アメリカは、ソ連の核攻撃に対する戦略を、国家安全保障の中心に据えていた。予想される世界戦争とは、東西両陣営間の核ミサイル攻撃や大陸間弾道ミサイル攻撃が中心になるはずだった。しかし、ソ連の崩壊によって、そういう形の世界戦争の危機は去った。

突出した超大国となったアメリカは、強大な軍事力でイラクのような無頼国家や地域紛争を押さえこむことによって、世界の支配者になることを目指していた。この場合においても、対象は国家なので、交渉にしろ妥協にしろ戦争にしろ、一定のルールにそって進めることができた。

しかし、二一世紀初頭を迎えて、無国籍の国際テロ組織が本土に戦争を仕掛けてきて、今回のような大被害を与えるという事態は、安全保障戦略の想定外のことであったろう。しかも国際テロ組織は宣戦布告もしなければ、世界各地に潜むメンバーの所在も明らかではない。超大国対国際テロ組織の戦争には、国家間戦争の場合のようなルールはない。国家間戦争であれば、片方の国が白旗を出せば、それで終結させることができる。ところが、国際テロ組織との戦争となると、相手がどこにどのような戦線を展開していて、いつどこに攻撃を仕掛けてくるのか、どのような手段を使うのか、といったことをとらえることが極めて困難になる。平時なのか戦時なのかのけじめがつかない。千年前の十字軍を引き合いに出すようなイスラム原理主義のテロ集団なのだから、百年戦争のような様相になるだろう。

今回は旅客機を乗っ取って、ミサイルに負けない破壊力で大戦果をあげたが、〝発明〟できる強力な戦法は、サリン、細菌兵器、小型核爆弾など、まだまだある。アメリカをはじめ先進諸国は、情報・通信システムの中枢部、林立する超高層ビル、複雑につながる地下街、原子力発電所、高速交通機関など、ミニマムの攻撃で大被害、大混乱、機能麻痺をもたらす弱点をいたるところに持っている。現代文明の宿命だ。日本も標的になるだろう。

アメリカは異様なまでに報復の念に燃えている。パールハーバー以来の愛国心の盛り上がりだと伝えられる。力で押しまくれば征服できると考えている国だ。だが、今度は相手は島国日本とは違う。右手にコーランを左手に剣をかざすイスラム過激派だ。アメリカが最新兵器を大量に投入すればするほど、アメリカを中心とする先進諸国対イスラム諸勢力という、往年の米ソ対立とは全く異質でやっかいな世界分割と「超《スーパー》世界戦争」の泥沼への危険が大きくなっていくだろう。

二〇世紀は一九世紀には想像もできなかったような姿になった。二一世紀も現在では想像もつかないような道程を歩むことになろう。その道程を人間の性《さが》とも言うべき大量虐殺のやり方を進化させるのではない方向に向けるには、報復主義でない、百年の展望を持った取り組みが発想されなければならないと、私は思う。われわれは二〇世紀の「負の遺産」の歴史からもっと学ばなければならないはずだ。


（「文藝春秋」二〇〇一年十月緊急増刊号）

自爆テロの研究

事件以前と以後で世界はどう変わったのか。
自らの命を省みないテロリズムの背景と本質を抉る

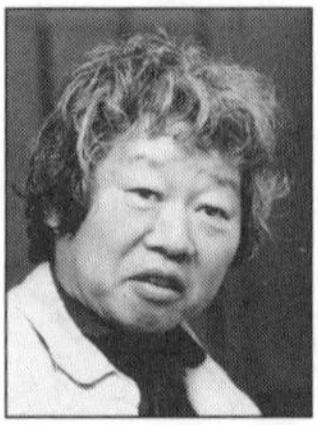

立花隆（評論家）

たちばな・たかし　一九四〇年生まれ。東京大学卒。七四年の「田中角栄研究」以来、幅広い分野で旺盛な評論活動を続けている。

今日はもう九月二十三日である。あの惨劇が起きてからほとんど二週間たつ。世界貿易センタービルはまだ瓦礫の山で確認された死亡者は二百五十二名にすぎない。ジュリアーニ・ニューヨーク市長は、昨日、行方不明者は六千三百三十三人と発表した。その大半は、まだ瓦礫の山の中に眠っていることになる。

断固たる報復を宣言したアメリカは、空母四隻を現地に向かわせた（二隻はもともと現地周辺にいた）。うち一隻は横須賀にいたキティホークで、日本の護衛艦「しらね」と「あまぎり」が警戒監視活動の名目でつき従った。アメリカがいつからどのような軍事行動に踏み切るかは、まだわからない。しかし、空軍にも陸軍にも出動命令が出ていてかなりの部隊が動きだしている。

アメリカ、イギリスの特殊部隊もすでにアフガニスタンに潜入ずみで、オサマ・ビン・ラディンの所在を探しまわっているという情報も流れている。パキスタンのムシャラフ大統領はアメリカへの全面協力を誓っているが、首都のイスラマバードをはじめ、各地で反米デモが荒れ狂っている。アメリカでは、事件以来かかげられていた半旗をもとに戻し、正常業務に戻るよう大統領が呼びかけ、ほとんどの領域で正常に復した（数日前から大リーグの野球も再開した）。

こういったところが、本日ただいまの状況だが、これから数日のうちに状況はさらに激しくどんどん変っていくにちがいない。しかし、ここからは、次々にめまぐるしく変るホットな状況に追随するようなことは書かないつもりである。

そもそもそんなことは、月刊誌というメディアにはできない。特にこの『文藝春秋』という雑誌は、部数が多いために、印刷にも配本にも時間がかかり、この原稿はあと三日で書き上げなければならない。九月二十六日がギリギリの〆切であるから、そこまでの情報しか押しこめない。雑誌が店頭に出るのは、十月十日だから、原稿は二週間寝てしまうことになる。最初に、このような本日の状況を走り書き風にスケッチしておいたのは、この原稿がどういう段階で書かれたかをはっきりさせておきたかったからである。

状況に追随しないとして、私がこれから何を書こうとしているのかを、最初に述べておきたい。

この二週間、多くの人がそうであったように、私も相当の時間をテレビの脇ですごした。新聞、雑誌の記事もむさぼり読んだ。インターネットによる情報集めも相当やって、すでに分厚なファイルが八冊ばかりできている。

この二週間、そうやってメディア報道を追いながら、さまざまのことを考えた。そのさまざまな思いについて書こうと思うのである。

あの事件そのものというよりは、あの事件が意味するものについて書きたい。何人かの人がすでに指摘しているように、あの事件の前と後では、たしかに世界が変ったのである。その変化について書いてみたい。これからさらにそれはどう変りうるのか。何がこの変化をもたらしたのか。アメリカについて。世界について。国家について。政治について。経済について。宗教について。イスラム原理主義について。テロについて。戦争について。メディアについて。

話はいくらでもふくらみそうで、書きたいことは山のようにあるが、目の前に〆切がぶらさがっているので、どうしても限られた主題について「走りながら考える」程度の話しかできそうもない、ということをあらかじめお断りしておく。

一つ一つの主題について考えを詰めることより、インパクトの広がり、考え方の横の広がりのほうに重きを置きたい。また、個々の事実関係の精密さは期さず（事実関係の確認を徹底的にやっているヒマがない）、ある程度、記憶のままに書いていく（事件の発生当初から、テレビのチャンネルをしょっちゅう切り換え、メモも取らずにウォッチしつづけたので、実はそうするより他にないということもある）。

試されたメディアの力量

ただ、どのようなメディアをウォッチしていたかは重要なので最初にまとめて書いておく。

事件の第一報は、アメリカのメディアに勤める友人からきた。「大変なことが起きた。すぐテレビをつけろ。CNNが実況をしている。貿易センタービルに飛行機が突っ込んだ。ペンタゴンも襲撃されたらしい。テロだ。どこがやったかはわからない」。すぐCNNをつけると（以下もそうだが、すべてCATV〔ケーブルテレビ〕経由である）、貿易センタービルから煙が出ていたが、ビルはまだ建っていた。正確な時間はわからないが、当日起きたことの前後関係から、現地時間（以下、日付、時間はアメリカ東部時間）九時四十三分（ペンタゴン突入）から、九時五十分（南棟崩壊）の間であることはまちがいない。CNNからBBCに切り換えてみると、そちらでも実況中だった。次々にチャンネルを切り換えてみると、情報量において、CNNとBBCが他を圧していることが明らかだったので、それから数日間、主としてこの二つのチャンネルを見た（他の仕事をしているときもどちらかをつけっ放しにしておいて、しょっちゅう切り換えていた）。それに次いで見たのが、経済ニュース専門局のCNBCであり、ABC（NHKのBS1がほとんど流しっぱなしにしていた）である。日本の局ではNHKとNNN24（日本テレビ系列のニュース専門局）をときどき見たが、他の民放局はほとんど見ていない（見ていればすぐにわかったが、ニュースのホットな第一報は各局ともほとんどCNNから仕込んでいた）。

新聞は報道一般をおさえるのに朝日と日経を見、あとは解説と論調中心に主要紙をチェックした。アメリカの新聞、雑誌も一日遅れでチェックしたが、内容的には、インターネットによるチェックのほうが早かった。——たとえば、〈Poynter．org〉は、全米百七十九紙の当日（号外も含む）と翌日の新聞（二百三十七紙）のフロントページを、カラーでズラリとならべているが（当日分は八ページにわたって、翌日分は七ページにわたって）、これは実に壮観である。このページは今も残っているから、今からでも一見することをおすすめしておく。火を噴く貿易センタービルの写真とともに、**"U.S.ATTACKED" "TERROR" "OH, MY GOD!" "DAY of Terror" "AMERICA UNDER ATTACK" "DAY of Horror"** などの大見出しがならぶ全米の新聞のフロントページを一見すると、アメリカ人にとって、この事件がどれほど大きなインパクトをもたらしたかが、すぐわかる。こんなことは、インターネット時代になってはじめて可能になったことである。インターネット以前、どんな大図書館、情報センターに行っても、これだけの新聞をならべて見るなどということは絶対にできなかった。

大事件が起きると、メディアの力量が試される。今回の事件によって示されたことは、いまやメディアの主役は、完全にテレビとインターネットに移ったということである。大事件が起きると、人は新聞の号外を待つのではなく、テレビやコンピュータのスイッチを入れるのである。アメリカの政府高官たちも、この事件の第一報が伝えられてすぐにしたことは、テレビのスイッチを入れることだったと述べている（MSNBCチェイニー副大統領インタビュー）。

事件初期の報道で、「エッ!?」と疑問に思ったこととして、CNBCのレポーターが、貿易センタービルの崩壊の前に、大きな爆発音が聞えたといっていたことがある。

CNBCは経済情報（特に株式市場・金融市場情報）の専門局だから、ニューヨークの市場が開けば、ニューヨークの、東京市場が開けば東京の市場情報をリアルタイムで毎日伝えつづけている（もちろん、ヨーロッパ、アジアの市場情報も同時に）。市場の値動きだけでなく、経済ニュース、解説も随時やっているので、私はふだんから常時ウォッチしていた。この日も、ニューヨーク市場はどうなったのだろうと思って、CNN、BBCに次いで切り換えて見ると、ニューヨーク証券取引所の内部をカメラは映していたが、取引は行われていなかった（九時半ごろ停止と決った）。しかし取引所の中にはいつものようにトレーダーが沢山右往左往していた。皆どうしていいのかわからないようだった。トレーダーたちのど真ん中に、いつものCNBCの女性レポーターがいて、貿易センタービルの事件で本日の取引は停止になったと早口に繰り返し、ビルの被害の様子とか、今後の市場再開の見通しといったことをしゃべりつづけていた。貿易センタービルには、世界四十八カ国の証券・金融関係の企業が多数（約千二百社）入居していてその営業拠点、情報拠点になっていた（メリルリンチの本社もここにあったし、ウォールストリート・ジャーナルの本社もここにあった）。

つまり、あのビルはアメリカ資本主義最大の拠点というより、もはや世界資本主義最大の拠点といってよいような存在だったのである。昼間人口約五万人。それは一つのビルというより、一つの国際都市といってよかった（だからあれほど多数かつ多国籍の被害者が出た。テロリズム根絶のために世界中の国が共同で立ち上がるべしとのアメリカの呼びかけに多数の国が素早く同調したのも主要各国すべて被害者を出していたからだ）。

あれだけ大きな被害が出ると（事件の全容が判明せず、今後の展開も予想できず）、とりあえず市場を閉鎖せざるをえなかった。ビルの崩壊以前に、ビルの機能が停止し（緊急避難がすぐにはじまった）、ビル内企業の経済活動が停止して、金融・証券市場の相当部分の動きがとれなくなった。そして世界資本主義の最も大きな歯車の一つであるニューヨーク市場が動かなくなったのである。あのビルは、アメリカ資本主義のシンボルとしてテロリストに狙われたのだろうが、その効果はシンボルレベルにとどまらなかったわけだ（それに比べペンタゴンへの攻撃はシンボルレベルにとどまった）。

第三の爆発があった

ＣＮＢＣの女性レポーターが報告している最中に、貿易センタービルの崩壊という驚くべき事態が発生した。貿易センタービルとＮＹ証券取引所は、わずか五、六百メートルしか離れておらず、それがもたらした大混乱は、取引所周辺の人々にもすぐ伝わったから、取引所のフロアのまん中にいた女性レポーターは、事件の報告者として絶妙の立場に置かれることになった。彼女はときとして、取引所の外にまで出て情報を集め、戻ってきてはすぐまた臨場感あふれる報告をするというなかなか優秀なレポーターだった。貿易センタービルの崩壊についても、彼女がすぐに報告したのだが、そのとき彼女は、それが、「第三の爆発の直後だった」といったのである。「エッ、第三の爆発だって？」というスタジオのキャスターからの反問に、「ええ、第三の爆発があったんです」と、彼女は確信をもってハッキリ答えた。北棟への飛行機の衝突を第一の爆発、南棟への衝突を第二の爆発として、その次にもうひとつ爆発があり、そのあとにビルが崩壊したというのである。それを聞いて、私は、なるほどそういうことだったのか、とわかったつもりになった。

今回の事件で、私が何より驚いたのは、あのビルに飛行機をぶつけるという自爆攻撃のすさまじさもさることながら、それによって、あのビルが二つとも崩壊して消えてしまったという事実のほうである。

あの事件を、はじめのほうからリアルタイムで見ていた人は、ビルの上のほうに飛行機が衝突し、火災を起したビルから煙が出ているという光景をしばらく見ていたわけだが、そのときは、よもやそのビルが間もなく崩壊して消滅してしまうなどとは夢にも思わなかったにちがいない。私もそうである。あれを見ながら、「あーあ、すごいことをやったな。こりゃ相当の被害が出るな」と思ったものの、惨劇が起きたとまでは思わなかった。むしろ、つづいて映し出されるペンタゴンの突入現場を見て、「こりゃ、アメリカの面目丸つぶれだな」と、テロの政治的効果の大きさのほうに考えが走った。「ええッ!」と思わず目を疑い、言葉を失ったのは、やはり、あのビルが目の前で崩壊していくのを見たときである。特に北棟である。南棟のときは、はじめから飛行機の衝突の打撃と火災の被害が甚大そうに見えただけに、崩壊までは予想できなかったものの、考えられないことが起きたとは思わなかった。しかし、北棟の崩壊は全く考えられないことが起きたと思った。北棟は、飛行機の衝突などはものともせず(と思えた)、衝突後もそこに立派に立ちつづけていたのである。崩壊しはじめた瞬間、「エッ、ウソ」と思わず頭の中でつぶやいた。変な表現だが、それはあまりに見事な崩壊だった。ハリウッドがCGで上手に作ったスペクタクル映画の特撮場面を見せられた思いで、リアルなできごととはとても思えなかった。「エッ、なんで? なんで?」と私はあの崩壊がなぜ起きたのかその理由がつかめず、頭の中で何度も自問しつづけた。

北棟は衝突してから一時間四十五分後の十時三十分ごろに、南棟は衝突後一時間後の十時ごろに崩壊した。専門家が説明するところによると、あのビルは全体がトリカゴ状の構造になっていて、日本のビルのように、中心部に巨大で頑丈な鉄骨構造があって全体を支えるという構造にはなっていない。ビルの全外周をトリカゴのように囲んでいる細目の鉄骨が全体としてビルを支え、床板はトリカゴにピンで留めただけという弱い結合になっていた。そのため飛行機が飛びこんだフロアの床がまず衝撃と火災で下に抜け落ち、その重さで次の床が落ち、その重さでまた次の床が落ちという具合に、上のほうから床板が順次抜け落ちていって、ついにそれがどこかで耐えきれなくなり一挙に下までドスンときて崩壊にいたったのだという。

私はこの説明に、なるほどそういうこともありうるのかと思う一方、完全には納得していない。そうすると、衝突後ビルがまだ立っているように見えた一時間（南棟）ないし二時間近く（北棟）の間、私たちが見ていたのは、トリカゴの形骸だけで、内部では、床板が次々に抜けていく崩壊過程が進行していたことになる。その緩慢な崩壊過程がどこで最後の一挙のクラッシュにいたったのか。そのような過程をふむことで、本当にあの絵に描いたような一瞬のクラッシュが現出するのか。またそうであれば崩壊後もトリカゴの外側の相当部分（内部の床が中抜きされる形で残った部分）は構造的に残ったはずだが、それは見つかったのかなどの疑問が残る。現在の現場の映像を見ると、トリカゴの下の部分が少し残っていることがわかるが、下のほうであれだけ残るなら、上の中抜きされた部分はもっと残るはずではないか。

専門家の説明を聞いて、そういうこともあるかと思うようになったのは、ずっと後のことで、私はしばらくの間、CNBCレポーターの「第三の爆発」発言が強く印象に残っていたので、あのビル崩壊は、爆弾によるものとばかり思っていた。つまり、テロリストグループは上に飛行機をぶつけただけでなく、下にも爆弾を仕込んでおいて、それを爆発させたのではないかと考えたわけである。リアルタイムであのビル崩壊をウォッチした人には強く印象に残っていると思うが、あれはアメリカのビル解体専門業者が大量の爆薬をビルの基礎部分に仕込んで、一挙にビルを崩壊させるときとそっくりの現象だった（それはリアルタイムでウォッチしていた人には明らかだったと思うが、あとで編集されたハイライトしか見ていない人にはわからないかもしれない）。とてもあれがトリカゴ内部の連続床抜けの集積で起きたこととは思えなかった。

イラクの関与が疑われる理由

あのテロリストグループ（ビン・ラディン周辺にいるアル・カイーダグループ）には、高度の爆弾技術があることがよく知られている。特に、ビン・ラディンの直接的関与が強く疑われている、九八年のケニア、タンザニアのアメリカ大使館爆破事件の現場写真を見た人にはそれは明らかだろう。しかし、それだけでなく、最近の爆弾テロの現場写真を見ると、いずれもそのすさまじい破壊力に驚く。たとえば、九五年のオクラホマ連邦ビル爆破事件（これはイスラム過激派ではなく、アメリカの右翼白人至上主義者によるもの）を見れば、大きなビルを一つ吹き飛ばすくらい何でもなくなっていることがわかる。

そして、よく知られているように、貿易センタービルは、九三年にも、イスラム過激派による爆弾テロを受けている。この事件の背景にも、ビン・ラディンがいたと疑われているが、実行犯グループは、エジプト人、パレスチナ人などからなるグループで、逮捕された六人はいずれも、各懲役二百四十年の刑に処された。首謀者のラムジ・ユーセフはイラクから送り込まれたエージェントであり、このテロはイラク政府の支援を受けた国家支援テロというのが、アメリカの治安当局者の見方である。

今回の事件についても、一部からイラク政府の関与が強く疑われているのは、フセイン大統領がいち早く、このテロはアメリカに下された鉄槌であり、これまでアメリカがしてきた非道無道な行為に対する当然の酬いだとする声明を発表したことにあるのではなく、九三年の貿易センタービル爆破をやったグループの関与が疑われているからなのである。事件後、グループ全員が逮捕されたわけではないし、背後関係がすべて明らかになったわけでもない。同じグループがあの事件の続きとして貿易センタービル爆破をまたやった可能性があると疑われていたのである。事件後、FBIの当局者、あるいはもっと上部の高官の記者会見で、この事件の背後にイラクの存在は考えられないのか、と問う記者団に対し、当局が一貫して、「その可能性は否定しない」と答えているのは、そういう含みなのである（実はこれまで他にも、トンネル爆破、橋爆破など計画段階で摘発されたテロ計画が幾つかあり、それにもイラク関与説がささやかれていた）。

つまり、可能性としては、貿易センタービルの崩壊は、ハイジャック機をぶつけて自爆した連中とは別のグループ（九三年爆破の流れをくむ連中）によって同時多発的に仕掛けられた爆弾によってもたらされた可能性があるということである（飛行機の衝突とビル崩壊の間の大きな時間差もそれならわかる）。その場合、爆弾は前と同じように自動車に積んで地下駐車場に置かれたと考えられる。

九三年の場合、爆弾は化学肥料を原料とする手製の爆弾だった。ある種の化学肥料を使うと高性能の爆弾を作ることができる。日本の三菱重工ビル爆破事件（七四年。東アジア反日武装戦線）に使われたのも、アメリカのオクラホマ連邦ビル爆破事件で使われたのもそうだった。九三年の爆弾は重量約七百キロという大型のもので、レンタカーのバンに積まれて地下二階の駐車場の一画に置かれた。犯人は約二十センチの導火線に火を点けたあと別の車で逃走した。爆弾は床に直径五メートル近い穴を開け、その直接の被害は上下五フロアに及んだ（発生した瓦礫は六千八百トン）。人的被害は、死者六人、負傷者一千人にとどまり、ビル下の地下鉄の駅の天井の一部が落ちたが、ビル自体はゆるぎもしなかった。

爆弾が大型だったのに、ビルの被害が意外に小さかったのは、車を置いた場所が、ビルの中心部からちょっとずれた（ビルの外壁面から約二・五メートル離れていた）ため、ビルを支えている柱そのものにダメージを与えることができなかったからである。

この九三年の爆弾テロをやった連中にしてみれば、もうちょっとのところで、ビルを倒壊させられたのにと口惜しい思いをしただろうから、もう一度やって今度はぜひ成功させたいという動機もあるし、どこにどの程度の爆弾を仕掛ければそれが可能かというノウハウもあるわけで、私はこの話、可能性としては大いにあると思っている。

問題は、本当のところどうだったかである。それは現場のブッに聞いてみなければならない。

実は、九三年の爆弾事件のときも、事件発生当初は、それが爆弾テロとは誰も思わず、消防、警察など行政当局は、当初それは地下の発電機の燃料タンクの爆発によるものと思われるなどと発表していたのである。

それが爆弾テロとはっきりするのは、FBIの専門家が詳細な現場検証を行い、さらに、六千八百トンの瓦礫を一つ一つ調べていって、爆弾の証拠を発見したからである。

つまり、いま貿易センタービルの崩壊現場では、六十万トンに及ぶ瓦礫の山を取りのける作業が昼夜兼行でつづけられているが、それが終ってみないと（爆弾なら仕掛けられたにちがいない地下の駐車場の部分までいたらないと）、爆弾テロであったかどうか、正確なところはわからない（爆弾の破片あるいは爆破の痕跡物などのブッを発見するか、あるいはビルの基礎の破断部分を発見して、破面解析から破断原因を探る）ということである。そしてそこまでいくのに、あとどのくらいかかるか、今のところ全くわからないのである。

私は可能性としては五分五分だと思っている。そして、爆弾テロであった場合、問題となってくるのは、首謀者が誰であったか、それにどの程度ビン・ラディンがかかわっていたかという点だろう。九三年の爆弾テロの場合、ビン・ラディンが関与していたことが疑われはしたが、その関係が明確に出ていたわけではない。九八年のケニア、タンザニアの米大使館爆破の場合は、単なる疑惑でなく、明白なつながりが立証できたので、アメリカは正式にビン・ラディンを訴追するとともに、スーダンとアフガニスタンにあるアル・カイーダの基地（とおぼしき箇所。誤爆説もある）に巡航ミサイルを何発もぶちこんでいる。しかし、九三年の貿易センタービル爆破事件では、アメリカはビン・ラディンに対して目に見える報復は何もしていない。確たる証拠（ハード・プルーフ）をつかんだ場合と、そうでない場合にはアメリカの行動様式に明白なちがいがある。

今回アメリカは、事件はビン・ラディンがやったことは明白だとしているが、ビン・ラディンの関与をどこまでつかんでいるのかまだ必ずしも明らかでない。怒りのあまりか、これまでのような手つづき（ハード・プルーフの公表、訴追の提起）をふまずに、攻撃されたらやり返すのが当たり前だとばかり、いきなり軍事行動に走ろうとしている。幾つかの国から（日本は入っていない）、軍事行動への支援を求めるなら、まずビン・ラディン関与の明白な証拠を示してからにすべきだとやんわりさとされているが、それは当然といえば当然だろう。関与の証拠がない軍事報復は、昔アメリカによくあったモブによるリンチ首吊りと同じである。

ネクロポリスを再生できるか

さてここで、もう一つ貿易センタービルの崩壊に関していっておきたいことがある。それが爆弾テロによって崩壊したのではなく、専門家がいうようなプロセスで崩壊したのであるとすれば、私はむしろそのほうが問題だと思っている。

あのビルは、現代文明の技術の粋をこらして作られ、現代文明の進歩と富のシンボルとして、マンハッタン島の金融中枢、ウォール街を見下ろすように作られたビルだった。それは一見モダンで華奢なように見えて、実は飛行機がぶつかってもこわれないだけの構造的な強さをもって作られたといわれていた。

それが異常な衝突事件によるとはいえ、あれほど簡単に消滅してしまうとは、そのこと自体がむしろ異常と私には感じられた。現代文明の技術の枠とは、それほどはかないものだったのか。むしろこれは現代文明の技術の枠のもう一つの側面、可能なかぎりのコスト・カッティング手法の結果だったのではないか。あらゆる面で安全係数ギリギリの線を追求していった結果、その相乗効果が悪いほうに働いたということではないのか。地震学者によると、飛行機衝突時ビルが受けた衝撃は、地震に換算して、M一・〇（北棟）とM〇・九（南棟）でしかなかったという。地震としては全くとるに足りないレベルである。それがどのようなプロセスをたどったにせよ、結果としてあのような惨事を招いてしまったことに問題はないのか。崩壊まで一時間弱ないし一時間半以上の時間があったのである。ことの進行（床の連続落ち）がある程度途中でわかり、警報を出すということがなぜできなかったのか。

なぜ？　なぜ？　の疑問ばかり湧いてくる。私はかつて、ニューヨークに長期滞在して長大なレポートを書いたことがある（「ニューヨーク’81」『くりま』八一年春号）。その最後のところで、マンハッタン島には、マンハッタンヴィル大断層という巨大な活断層があり、地震学者の中には西暦二〇〇〇年までに大地震が起きる可能性があるという人もいるのにニューヨークの高層ビルがその可能性をまるで考えないで作られているのは危いと書いた。さらに、地震がなくてもいずれニューヨークの死ぬ日がくるとして、こう書いた。

「畢竟《ひっきょう》するに歴史上あらゆるメトロポリスの繁栄は、ネクロポリス（死者の都市）への道程でしかなかった。それも外部からの破壊によってではなく、精神的、道徳的、肉体的（都市機能的）病いによる病理現象としてすべてのメトロポリスは死んでいったという、（中略）そしてこのニューヨークは、ネクロポリスへの過程の最終段階にすでに足を踏み入れているというべきだろう」

いまニューヨークは、局所的にネクロポリスそのものになってしまった。このネクロポリスをもう一度再生させることができるかどうか。その活力の有無によって、ニューヨークないし、アメリカという国のパワーが試される。

自爆テロの源流

さて、九三年の爆破事件に関して、もうひとついっておきたいことがある。実はこのとき、テロリストの当初計画では、一本のビルを傾けさせてもう一方のビルによりかからせるようにした上、ビルの上部に青酸ガスを大量発生させる装置をつけて（傾かせると自動的に起動するような化学反応装置を作ることは可能）、大量無差別殺戮《さつりく》をはかることになっていたと伝えられている。はじめてその情報を聞いたとき、これはほとんどマンガのような荒唐無稽な計画だと思って、思わず笑ってしまった。しかし、その後オウムの事件があり、今回の事件があってみると、現代という時代は、「ほとんどマンガ」の発想がぜんぜん笑いごとではない時代になってしまったのだなと思ってゾっとした。頭の中が「ほとんどマンガ」としかいえないようなお粗末な連中でも、現代技術のノウハウさえ獲得すれば、「ほとんどマンガ」を現実化することが可能な時代になってしまったということである。

もう一つ、この事件で、昔は荒唐無稽の発想と笑っていたことなのに、本当に現実になってしまったと思って愕然としたことがある。それは、一九七二年のテルアビブ空港乱射事件（日本赤軍の奥平剛士、安田安之、岡本公三の三人が空港で銃を乱射して、無差別テロをはかった事件。死者二十六人、負傷者七十人以上。奥平、安田の二人は乱射後手榴弾で自殺。生き残った岡本だけが裁判にかけられた）の裁判で、日本赤軍の岡本公三被告が最終陳述でいったことである。

これは当時の新聞報道にもでなかったことなので、読者の記憶にもないはずだが、私はこの裁判を週刊誌記者として、法廷で取材していたため、岡本の次のようなセリフを鮮明に記憶している。

「世界あらゆる所で、一国的限界にとらわれることなく、世界革命を起していく。世界の人に警告しておく。これから同じような事件（無差別殺人テロ）は、ニューヨークで、ワシントンで次々に起る。ブルジョワ側に立つ人間は、すべて殺戮されることを覚悟しておかねばならない」

記者の間では、岡本のこの陳述は、「何考えてるんだろう。ホントにバカみたい」といった評価しか受けず、そのため誰もこのくだりを記事にしなかったのだが、私は、『週刊文春』（七二年八月七日号）の「テルアビブ事件　狙いはダヤン暗殺だった」という記事の中に、このくだりをちゃんと記録しておいた。結局、いま考えてみると、今回の事件で、このときの岡本の予言がある意味で実現してしまったことになる（もっとも世界革命戦争の一環としてではなく、イスラム原理主義過激派の世界テロ戦争の一環としてということになるが)。

それでつくづく感じるのは、この三十年間、恐るべき勢いで世界の一体化が進んだなということである。岡本の陳述がなぜそれほどバカにされたかというと、三十年前、ニューヨークやワシントンで、アラブ人や日本人など異国のテロリストが無差別殺戮のテロをやりたいと考えても、そんなことが実現できるような物質的基盤も、人的基盤も何もなかったからである。しかし今はそれが可能になっているのである。経済のグローバル化、文化のグローバル化、交通、通信のグローバル化がこの三十年、恐ろしい勢いで進んだ。そのポジティブな面にはみんなすぐに気がつくが、それだけグローバル化がすすめば、犯罪、テロなど、社会のダークサイドも同時にグローバル化がどんどん進むのである。

テルアビブの事件でもう一つ思いだしたことがある。それは、イスラム原理主義過激派の自爆テロ攻撃の源流も、このテルアビブ空港乱射事件にあったということである。

パレスチナでは、昔から、激しいテロ活動が繰り広げられてきた。最初は、パレスチナを委任統治していたイギリスに対して、独立を求めるユダヤ人の闘争として。イスラエルが独立したあとは、主権を取り戻そうとするパレスチナ人の反イスラエル闘争として。

そのあまりにも複雑な歴史的経緯は省略して、今につながるテロについて述べると、はじめテロ活動は、パレスチナ・ゲリラ組織(民族主義者の組織と、左翼革命運動組織があった)の軍事行動の一環として、ヒット・エンド・ラン的にイスラエルの国家組織(軍、警察、官庁など)に対して仕かけられた。それはあくまで敵に打撃を与えてすぐに逃げる、生還を期す戦闘行為だった。

すべてが死の覚悟をもってしなければならない危険な行動ではあったが、はじめから必ず死ぬとわかっていて突っ込む自殺的作戦はなかった。ゲリラ組織はいずれも人的資源が豊かでなかったから、兵士の損耗はできるだけ避けなければならなかったのである。

そこに、自殺的特攻作戦を持ち込んだのが、日本赤軍のロッド（テルアビブのパレスチナ名）空港作戦だった。はじめから死ぬとわかっていて突っ込む特攻作戦は、アラブ人に衝撃を与えた。それは彼らには考えられない行動だったから、オカモトはたちまち、英雄にまつりあげられた。

殉教は生より望ましい

この衝撃的な特攻作戦が生まれた背景には、実は日本の連合赤軍の凄惨なリンチ事件（七二年）があったのだということを重信房子は『わが愛わが革命』（講談社）の中で明らかにしている。

「『一人じゃなかったわ。十何人殺されたのよ。ミエコも殺されたのよ』すべてを聞いたとき、奥平君の顔がゆがんだ。（中略）『おれたちが、何のために、ここで、ここにいると思ってるんだ』（中略）いったい、わたしたちの死に方とはどういうことなのだろうか。真の死に方、真に革命的な死に方とは何か。自分が死ぬことを避けて通っている限り、殺すことは間違いである。殺すということは、自分の死を代償とする以外にはあり得ないのである。そのことを、日本の仲間たちはわかっていない。（中略）今、このとき、わたしたちのとるべきなのはどんな行動か。真の闘いと、真の死を、すべての人たちにわからせる作戦とはいったい何か」

こうしてロッド空港作戦は構想されたのである。そこには、自分の命と引きかえなら相手を殺してもよいという日本的テロリストの美学が働いていたといっていいだろう。

この作戦に対してパレスチナ人の革命組織、ＰＦＬＰは、「その闘争こそ、自分たちが党派を組織して以来、最もやりたかったことだったけれど、だれもできなかった闘争だ」と、すごく感動して協力したという。パレスチナ人の革命派組織は、オカモトをほめたたえたものの、自分たちが特攻作戦でそれにつづこうとはしなかった（危険性のきわめて高い作戦は展開したが、死ぬことが絶対の前提となる作戦はしなかった）。パレスチナ人が独自にやった特攻作戦のはじめは、七四年のキルヤトシェモナの事件（別表参照）であるが、ちょうどこのころ私はベイルートに取材に行っており、町中いたるところに特攻攻撃者をたたえる写真入りのビラが貼りめぐらされているのを見て驚いたことを記憶している。彼はオカモト以上の民族的英雄になったが、その後彼に従う特攻攻撃者はほとんど出ていない。特攻作戦はあまりにも合理性に欠けているからである。別表は、ロッド空港事件以後に中東で起きた特攻（的）作戦、自爆攻撃の一覧表（新聞から拾ったもので、完全なものではない）であるが、これを見るとわかるように、自殺攻撃が急にふえるのは、九〇年代にイスラム過激派が自爆攻撃作戦を取り入れるようになってからである。左翼革命主義者たちは、基本的には合理主義者であるから、自殺そのものを前提とする作戦は取れなかったのである。しかし、イスラム過激派は宗教的信念にもとづいて、死という前提を平然と乗りこえてしまった。彼らにとって、神のために死ぬ殉教は、生より望ましいものだったからだ。

イスラム教では、神（アッラー）のために闘う「聖戦（ジハード）」という概念がある。もとも

年	月日	場所（国名がないものはイスラエル）	状況	犯人（犯行声明を出した組織）	被害
1974	4・11	キルヤトシェモナ	アパートに侵入、岡本公三らの釈放要求	パレスチナ解放人民戦線司令部派	18人死亡、16人負傷、犯人自殺
	5・15	マーロット	小学校に侵入、岡本公三らの釈放要求	パレスチナ解放民主人民戦線	24人死亡、70人負傷、犯人射殺
1975	3・5	テルアビブ近郊	ホテルに侵入	PLO	13人死亡、23人負傷、犯人射殺・逮捕
1983	4・18	ベイルート（レバノン）	米大使館爆破	イスラム聖戦	約30人死亡、約100人負傷
	11・4	ティール（レバノン）	イスラエル軍施設にトラックが突入	イスラム聖戦	50人死亡
1994	4・6	アフラ	バスの脇に止めてあった車が爆発	ハマスかイスラム聖戦	8人死亡、50人以上重軽傷
	11・11	ガザのユダヤ人入植地	自転車が軍監視所に突入	イスラム聖戦	4人死亡、10人重軽傷
	12・25	エルサレム	バスセンターで爆発	ハマス	犯人死亡、イスラエル兵ら12人負傷
1995	1・22	ネタニヤ	兵士用バス停で爆発	イスラム聖戦	21人死亡、62人負傷
	1・30	アルジェ（アルジェリア）	警察本部近くで車が爆発	イスラム過激派	40人死亡、250人負傷
	4・9	ガザのユダヤ人入植地近く	バスに車が接近、爆発	イスラム聖戦	6人死亡、30人以上負傷
	7・24	テルアビブ近郊	路線バス内で爆発	ハマス	6人死亡、33人負傷
	8・21	エルサレム北部	バス内で爆発	ハマス	5人死亡、100人以上負傷
	11・2	ガザ	バス内で爆発	イスラム聖戦か	11人負傷
1996	2・25	エルサレム	兵士用バス乗り場に車が突入など	ハマス	25人死亡、80人負傷
	6・26	ダーラン（サウジアラビア）	米軍居住区にトラックが突入	イスラム原理主義者	23人死亡、340人負傷
1997	3・21	テルアビブ	中心街のカフェで爆発	ハマス	3人以上死亡、47人負傷
	4・1	ガザ	スクールバスを狙って爆発	イスラム聖戦か	犯人2人死亡、5人負傷
	7・30	エルサレム	マハネ・エフダ市場で爆発	イスラム聖戦か	14人死亡、170人負傷

	9・4	エルサレム	ベン・エフダ通りで三回爆発	ハマス	6人死亡、165人負傷
1998	10・29	ガザのユダヤ人入植地	イスラエル軍用車に車が突入、爆発	ハマス	2人死亡、3人負傷
	11・6	エルサレム	車が爆発	イスラム聖戦	2人死亡、25人負傷
2000	10・12	アデン(イエメン)	米イージス艦にボートが突っ込む	アル・カイーダ	6人死亡、11人不明、35人負傷
	10・26	ガザのイスラエル軍駐屯地近く	自転車に乗った男が自爆	イスラム聖戦	犯人死亡、数人負傷
	11・22	ハデラ	爆弾を積んだ車がバスに近寄り爆発	不明	1人以上死亡、約20人負傷
2001	3・4	ネタニヤ	商業地区で大きな爆発	ハマス	4人死亡、44人負傷
	3・27	エルサレム	バスに乗っていた人物が下車直後に自爆	ハマス	犯人死亡、約20人負傷
	3・28	パレスチナ自治区近く	宗教学校の生徒たちに近づき自爆	ハマス	3人死亡、4人負傷
	4・22	テルアビブ近郊	バス停留所で爆発	イスラム過激派	2人死亡、約40人負傷
	5・18	ネタニヤ	建物に入ろうとした男が警備員に止められ自爆	ハマス	6人死亡、約110人負傷
	5・25	ハデラ	乗用車がバスに接近し爆発	イスラム過激派	犯人2人死亡、36人負傷
	6・1	テルアビブ	ナイトクラブ前の列に割り込み自爆	イスラム聖戦	18人死亡、86人以上負傷
	6・22	ガザ	車に巡回中の兵士が近づくと爆発	ハマス	2人死亡、1人負傷
	7・16	ビンヤミナ	バス停で爆発	イスラム聖戦	3人死亡、11人負傷
	8・9	エルサレム	レストラン内で爆発	イスラム聖戦	15人以上死亡、88人負傷
	8・12	ハイファ	レストラン内で爆発	イスラム聖戦	犯人1人死亡、20人負傷
	9・4	エルサレム	市中心部で爆発	イスラム過激派	犯人1人死亡、13人負傷
	9・9	ナハリヤ	駅で、列車到着直後に男が自爆	不明	4人死亡
	9・9	ネタニヤ	交差点で停止中の車が爆発	不明	犯人1人死亡

とイスラム教は教祖のムハンマドが異教徒と闘うこと（聖戦）によって確立したものであるから、後世の信徒も、それにならって常に異教徒と闘いつづけ、イスラム教を世界中に広げることが求められている。つまりジハードへの参加はイスラム教徒の義務なのである（だからサラセン帝国は一挙に広がっていった）。そして、ジハードにおいて死ぬことは殉教者になることで、殉教者として死ぬことは、イスラム教徒にとって最高の功徳となる。イスラム教の聖典である「ハディース」はジハードについて次のように教えている。

「たとい一日でもアッラーの道の戦に身を投ずることはこの世とそこにあるすべてのものより良く、（中略）人がアッラーの戦で朝な夕な歩む一歩の方がこの世とそこにあるすべてのものより良いのだ」「我々のうちで殺される者は天国に入るであろう」「アッラーの御為めに殺された人たちを決して死んだものと思ってはならない。彼らは立派に神様のお傍で生きておる」「聖戦に匹敵する行為は何であるかお教え下さい」「それは見当らない」「天国に入ることになる人は、たといこの地上に何を持っていようと、現世に帰ることを誰一人として望まないが、ただ殉教者だけは別で、彼は神から与えられる恩寵のことを知っているため、現世に戻り、さらに十回も殺されることを切に願うのだ」

日本人はこんなものを読んでも、「ただの紙の上の教えじゃないか」と思うだけかもしれないが、熱心なイスラム教徒は、これをそのまま本気で信じているのである。彼らの最大の関心事は現世のことではなく、死後天国に行けるかどうかである。殉教は天国へのパスポートだから、現世で生きつづけるより、殉教者になって天国で生きるほうが何倍もいいと信じているのである。

タリバンがなぜ強いかというと、彼らはイスラム神学校出身者の集団で、熱心な信徒以上に、イスラムの教義を強く信じ、死をいとわないどころか、死（殉教）を望んで戦うからである。イスラエルにおけるイスラム過激派による自爆テロの成功率が高いのも、彼らが自らの死を本気で求めて突っ込んでいくからである。かつて、イスラエルの治安当局者に取材したとき、

「死を恐れる気持が少しでもある者の攻撃はいろいろ防ぎようがある。しかし、かけ値なしに本当に死ぬつもりで突っ込んでくるテロリストの攻撃は防ぎようがないというのが本当のところだ」

といわれたことがある。あらゆる人間が本能的に持つ死の恐怖は、個としての死がそのまま個より上の次元での生に一致すると思えたときにのみ乗りこえることができる。それが殉ずるということである。命を捨てて自分より高次の存在である何ものかにつくすのである。殉ずる対象によって、殉職もあり、殉国もあり、殉教もあるが、殉職にも、殉国にも、やむを得ずという側面があるのに対して、殉教の場合は、喜んでであるからそれだけ強い。

天国と暗殺の関係

日本は特攻隊という形で、多数（三千人以上）の殉国者を出した伝統を持つ国である。特攻隊員の手記を読むと、彼らの多くがほとんど宗教的といっていいほど強い情念をもって、国に殉じていったことがわかる。昭和戦前の日本は、現人神の支配する神国であったから、そこで育った若者たちは、国に対して宗教的情念（熱狂的愛国心）を持つようになり、それに身を捧げること

に喜びを持つことができたのである。特攻隊員に選抜された、ある飛行予備学生はこう日記につづっている(『学徒出陣の記録』光人社)。

「一大記念すべき日なり。私の身を心を、祖国に捧げ得る日が予約された日だ。何たる喜びぞ。光栄無上絶対なり」

彼らが実際に、敵の戦艦に突っこんでいくときは、どんな気持だったのだろうか。九月十二日、テレビが繰り返し繰り返し映し出す、貿易センタービルに突っこんでいく飛行機の姿を見ているうちに、私はふとあのビルが特攻隊機が突っこんでいった戦艦のブリッジのように見えてきて、そんなことを思った。衝突の瞬間、あの飛行機の操縦席にのっていたイスラム過激派の連中にも、自分たちが悪をなしているという意識は全くなかったにちがいない。むしろ自分はいま神の腕の中に飛びこみつつあると思って、一種の法悦境にひたっていたのではないか。

宗教の恐ろしさはここにある。その信仰の内と外では、正義と悪が全く逆転してしまうのである。

最近ブッシュ大統領が好んで使う、テロリストの呼称は、"evil-doers"(悪をなす者たち)だが、彼らにとっては、自分たちこそ神に忠実な信徒、正義の使徒であり、アメリカのほうこそは悪魔そのものといっていい、悪をなす者どもの国なのである。

私が彼らを見ていて思いだすのは、十一世紀から十三世紀にかけて、イラン北部の山岳地帯にいた暗殺者教団のことである。これはマルコ・ポーロの『東方見聞録』にも出てくる話だが、そこに「山の老人」と呼ばれる老人が支配する国があった。老人は山奥に、ムハンマドがコーランの中で説いた天国のありさまそのままの庭園（ブドウ酒・牛乳・蜂蜜・清い水がいつも流れ、そこで思いのままに美女を手に入れ心ゆくばかりの快楽に耽ることができる）を作り、そこに、十人ないし二十人の腕のすぐれた若者を選抜していれてやった。彼らには沢山の美女をはべらせ、珍味佳肴と美酒でもてなし、好き放題の快楽生活を送らせてやったので、彼らは自分たちが本当に天国に来ているのだと思いこむ。老人が誰かを暗殺したいと思うと、数名の若者を呼んで、こういう。

「もう一度お前たちをあの天国にやってやりたいと思うから、特にお前たちを選んでこの使命を託するのだ。さあ行け。ただ某々を殺しさえすればよいのだ。万一お前たちが失敗して死ぬようなことがあっても、そのまままっすぐ天国に行けることは疑いない」（『東方見聞録』）

そうすると、若者たちはまたあの夢のような生活に戻りたくて、必ず暗殺の使命を果した。「山の老人」は周辺の国の為政者を暗殺の恐怖でおびえさせ、貢物をよこさせるなどしたので国は栄えたという。ウソのような話だが、これは史実なのである。ただ、「山の老人」は、本当に天国のような庭園を作ったのではなく、若者にハッシッシ（麻薬）を飲ませて、天国にいるような幻覚を作りだしてやっただけなのだという（この史実から、暗殺者を「アサッシン」というようになった）。「山の老人」の一派は、当時のイスラム世界の支配者であるセルジュクトルコ朝に反逆した過激派で、暗殺を武器として、三世紀近くにわたって、辺境の地を支配した。暗殺された者の中には、セルジュク朝の宰相、ペルシア宰相、モスール王、マラガ王、エジプト回教王、ダマスクス王、アゼルバイジャン王、エルサレム王などもいる。

「死を恐れるな。できるかぎりアメリカ人を殺せ。殉教者になれば天国に行ける」と若者を煽る、ビン・ラディンなどイスラム過激派の指導者たちは、いってみれば、現代版の「山の老人」のようなものである。

イスラムから見た十字軍

それに対して、世界の文明国は、みな連合して、イスラム過激派のテロリストたちをやっつけろ、と怒号するブッシュ大統領は、まるで現代版十字軍のオーガナイザーのように見える。十字軍とは、よく知られるように、十一世紀から十三世紀にかけて、ヨーロッパのキリスト教徒が力を合わせてイスラム教徒に支配された聖地を取り戻そうと、七回にもわたって組織され、パレスチナに攻めこんだ連合軍のことである。

実際、ブッシュは、九月十六日の演説で、テロリストへの闘いを「十字軍」と表現したが、これが大変な反発をイスラム諸国から招くことになった。ブッシュの基本戦略は、イスラム圏の中でアフガニスタンのタリバン政権を孤立させた上で叩くことにある。そのためには、他のイスラム諸国から協力を得ることが不可欠なのだが、「十字軍」の一言がそれをぶちこわしにしてしまった。このあたり、欧米人にも、日本人にも、いちばん知識が欠けているところだが、十字軍の評価ほど、イスラム諸国と西欧諸国でちがっているものはない。西欧では、十字軍はキリスト教精神に高揚した人々の勇敢な行動で、イギリスの獅子心王リチャード一世、フランスのルイ聖王、ドイツのフリードリヒ二世などの有名君主も軒なみ参加した高貴な行為だが、攻めこまれたアラブ側にしたら、突然暴力的に襲ってきて、国土を奪い、民衆を大量殺戮していった侵略者であり、野蛮人であり（当時の文化水準はイスラム圏のほうが西欧よりはるかに上だった）、人食い人種だったのである。

これまでの世界史が、一方的に西欧からの視点で書かれ、日本人もそういう本で歴史を学んできたため、西欧人と同様の十字軍認識を持つ人が多いが、それは誤りである。いまは幸い日本には『アラブが見た十字軍』（ちくま学芸文庫）というすぐれた歴史書（著者はレバノンの代表的ジャーナリスト。以下、いずれも同書からの引用）があるから、それをちょっとのぞいてみれば、西欧流の歴史書で教えられていた十字軍と、史実としての十字軍がどんなにちがうものであったかがすぐわかる。一言でいえば、それは略奪と殺戮の連続だったのである。

「二日後、城壁内にムスリムの者は一人もいなかった。（中略）脱出した者もわずかながらいたが、他は何千という死体となって家の戸口や寺院の周辺にできた血の海の中に投げ出されていた。（中略）エルサレムのユダヤ人の運命も悲惨きわまるものであった。（中略）居住区の全員が、しきたりどおりシナゴーグ（ユダヤ教の寺院）に集まり、祈りを捧げる。するとフランク（西洋人のこと）は出口を全部ふさぎ、次いで、周りに薪を積み上げ、火を放つ。脱出を試みた者は近くの路地でとどめを刺され、他は焼き殺された」

「〈マアッラで、われらが同志たちはおとなの異教徒を鍋に入れて煮た上に、子どもたちを串焼きにしてむさぼりくらった〉――この告白はフランクの年代記作者であるカーン（北フランス）のラウールのもの」

「彼らはカルフールと呼ばれるフランクの狂信的な一団を見た。彼らは大声でサラセンの肉を食ってやるぞとわめきながら、村々をねり歩き、夕方には火の周りに集まって獲物をむさぼり食べるのである。（中略）この点につき、フランクの年代記作者、エクスのアルベールの次の一文は、彼自身マアッラの戦いに参加しているから、残忍さを伝えて比類がない。〈わが軍は殺したトルコ人やサラセン人ばかりでなく、犬も食べることをはばからなかった〉」

こういう話が西側の史料をもとにウンザリするほど紹介されている。イスラム諸国が十字軍に対して今でも恨み骨髄で、決して許すことができないと思っている理由がわかるだろう。イスラム諸国においては、十字架はそのような悪行のもとになった悪のシンボルであるから、国際赤十字もない。代りに「国際赤三日月（Red Crescent）」がある。

ビン・ラディンの国際的なテロリストグループの連帯組織の名前が、「ユダヤ人と十字軍に対する聖戦（ジハード）のための国際イスラム戦線」となっているのも同じ理由からだ。彼らの視点からは、いま中東で起きていることは、西欧諸国が聖地奪回をはかろうと起した新しい十字軍戦争である。その尖兵がイスラエルなのである。イスラム過激派とは、その十字軍に対決するイスラム側の尖兵なのである。

問題は「文明の衝突」ではない

ブッシュが呼びかけた、ビン・ラディンと彼のテロ組織を根絶するための国際連帯組織に十字軍の名前を与えたとたん、せっかく取りつけていたイスラム諸国からの協力がご破算になりそうになった。過激派でないイスラム教徒にとっても、十字軍は千年来のイスラムの敵であり、現代の中東問題もその延長上にあるというのは共通認識なのである。ブッシュ大統領はあわてて不用意な発言を取り消して、協力を取りつけ直した。

しかし、アメリカ人の心の中には、これは十字軍なのだという意識が強くあるようで、九月二十三日のＡＢＣテレビ“This Week”に出演したパウエル国務長官も「この十……（this crus……）」といいかけて、キャスターから、「十字軍という名前は二度と使わないようにしたんでしたよね？」といわれて、「そうそう、使いません」とあわてて答えるような一幕があったことからもそれがうかがえるだろう。アメリカだけでなく西ヨーロッパ首脳の中にも「これは十字軍」と公言する人がいまだにいて、イスラム諸国の猛反発を招いている。

よく新聞論調などで、これを「文明の衝突にしてはならない……」という言い方がなされることがあるが、私はそれは誤りだと思う。「文明の衝突」はこれからするさせないの問題ではなくて、すでに千年も前から起きているのである。その衝突が千年間つづいてきた結果として今日の事態があるのである。その認識なくして十字軍と言いかけて危うく口をつぐむという程度の対応をつづけていては、文明の衝突はまだまだ終らないというべきだろう。十字軍とジハードとは、どちらも自己の信ずる宗教的真理を他者の世界にまで押し広げようとする聖戦である。尖鋭に内容が相異る宗教同士が不寛容の精神をもって聖戦をつづけていては、戦争が終るはずがない。つまり、ジハードに対するに十字軍をもってするという対決の先には平和は永遠にこないということである。

私はいま読まれるべきは、ハンチントンの『文明の衝突』（集英社）よりも、むしろ、トインビーの『現代が受けている挑戦』（新潮社）だろうと思う。トインビーは、現代社会が受けている最大の挑戦は、世界の諸文明が互いに対立し、分裂を深めようとしている状況の中にあるとする。いかにすればその対立を克服し、統合をはかっていくことができるか。その解決策は結局、世界国家を作る以外にないだろうが、本当に世界的な規模の世界国家を作ることは可能だろうかと自問する。そして、最大限国家を作ることは無理だろうが、最小限国家なら作れるだろうという。

何をもって最大限国家、最小限国家というのか。共有部分である。価値観における共有部分、制度的縛りや文化的縛りにおける共有部分である。他者に行動上のコミットメントを求めるときのコミット部分の大きさである。それを最小限にしようというのである。上からの縛りはできるだけ小さくして、成員の各メンバーにできるだけ多くの自由を与えようというのである。強制的共同規範は最小限にしようということである。「みんないっしょに」、「みんな同じように」という画一化に向う部分はできるだけ小さくしようということである。こういえばわかるように、日本の社会は昔から最大限国家型なのである。こういう国はファシズム社会になりやすい。アメリカは逆で、社会のタイプとしては、最小限国家型である。しかし、事件後のブッシュ外交の基本は、明らかに最大限国家型をめざしている。ブッシュ外交が事件後最大の努力を傾注してきた国際共同行動体制（coalition）作りの基本戦略は、一言でいえば、お前はオレの敵か味方かハッキリさせろの一語につきる。「お前はオレの味方か？　そうでなければテロリストの味方とみなす」

という「味方でなければ敵」の論理である。この論理で、世界中の国から最大限の行動上のコミットメントを求めるというやり方をつらぬいてきた。いってみれば、それはガキ大将のやり方そのものである。しかし、世の中、それほど単純に何でも白黒二色で分類できるというものでもない。本当の味方を多くしたければ（面従腹背型のしぶしぶの味方でなく）、最小限国家型の「敵でなければ味方」という論理を使うべきだろう。ドストエフスキーは、『カラマーゾフの兄弟』の有名な「大審問官」のくだりで、地上に再臨したキリストと会話を交す大審問官にこんなことをいわせている。「われわれの仲間はお前でなくて、彼（悪魔）なのだ、これがわれわれの秘密だ！　われわれはずっと前からお前を捨てて、彼と一緒になっているのだ。われわれは彼の手から、お前が憤然と斥けたものを取ったのだ。彼が地上の王国を示しながらお前にすすめた、かの最後の贈物を取ったのだ。われわれは彼の手からローマとケーザルの剣を取って、われわれのみが地上における唯一の王者だと宣言した。（中略）われわれはケーザルの剣を取った。そしてこれを取った以上、無論お前を捨てて、彼の跡について行った」（米川正夫訳による）

全世界からテロリスト組織の戦いへのコミットメントを得て、軍事行動に突っ走ろうとしているブッシュ政権は、私には、「彼」の最後の贈り物である「ケーザルの剣」を取ろうとしているところのように思える。現在、最小限国家型の世界国家にいちばん近い現実の組織としてあるのは、いうまでもなく国連である。しかし、ブッシュ政権は国連など一顧だにせず、自ら「ケーザルの剣」を取って自らのヘゲモニーのもとに最大限国家型の世界国家を作ろうとしているように見える。すでに現代の「ローマ」となっているアメリカが「ケーザルの剣」も取れば、「われわれのみが地上における唯一の王者だと宣言」するに等しいことになるだろう。

しかし歴史が示すところは、「彼」と一体化して世界征服をはかろうとした者に、ろくな未来はなかったということである。「ケーザルの剣」をいま取るべきなのかどうか、もう一考する余地はないのか。

（「文藝春秋」二〇〇一年十一月号）

その時、ホワイトハウスは…

NHKワシントン支局長が見たアメリカの惨劇

手嶋龍一
（NHKワシントン支局長）

てしま・りゅういち　一九四九年生まれ。慶應大学卒。外交記者として日本、米国、ドイツ等で取材経験を重ね、幅広い人脈を持つ。

摩天楼の最期を見た「崩落の画家」

アトリエの天窓から初秋の陽射しがふり注いでいた。まどろみの彼方に何かが動き、意識の奥深くに閃光が走った。と感じたその直後に、電話が鳴った。「ワールド・トレード・センターが燃えさかっている」。同じアパートに住むハンガリーの亡命画家シャンドールの声だった。イースト・ヴィレッジにあるこの建物は、全室がアトリエを兼ねたアーティスト専用の住まいとなっている。画家キムラ・リサブローは、ベッドから抜けだすと、十階の屋上に駆けあがった。

直線距離にしてわずか一キロあまり。天空に屹立《きつりつ》する世界貿易センターのノース・タワーは、わき腹からどす黒い煙を吐きだしていた。屋上には十人あまりのアーティスト仲間がいた。大火災が起きている。そのときは誰もがそう信じていた。キムラは、この三十年間、ひたすらマンハッタンのビル群を凝視し、大都市の崩壊と再生をモチーフに絵筆をとってきた。

突如、きらきらと輝く金属を彼の網膜がとらえた。その瞬間、画家の命だった色彩が消えた。ハドソン・リバーから世界貿易センターのサウス・タワーへ。その飛行機はそのまま摩天楼に突き刺さっていった。それはモノクロの風景だった。音も消えた。が、ジュラルミンの塊が高層ビルに衝突したその一瞬、スパークする赤い火花が画家の眼によみがえった。そして、すぐに静かなモノクロの世界に戻っていった。

画家たる自分の眼が色を喪ってしまった。これはどうしたことか――。ニューヨークには、雲もない紺碧の秋空がひろがっていたはずではないか。あの飛行機は銀色に光っていたはずだ。あまりの衝撃が視神経を麻痺させ、色の識別能力を失ったのだろうか。

やがて崩落のときがやってきた。その巨大な城がはらはらと崩れていった。それは「崩落の画家」キムラにとって、まさしく黙示録の世界だった。摩天楼都市ニューヨークで最も高層のゆえに、誇りたかく聳え立っていたはずの百十階建ての建造物。天空にするすると伸びていた二つのビルは後景に沈みゆき、そして瓦礫となった。その虚ろな空間に黒煙だけが立ち昇り、ニューヨーク湾へ流れさっていく。キムラ・リサブローが、祖国日本からこの街に漂流してきて以来、ただひたすら描きつづけてきた世界が現実のものとなって眼前に広がっていた。

「魔のバミューダ海域」

首都を貫くポトマック河に沿って「キャナル・ロード」という名の通勤動脈が走っている。早朝のワシントンは、まず国家安全保障関係のスタッフが、ここを通って郊外の住宅地からホワイトハウスや国務省に向かう。ついでジャーナリストがそれぞれの持ち場に出勤し、最後に高給をはんでいる弁護士たちが豪華なオフィスに現れる。権力の街がみせる常の表情である。

九月十一日の朝、私は、郊外のベセスダから車でキャナル・ロードに入った。ワシントンに暮らすジャーナリストは、車のエンジン・キーを入れると同時に、NPRラジオのFMチャネル「90・9」の自動セット・ボタンを押す。その朝も「モーニング・エディション」が流れていた。NHKワシントン支局に着けばETV特集「ミサイル防衛」の編集作業が待ちうけている。冷戦の時代、世界は、たった二度、核戦争の深淵を覗きみた。キューバ危機と中ソ対立。そのコメントをそらで書き下ろしながら、運河沿いの深い緑のトンネルを走っていたその時、アンカーの声の調子が変わった。「ニューヨークのワールド・トレード・センター・ビルに飛行機が衝突した模様だ」と第一報が伝えられた。車のデジタル時計は、九時一分を指していた。日本では「ニュース10」が始まっている。このニュース番組に備えて、ワシントン支局では、いつも早朝担当の特派員が取材活動をしている。携帯電話の短縮ダイヤルを押して支局の特派員を呼び出した。

「ニューヨークは放送と映像の送出で手一杯のはずだからね。原稿はワシントン支局で受け持ったほうがいい。僕はまもなく着く。記者とカメラ・クルーをニューヨークに応援に出すからすぐに準備を。シャトル便はメディアで一杯になるかもしれない。それは僕が電話で予約する。いいね、頼むよ」

一分たらずで切り上げた。「魔のバミューダ海域」が目前に近づいていたからだ。ホワイトハウスの安全保障スタッフも自嘲気味にこう呼ぶ州境の携帯電話の通信不能地帯。首都の回線事情の悪さは「携帯電話先進国ニッポン」にはいくら説明しても信じてもらえない。

トラベル・エージェントは「事故の関連でしょうか。コンピューターの予約がなぜか入らない」と叫んでいる。そのうち、携帯電話が切れてしまった。

ワシントン支局に駆けつけると、玄関前には同じ放送ビルに入っているBBC・英国放送協会のカメラ・クルーがやはりニューヨークの事件現場に向かおうとしていた。

「マーク、NHKも現場にクルーを出すから、困ったことがあれば連絡してくれ。現場は大混乱のようだぞ。気をつけろ。シャトル便の予約も受け付けていないらしい。われわれもレーガン空港に駆けつけてみるつもりだ」

このときすでに全米の空港が閉鎖されていたことを知らなかった。

「ペンタゴンが燃えている」

ワシントン支局に入ると、早出の特派員が手短かに現状を報告してくれた。最初の事件から二十分後に、世界貿易センタービルのもうひとつの建物にも航空機が激突しており、単なる事故とは思えない。しかし、FBIの対応も混乱を極め、この事件がテロかどうか、コメントをしようとしない。ブッシュ大統領は、このとき遊説でフロリダにおり、まもなく短い声明がでるかもしれないとホワイトハウスは話している、とのことだった。

「大統領のオン・ザ・カメラのコメントが入り次第、ただちに送稿する。同時にワシントン・スタジオからも生放送に入る準備をしよう。特派員は全員がすべてのソースに当たって取材を。ホワイトハウスからカメラ中継の用意も」

こう指示してハイビジョン・スタジオの席についた。イラクの首都バグダッドへの攻撃やスーダン、アフガニスタンへの巡航ミサイル報復の際も、第一撃のタイミングは不意打ちだったが、予定稿や記録メモは手元にあり、長時間の解説や分析に耐えるだけの準備は整っていた。だが、いまは、現に起こっている事実を伝えるほかすべがない。「東京側はこちらの準備が整い次第いつでも、といってきています」とフロア・ディレクターがいう。「ワシントンはいつでも結構です」と応えたその時だった。

「ペンタゴンが燃えています」

駆け込んできた支局スタッフに促されて、スタジオの副調整室に飛び込んだ。中継のテレビ画面には、五角形を意味するあの要塞が攻撃されて、黒煙があがり始めている様が映し出されていた。

これは航空機事故なんかじゃない。アメリカの中枢都市を標的にした同時多発テロ事件だ――。こう自らに言い聞かせて、スタジオに戻った。こうして連続十一日間に及ぶ二十四時間放送が始まったのだった。

「これは戦争なんだ」

ブッシュ大統領はフロリダ州サラソタの小学校にいた。こどもたちの読み書き能力を高めるキャンペーンの現場を視察していたのである。先の大統領選挙で民主党ゴア候補と死闘を演じた主戦場。それがこのフロリダであり、三年後の再選への布石でもあった。大統領が小学校の廊下を通って教室に入ろうとすると、国家安全保障担当のライス補佐官からの一報が入り異変を知らされた。だが、大統領はそのまま二年生の教室を訪ねて、リーディング・ドリルの授業風景を熱心に見学した。こんなときでも真摯な態度を崩さない人なのだ。カメラマンが記念写真のシャッターを押そうとしたまさにそのとき、首席大統領補佐官カードがそっと近づき右の耳もとにささやいた。

「大統領閣下、ワールド・トレード・センターのサウス・タワーも旅客機にやられました」

ジョージ・W・ブッシュの顔が険しくなった。そしてかすかに頷く。

「みんな、なかなかよく読めるじゃないか。六年生みたいだな」

こう微笑んでみせた。

ブッシュは別室に姿を消し、チェイニー副大統領らに電話をかけて事件の概要を聞き取った。受話器を置いた合衆国大統領は側近を振り返って言った。

「We are at war」

大統領は、同行のカメラ・クルーに「これはテロ事件だ」とコメントして、大統領専用機「エア・フォース・ワン」に飛び乗った。ブッシュ機は通常より高い四万フィートの上空を隠密裏に飛んでルイジアナ州バークスデール空軍基地に着陸している。さらにネブラスカ州山中の戦略空軍司令部に立ち寄って、ホワイトハウスの地下にあるシチュエーション・ルームに詰めているチェイニー副大統領とライス補佐官、さらにはペンタゴンのラムズフェルド長官らとテレビ会議を持った。ワシントンに帰還したのは、安全が十分に確認された十時間後だった。大統領専用機には、F－16戦闘機「ファルコン」二機がぴったりとつき従っていた。ワシントン郊外のアンドリューズ空軍基地からホワイトハウスに戻る大統領専用ヘリコプター「マリーン・ワン」にも、同型機、五機が随伴し、空の警戒は厳重を極めたのだった。

「二十一世紀の戦争の相貌が見えてくる」

大統領は、ヘリコプターの窓から、もうもうと煙が立ち昇るペンタゴンの惨状を見おろしながらつぶやいた。

ホワイトハウスの地下シェルター

世界貿易センターに自爆攻撃が仕掛けられた模様だ——。情報がホワイトハウスに急報された時、外国からの客人は近藤剛ひとりだった。経済運営の全権を委ねられているリンゼー補佐官と会う約束だった。東芝機械事件をはじめ日米摩擦が相次いだ八〇年代、近藤は大手商社のワシントン代表をつとめ、先の参議院選挙で議席を得たばかりだ。彼がホワイトハウスの玄関に入った時には、内部はすでに騒然としていた。だが、出迎えにきてくれたスタッフの物腰は落ち着いており、危機に臨む人々がいかによく鍛えられているか実感したという。午前九時半、ホワイトハウスの館内に非常ベルが鳴り響いた。

「いまここに外国からお迎えしているのはあなたひとりです。上司からの指示で地下にご案内するよう命じられましたので、私とご一緒願います」

こうしてホワイトハウスの地下にしつらえられている核シェルター兼用の避難スペースに案内された。先導してくれた警備担当スタッフの身体が小刻みに震えていた。次なるテロの標的はホワイトハウスかもしれない――。事実、テロの自爆攻撃は、このアメリカ政治の中枢を狙っていたことがのちに明らかになった。地下シェルターでの十五分は異様な緊張のなかで過ぎていった。

「ホワイトハウス上空の飛行物体が去った模様です」

というアナウンスがあったのもつかの間、翼を持った巡航ミサイルと化したアメリカン航空機七七便が、ペンタゴンのヘリポートを直撃して建物の一角を破壊したという。この直後に、ホワイトハウスには全員退避を呼びかけるサイレンが鳴り響いた。国家安全保障会議にあって、東アジアを担当する大統領特別補佐官トーケル・パターソンが近藤のもとに駆けつけ、大統領執務室オーヴァル・オフィスがあるウェスト・ウィングから玄関まで付き添ってくれた。

「アメリカはこのような奇襲攻撃を絶対に許さない国です。真珠湾攻撃のときもそうでした」

パターソンは歩きながらこう漏らしている。

無防備都市

自爆攻撃の急報に接したアーミテージ国務副長官は、すぐさま国務省七階の安全保障危機管理ルームに入り、ホワイトハウス、国防総省、それにＦＢＩを結んでテレビ会議を召集した。ホワイトハウスからはライス補佐官、テロ対策担当のクラーク補佐官、ＦＢＩはマラー長官が参加した。午前九時すぎのことだった。

まずクラークが事態の概要を報告した。

「コロラドの防空司令部によると、連邦航空局から午前八時三十八分、旅客機がハイジャックされたとの報告があり、五分後に二機目の乗っ取りを連絡してきた。マサチューセッツのオーティス空軍基地から二機のＦ－15ジェット戦闘機がスクランブル発進した。だが、自爆攻撃を阻止することはできなかった」

まもなく「アメリカン航空機七七便が乗っ取られ、首都ワシントンに向けて航行中の模様」という報が飛び込んできた。九時二十五分のことだ。

クラークが「バージニア州のラングレー空軍基地からＦ－16戦闘機二機がスクランブル発進したが、ワシントンまでは、一三〇マイル。あと二十分はかかる」と報告。

その二分後のことだった。駆け寄った別の補佐官から何事かをささやかれたマラーＦＢＩ長官は、クラークをさえぎった。

「ペンタゴンが民間航空機によって攻撃を受けた」

議長役のアーミテージは毅然として命じた。

「この建物も外の警備を固めろ」

その巨体からは気迫がみなぎっていた。が、その口調は穏やかだった。まもなく、全員に避難勧告が出され、ポトマック河をはさんだアーリントンの外交研修所が国務省の臨時の司令塔となった。

「巨大な翼をもつ巡航ミサイル」とのちにメディアが名づけた自爆テロ機は、アメリカの国防の中枢ペンタゴンを衝いたのだった。スクランブル発進した戦闘機がこれを迎撃できる空域にいても、一般の乗客を乗せた民間機を撃墜するため、パイロットはミサイル発射のボタンを押すことができたのか——。そんな事態に備えたマニュアルをアメリカは持ち合わせていなかったのである。

ペンタゴンの防空能力はなきにひとしいものだった。国防総省の建物には、対空ミサイルはおろか旧式の機銃さえなかった。ペンタゴンを統率するラムズフェルド国防長官は「ミスター・ミサイル防衛」と呼ばれて、ブッシュ政権に迎えられた。だが、そのお膝元は玩具チェーン「トイザらス」で売っている無人飛行機を改造した爆弾にすら為すすべを知らない無防備都市だった。

「三秒間の空白」

ホワイトハウスやペンタゴンの現場から最新情報が飛び込んでくるたびに東京のＮＨＫスタジオはワシントン支局を呼び出してくる。

インカムと呼ばれるレシーバーを通じて、東京の放送はワシントンのスタジオでも同時に聞き取ることが出来る。ニューヨークの世界貿易センターで被害にあった日本人ビジネスマンの安否を伝えるアナウンサーの声が聞こえる。

「第一勧業銀行の方々は全員無事であることが確認されました。続いて、富士銀行についてお知らせします。まだ行方がわかっていないのは支店長の石川泰造さん……」

フロア・ディレクターがこちらにカメラが切り替わったことを示すキュー・サインを送っている。だが、ことばが出ない——。三秒間ほどのことだったろう。テレビ画面を見ている人には、ほんのわずか間があいた、と映った程度にちがいない。

事件の数日前だったろうか。取材から帰るとデスクの上に「富士銀NYの石川さんからお電話があり、また連絡します」というメモが置かれていた。知らないひとだった。しばらくしてその石川氏から電話が入った。聞き覚えのある声だった。大学のキャンパスで別れて以来、二十数年ぶりの会話だった。あの石川君が銀行員になり、隣のニューヨークで支店長をしているという。

「大学新聞であの記事を編集したことをいまも時折思い出すんだ。国際金融のフロントでこんな仕事をしているが、やはり君と同じジャーナリストの道を歩むべきだったかな、と思うことがあってね。それで急に話がしたくなったんだ。近いうちに、どこかで会えないものだろうか」

彼が担当してくれた特集記事はいまもはっきりと憶えている。昭和四十九年四月十日発行の紙面には、反骨の政治家として知られた故宇都宮徳馬代議士とアルジェにいた私の往復書簡が掲載されている。宇都宮翁は『T君への返信』と題したその書簡のなかで、アルジェリア独立一周年の式典に参加する途上、パリのオルリー空港の待合室で、キューバ革命の闘士チェ・ゲバラ少佐と遭遇したエピソードを綴っている。そして、その半年後に起きたケネディ暗殺に触れ、「私はその暗殺の背景はなにか分かるような気がします。それがなんであるかを解明し、その破壊から日本とともに世界を守ることが君たちに課せられた任務ではないでしょうか。そのような使命感が日本の青年の瞳にも深い輝きをそえるのではないでしょうか」と結んでいる。

暗殺に手を染めるどす黒い勢力の正体を糾明しその破壊から日本と世界を守れ。明治の政論家、矢野龍渓の系譜を受け継ぐこのひとにこう述べさせたのは石川泰造君だった。その君が「アル・カイダ」の放った破壊の自爆攻撃に斃《たお》れ、いまだに行方不明とは――。ご家族はどんなにか悲嘆に暮れておられるにちがいない。彼が若き日の高き志をいまも持ちつづけていたことを記しておきたい。

対テロ・インテリジェンス戦争

イスラム過激派組織「アル・カイダ」を陰で操るオサマ・ビン・ラディン。正体を見せようとしないこの卑劣な敵との戦いを「インテリジェンスの戦争」と呼んだのは、ブッシュ大統領自身だった。インテリジェンスはふつう日本語で「情報」と訳される。だが英語の語感はもっとニュアンスに富んでいる。河原に転がる石ころはどれも同じに見える。だが、それらをていねいに選り分け、微妙な色や形に秘められた意味を分析すれば、相手の意図が透けて見えてくる。いまCIA・中央情報局やDIA・国防総省情報局といった諜報機関には、おびただしい数の情報が流れ込んできている。これを受けてプロの分析官が精選してインテリジェンスの純度を高め、毎朝八時、ブッシュ大統領のもとに届けている。

ビン・ラディンの居所を突き止めようと、アメリカは、アフガニスタンの上空にスパイ衛星の焦点を定め、実効支配勢力タリバンと「アル・カイダ」との間に交わされるどんなに些細な交信をも聞き逃すまいと電子装置を駆使して聞き耳をたてている。だが、決定的な情報をつかむには、現地に張り巡らされた諜報ネットワークが最後の決め手となる。ホワイトハウスのライス補佐官は「タリバンは、ビン・ラディンに自主的に出国を促すといいながら、その一方で居所は不明だという。これでは信用できない」という。そのアメリカは、アフガニスタンと正式な国交がなく、貴重な情報《インテリジェンス》は、これまで敵対してきたイランそして中国、ロシア、インドなどこの地域に影響力をもつ国々との情報交換に依存せざるを得ない。

十九世紀以来、ロシアはこの地を南アジアを窺う回廊とみなし、ツァーの南下を阻もうとする大英帝国との間で「ザ・グレート・ゲーム」が繰り広げられた。そうした歴史が駆けぬけた舞台こそアフガニスタンであった。アメリカの情報当局は、いまタリバンの対抗勢力「北部同盟」に接近をはかりつつある。この「北部同盟」は、ロシア、イラン、インドといった反米色の強かった地域の大国に支援された武装勢力であり、これを近隣のタジキスタンとウズベキスタンが支えるという複雑な構図となっている。こうしたなかで、アメリカが公式に戦端を開く前に、この「北部同盟」がタリバンにさらなる攻勢に出る可能性がある。

東アジアの同盟国日本も、武力行使を伴わない情報戦なら日本のプレゼンスを存分に示すことができるはずだ。日本は、来るべき対テロ戦争の後背地イランと、湾岸戦争のさなかでも緊密な関係を崩さなかった。ホワイトハウスは、日本の中央アジア情報にも信を置いている。こうした情報活動の実態を記述することは、テロとの戦いのさなかでもあり控えたい。だが、二十数年にわたって築き上げてきた日本の中央アジアの情報山脈の裾野は広くそして深い。武装ゲリラの凶弾に倒れた秋野豊助教授の存在は死してなお国際社会に貢献している。

キャンプ・デービッド戦略会議

同時多発テロ事件が起きて初めての週末、ブッシュ大統領はメリーランド山中のキャンプ・デービッド山荘で過ごした。ここに設けられた臨時のシチュエーション・ルームに、こんどの対テロ戦争を指揮する主要な閣僚と大統領補佐官全員を召集した。九月十五日のことである。この会議こそ、のちに対テロ戦争の戦略方針を固めた重要会議と歴史に刻まれることになろう。参加者はチェイニー副大統領、パウエル国務長官、ラムズフェルド国防長官、ライス国家安全保障担当補佐官らだった。先の湾岸戦争の際、チェイニーは国防長官として、パウエルは四軍を統率する統合参謀本部議長として、多国籍軍を勝利に導いている。ラムズフェルドは二度までも国防長官をつとめ、冷戦後のアメリカ軍は、ならず者国家やテロリストといった「非対称の脅威」に備えるため、軍を大胆に改革する必要があると唱える国防のプロフェッショナルだ。

会議では、ラムズフェルド国防長官が強硬派の立場を鮮明にした。アメリカは、戦端を開くにあたって、オサマ・ビン・ラディンのテロ組織「アル・カイダ」にとどまらず、それを支援するアフガニスタンのタリバン、さらにはテロリストの訓練を行なった疑いが濃いイラクをも攻撃のターゲットにすべきだと主張し、即時多面攻撃を主張した。湾岸戦争にアメリカが勝ちながら、なお政権の座に居座ってアメリカに盾つくサダム・フセイン政権を打倒するのは、息子のジョージ・W・ブッシュにとっても心ひかれる選択肢のはずだと考えていた。

これに対して、パウエル国務長官ら穏健派は、来るべき対テロ戦争の第一撃の標的を世界貿易センタービルとペンタゴンへの攻撃に手を染めた「アル・カイダ」に絞るべきだと譲らなかった。中国やロシア、それにイランにいたるまでアメリカの側に惹き付け、幅広い対テロ国際包囲網をつくりあげることこそ勝利への道だと信じていたからだ。

国家安全保障会議を率いるライス大統領補佐官は、この席では、強硬、穏健どちらに傾いているのか、その意中を明らかにしようとしなかった。ブッシュ大統領も終始、議論の聞き役に徹した。だが、大統領は決意をしだいに固めつつある。こうライスは読んでいた。結局、この日の議論は延々七時間にも及んだ。

翌十六日の日曜日、主な出席者たちは次々にキャンプ・デービッド山荘を去っていった。山に静けさが戻ってくるのを待ちうけたように、大統領が使う山小屋「アスペン」にライスが呼びこまれた。同席者の証言によると、このときライスがブリーフ・ケースから分厚い書類をとりだそうとしたのを制して、大統領は「わたしは段階策を採用する」と言いきった。テロとの戦いは、第一撃で、オサマ・ビン・ラディンとその支配下にある「アル・カイダ」に報復攻撃を加える。第二撃で、彼らを支援するアフガニスタンの実効支配勢力タリバンを標的にする。そして、第三撃で、アメリカとその対テロ同盟国に攻撃を仕掛けようとするグローバルなテロ組織を根絶する、というものだった。ライス補佐官はすぐさま大統領の口述をメモに書き取り、これが翌朝のホワイトハウスで協議の基調となった。

この週の木曜日にブッシュ大統領は連邦議会で異例のスピーチを行ない、「本日この日からテロリストをかくまい、支援する国家をアメリカは敵対的政権とみなす」ことを内外に宣言した。来るべき戦いで誰が敵か。そして、世界の国々に、テロの側に立つのか、それとも自由の旗の側にくみしてテロと戦うか、明快な選択を迫ったのだった。

大統領の「決定の瞬間」を目撃した側近のひとりは、かつていかなる戦争の遂行にも関わった経験をもたないジョージ・W・ブッシュとコンドリーザ・ライスという新しい世代のリーダーがアメリカの針路を定めようとしている、と証言する。

コンドリーザ。イタリア語で「優しく弾く」という音楽用語から名づけられたファースト・ネームだ。両親は彼女をコンサート・ピアニストにと考えたのだが、十五歳で大学に進んだ彼女は、冷戦の主敵クレムリンを究めようと国際政治学者となった。そして三十五歳の若さでジョージ・ブッシュ元大統領のソビエト担当特別補佐官をつとめ、その推挙で、選挙戦から息子ジョージ・Wの外交アドバイザーとなっている。この黒人女性は、人種抗争が燃えさかっていたアラバマ州バーミンガムで少女期を過ごした。そして九歳の秋、生涯忘れえぬ悲劇に遭遇する。黒人教会を狙った白人過激派の爆弾テロで、最愛の友デニス・マクネアを喪ったのである。だが、ライスはあの日の出来事をいまは語ろうとしない。大統領を補佐する者として、私的な感情にいささかでも溺れれば、冷徹な判断力を失ってしまうと信じているからだ。

「栗の贈り物」

二十四時間放送を十日以上も続けていると、しだいに時間の感覚が麻痺してゆく。対テロ戦争をめぐる事態の推移は精緻に理解できるのだが、きょうが果たして何曜日なのか、いま東部時間は何時なのか、日本は果たして昼なのか夜なのか――虚空を彷徨っているような気持ちになる。そんな私のもとに知人を介して、採れたての栗の実が届いた。テンプルマン・千寿代さんという方のメッセージが添えられていた。アメリカ人と結婚してワシントン郊外に住んでいる日本女性からのものだった。

「これは映画の出来事ではありません。現実に起きたことなのです」

世界貿易センタービルに飛行機が激突した瞬間を伝える地元テレビ「チャンネル9」のアンカー・マンがこうコメントするのを聞いて、思わず別室に駆け込み、衛星放送「テレビ・ジャパン」のスイッチを入れてビデオに撮り始めたという。そして「水曜聖書会」の十二人のメンバーに、収録した放送テープを回覧した。

メンバーの多くが、米軍人と結婚してアメリカ市民になった人たちであり、英語の日常会話には不自由もなく暮らしている。だが、一般の乗客を乗せた旅客機が、爆薬を詰めた巡航ミサイルと化して、高層ビルに自爆攻撃を仕掛ける――。あの恐ろしい映像が網膜に焼きついて以来、思考回路に変化がおきてしまったという。獰猛な毒を含んだこの現実を理解するには、母国語が必要だった。英語ではどうしても現実感が稀薄になる。マンハッタンに住む漂流の画家は色彩を喪った。アメリカに暮らす日本人のなかには、英語の世界にリアリティを見つけることが難しくなった人たちがいる。

千寿代さんたちのグループは、心を病んだままアメリカの病院にいる日本女性や自殺未遂の経験をもつ日本女性など多くの人にこれまで支援の手を差し伸べてきた。今回の事件では、その余波で職を失った日本人旅行ガイドや飛行機がキャンセルとなって身動きがとれなくなった旅行者にもテレビの情報を提供している。人々は日本から届く衛星放送を介して、すぐ眼の前の悲劇と対面し、何が起きているかを理解しようとしているのだ。

「自分が生を享《う》けた国の言葉。それが命そのものであることを知りました。あのいまわしい事件の発生直後から休むことなく放送を続けてくれたお礼に何かして差し上げたいと考え、栗をお届けします」

ノーザン・バージニアにある彼女の自宅の庭には四本の栗の木がどっしりと聳えている。そのうちの一本が今年は早くも実をつけた。この国にきた頃は日本食を食べたくても食材が手に入らなかった。ふるさとの味「くりご飯」を食べたくて、栗の苗を植えてみたという。三十年前のことだ。

その永い歳月のなかで、アメリカに映る日本という国は、そのときどきに姿を変えてきた。人間の感性を打ち砕き、想像力すら奪っていったこの惨劇を前に、わが祖国よ、誇りたかく、気高くあれ、と彼女は祈っている。

（「文藝春秋」二〇〇一年十一月号）

暴力の悪循環が始まった

同時多発テロからアフガニスタンの空爆へ。この戦争に「終わり」はあるのか

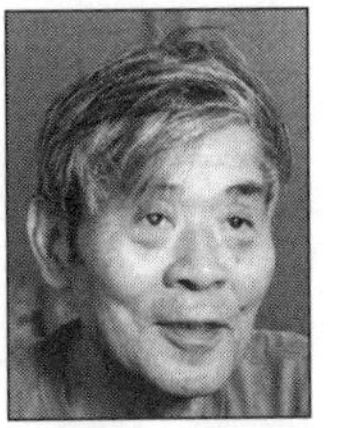

吉本隆明（詩人・文芸評論家）

よしもと・たかあき　一九二四年生まれ。東京工業大学卒。文学、言語、宗教、社会など多岐な分野にわたって評論活動を続けている。

旅客を道連れにしたことは許しがたい

九月十一日に起きた同時多発テロ事件はテレビの臨時ニュースで知りました。臨時ニュースの字幕が出たところで、戦中派の言い慣れた言葉でいうと、「あ、特攻攻撃だな」と思いました。その後、実際の映像が入ってきて、ほとんどのチャンネルがテロ事件の報道に切り替わりました。映像を見ると、ビルの真ん中より少し上のところに旅客機が突っ込んでいて、ビルの急所にちゃんとぶち当たっている。操縦技術も高く、国内線を使ったことに関しても、相当色々なことが考えられていると思いました。

このテロ事件の当事者であり、現在の世界の経済的、軍事的指導国だと自任しているアメリカ合衆国の最高責任者ブッシュ大統領は、「これは新しい姿の見えない敵との戦争である」といち早く発言しました。その判断はブッシュ大統領の一種の洞察力から生れたと思います。これまでは国民国家相互の交戦しか戦争と考えられていなくて、あとは内戦に分類されていましたが、ブッシュの認識にしたがうと、戦争の概念が広がったことを意味します。これは相当重大な認識であって、戦争の範囲がすごく拡大してしまったことを意味します。

そのような認識がなされた理由は、もちろん、六千人を越えると言われる犠牲者が国の中心であるニューヨークで出てしまって、それに驚愕したことにあると思います。ただ、それは表面的なことで、根本的には旅客機をハイジャックして、旅客を降ろさずに道連れにして、ビルに突っ込んでしまったことにあります。

テロリストたちの当面の目的は、世界貿易センタービルという現在の富の一番の中心地と、ペンタゴンという世界戦略の作戦司令部を直接攻撃することだったわけですから、その目的に旅客は全然関係ない。もし、テロリストたちが旅客を降ろして、命を懸けて突っ込んだとしたら、アメリカも「これは規模の大きなテロだ」ということで済ませたと思います。そうであれば、政治的対立や宗教的対立は歴然とあるわけですから、敵対する勢力の本拠地を自分たちの責任において、命と引き換えに破壊した行為であるということになって、人によってはそれを肯定するかもしれない。現にイスラム教徒の国では今でも肯定的な人たちがいます。社共に指導されたいわゆる市民運動は、すでに日本が護衛艦を出したことに対してデモしているとテレビで報道されていましたから、そういう連中はもしかしたらイスラム原理主義のほうにシンパシーをもって、そちらの肩を持つかもしれません。それは僕は勝手な自由な判断だと思います。どちらを応援するにしても勝手にすればいいというだけで、集団的というか国家的な問題にはならない。

ところが、旅客を道連れにして突っ込んでしまったことについては、どんな思想の持ち主、宗教の持ち主だろうと、あるいは深刻な敵対関係があったとしても、誰が見たって「それは人間的倫理に反するものでおかしいよ」という判断を下すと思うんです。それは人命に対して許しがたい行為だと言わなければならない。ブッシュが「これは新しいかたちの戦争だ」と発言した最大の根拠は、たくさん死んだとか殺したとかではなくて、直接目的に対して無関係な人々を、有無を言わせずに道連れにして突っ込んじゃったことで、それはどの立場からも許しがたいぜ、弾劾に値するぞ、という判断がなされたことにあると僕は考えています。

地下鉄サリン事件との共通性

オウム真理教が引き起こした地下鉄サリン事件にも同様のことが言えます。僕は終始一貫、麻原は現存する宗教家としては相当優秀だと高く評価していますが、彼らは直接関係のない人々を偶然その地下鉄に乗っていただけで殺してしまった。これはどんな立場から言っても、原理的に許しがたいということになるはずです。このことと麻原の宗教家としての資質云々とは切り離さなきゃならない。地下鉄サリン事件以外の犯罪、例えば敵対していた坂本弁護士一家を殺害したり、内ゲバで同信者を殺したことは、よくはないけれども、あり得てきたことでしょう。同じ信者を内ゲバで殺してしまったということも日本の左翼がよくやってきたことだから、オウム真理教だけに文句を言うのは、よくないと思います。

ブッシュが「姿の見えない敵との戦争」だとの認識を示して、戦争という概念を拡大したことがなぜ重大かと言えば、必ず真似をするやつが出てくるからです。僕は地下鉄サリン事件のときに「これは大変だ。新しいテロのかたちを示してしまったな」と思いました。今回のテロ事件も地下鉄サリン事件や戦時中の日本の特攻隊の真似をしたと言えなくもないのですが、真似するやつが必ず出てきます。

今回のテロ事件で強い軍事力、経済力を持つ豊かな大国と少人数で対等に戦争するにはどうしたらいいかということがわかってしまった。いかなる敵対関係の間でも、少人数対大人数でも、富める国対貧しい国でも戦争ができることが明瞭になりました。原爆を何百個保有しているとか、経済力があるとか、兵隊がたくさんいるとか、そのようなことは問題にならないことが示された。これは地球上でもうほとんど安全な場所がない、安全な人間はいないというところまで、戦争概念が拡大したことを意味するわけです。ブッシュの発言を聞いていると、アメリカ大統領なるものはそのことを非常によく洞察していると思います。だから、ブッシュは本当であれば、テロリストたちが隠れている場所に隠密の暗殺集団を派遣して、根絶やしにしてしまいたいと思っているはずです。

でも、今アメリカがやろうとしている報復行動だと、無関係な非戦闘員を一緒に殺すことになります。それはアメリカがまだのぼせている証拠です。アメリカにもしかるべき識者がいますから、その人たちだけにアンケートをとったら、多分報復に反対という意見が多くなるのではないでしょうか。民主主義では、全体の意思が尊重されるべきですから、投票で「賛成」ということになれば、僕もそこにいればそれに従います。大勢が賛成であれば、反対であるけれども、やむを得ないということです。ただ言う機会があれば、僕は何度でも自分の意見を言います。「報復」には、無関係な人が一緒に死ぬぞということがその中に含まれちゃうわけでしょう。ミサイルを撃ったり、遠隔兵器で攻撃したら、非戦闘員も一緒に殺してしまう。ユーゴの内戦のときも、NATOは空爆に踏み切りましたが、いやなことをするなあと思ったんです。ああいうふうにやるべきじゃない。だから、報復という考え方には反対であると。実際は、訓練した特殊部隊をアフガニスタンに潜入させて、「一人一殺」でも何でもいいですけど、テロリストたちを暗殺していくというほうがまっとうです。それなら厳密な意味で「報復」になります。

パールハーバーと同じではない

アメリカ人の頭に血が上っていることは、今回の事件直後にパールハーバーのことを口走ったことでもわかります。アメリカはそういうところがだめなんです。パールハーバーは国と国が戦争して、片一方が奇襲を成功させたということでしょう。それと今回のテロはまるで違うことです。宣戦布告がいつ行われたのかなんてことは時間の問題で大した問題じゃないんです。前兆から考えれば、昭和十六年のあの段階で、もう国と国との戦争ははじまる以外にないことは双方知っていることですから、真珠湾の相当近くまで行ってから宣戦布告したかもしれないけれども、そんなにインチキなものではなくて、ただ奇襲してうまくいったというだけです。逆に今回のアメリカの反応を見て、真珠湾攻撃がわれわれ戦中派や戦争をやった連中が考えていたのとはまるで違うように解釈されていたんだなと僕は思いました。

ブッシュ大統領も九月二十日の演説で「九月十一日に自由の敵はわれわれの国に戦争行為をなした。米国は戦争というものを知っていた。だが南北戦争終結後、過去百三十六年にわたり、一九四一年のある日曜日以外は異国の地での戦争を知っていただけだ」と言っていますが、「あ、そういうことを言うなら」と、ぼくら戦中派だからすぐに反論しちゃうね。東京で言えば、下町は丸焼けですからね。おまえらは丸焼けで非戦闘員を八万人死なせちゃったんだから、それなら、ということになります。だから、あんまりそういうことを言っちゃいけないよ、と僕らはすぐそう言いますよ。そういうことを言うと、水掛け論になってしまって、馬鹿馬鹿しくてできねえよ、ということになりますから、日本の名前を出さないでそういうことを言ってみたわけでしょうけど、今回のテロとパールハーバーは同じにはならないですよ。同じにするのは間違いで、だいぶサバ読んでいるなと思います。

あわてなさんな、小泉首相

アメリカが「戦争だ」と言うと賛成するやつがいますが、日本で「今度のは戦争だ」と言うやつがいたら、「本気か、ちょっと頭おかしいんじゃないか」と言うと思います。小泉首相が「これは戦争だ」と言えば、「おまえ、あんまりいい気になって追従するな」と言う人がたくさんいるはずです。

日本の政府がまず初めに言うべきだったのは、貿易センタービルの金融機関で働いていた人たちや旅客機に乗り合わせた人たちを合わせて、最少でも二十数名の自国の人々がテロの被害を蒙ってしまったことです。テロを指令した人間を名指しできなくても、今回のテロを起こした者たちは日本に謝罪と賠償をしなければ到底許しがたい、けしからんということを真っ先に言わないと話にならないと僕は思いますよ。

ところが、そのことは政府もマスコミも有識者も言わない。これは、おかしいよ、と思いました。聞いていると、二の次の話題のはずである後方支援をするかしないか、それは憲法違反かどうか、という議論を夢中になってしている。何を言ってやがるんだ。これが僕は不服です。テレビに出ている人や新聞に書いている人の発言も、学者としてはこれでいいと思えるものは一つもなかった。普通にニュースを聞いて、「僕はこう思った」という程度のことしか言ってない。九月二十二日の朝日新聞の朝刊に坂本龍一さんの発言が出ていましたが、いかにもアーティストらしくて平和的でいいじゃないですか（笑）、とは思いましたが、戦争がどういうやり方をしてもいいところまで概念が拡大してしまったことまで言わないと肝腎なことを言ったことにはなりません。

結局、小泉政権は支援するかしないかと言っている暇もなく、海上自衛隊の船は、九月二十一日にアメリカ軍のいずれはインド洋に向かう空母キティホークの護衛をして一緒に出港していった。どこまでくっついていくのかわかりませんが、外洋まで出て行くことは確実でしょう。そういうことはまずこれまで述べてきたように言うべきことを言ってから、ゆっくりやればいいと思いますが、早速やってしまう。これはどうしたっておかしいぜ。なぜ、そうなってしまったのかというと、抜けているからだとか、馬鹿だからだとかいう言い方もあるでしょうけど（笑）、相手集団がブッシュ大統領の言葉で言えば、敵の「姿が見えない」から高を括っているのだと思います。

しかし、日本が最初に発明した特攻攻撃のようなことをやられたら、どうするのか。あるいは、航行中に攻撃を受けたらどうするのか。そのときは応戦するに決まっています。少なくとも軍事的な勢力、護衛艦を派遣するわけですから、向こうからやられても大砲を撃たないで黙認し、沈められるということは考えられない。必ず応戦します。そうすれば、外洋で戦闘状態に入るわけですから、それ自体が憲法違反です。黙って派遣して、黙ってそういう事態になれば、憲法違反ですが、そんなことは万が一にもないだろうと思っているから、派遣の法的手続きをすっ飛ばしてしまったのだと思います。

要するに、少なくとも現状のままで言えば、護衛艦としてアメリカの空母にくっついていって外洋に出たことは明瞭な憲法違反だということです。これからの議会での論議で国民の代表たる代議士たちが、多数の承認を得て、憲法違反にならないような修正を法律に加えれば、後から違反にならないことになりますが、少なくとも今の時点では明瞭な違反だと思います。これはあんまりニュアンスを言わないほうが僕はいいと思います。医療ならいいんだろうとか、弾薬を運搬するのはだめだろうとか、馬鹿なことを言っているわけで、そんなことはどうでもいいというか、問題にならないので、根本的に明瞭に憲法違反である。どんなに弁解しても、それは向こうが特攻攻撃をしてこないことを前提にしているだけで、それは僕に言わせれば、当然前提に入れなければならない。ですから、どういう言い訳をしても憲法違反であって、小泉政権か小泉首相が責任をとらなければならないということになります。責任をとるということは、昔なら切腹しろということになりますが（笑）、今は自分が責任をとって辞職するとかです。その責任を小泉首相は背負い込んだことになります。軽率なことはするものではない、あわてなさんな。もっとじっくり考えても遅くないです。あわてくさって派遣してしまって、野党からは追及されるでしょうが、野党も自国民が被害を受けたことに関しては何も言っていない。

自らの視点を懐疑しないアメリカ

とにかく、アメリカは中近東との間の問題に関しては湾岸戦争のときも思いましたが、うまく対処していない。その原因は、アメリカが文明的に最も発達したと考えている欧米的な認識から見れば世界は全部お見通しだということを疑っていないことにあります。だけど、僕らに言わせれば、それは違う。疑わないといけない。イスラムの国家がどのような動き方をするかをあらかじめわかるためには、自分の目の高さから見ないで、イスラムの目の高さまで自分たちを移動させなければ本当のことは見えないということです。

アメリカはイラクに対して戦争をしたときも、西欧に対する戦争とおなじつもりでやったわけです。しかし、日本を無条件降伏にまで追い込んだように徹底的にやったら、すごい犠牲を出すことになりますから、途中で戦争をやめました。追い詰めないで途中でやめちゃったから、イラクのフセインなんかは勝ったつもりでいるはずです。勝った勝ったと思ってますよ。ぶっつぶすつもりで勇躍入っても、最後まで追い詰められないんです。追い詰めると犠牲が出るから、やめちゃう。

今度はどうなるか。長期になると今から言っているけれども、辺境の山あり谷ありのアフガニスタンへ押しかけていって、文明開化の兵隊がうまくできるかっていうと、それはなかなか疑問じゃないかな。アメリカが本気でやるつもりで上陸してやりだしたら、さあ、どうなるか。それは今のところちょっとわからないですね。アメリカはベトナムでも同じような失敗をしました。

アメリカは『菊と刀』があるように、第二次大戦中に日本についてはちゃんと民族学的に研究していましたから、日本を無条件降伏させましたけれども、天皇制をつぶしちゃうとまずいぜ、というのがあって、昭和天皇を戦犯にしないで残しました。東洋では宗教的権威と政治的権威がけっこう密接で、日本やインドネシアのような島の国家はだいたいそのようになっている。日本の場合は、江戸時代まではそうではないですが、明治天皇以降は戦後になるまで、二つの権威をひとりで兼ねていた。つまり、政治的な支配権を持ち、神聖にして侵すべからずで、生き神様でもあった。その権威を追っ払おうとしても民衆がついてこない。ですから、アメリカは明治天皇以降の生き神的な要素をどのようにして残すか考えに考えて、政治的でも宗教的でもない「象徴」ということで何となく尊重されるように天皇を残したわけです。

イスラムも東洋の宗教の名残りがあって、宗教的権威と政治的権威が同じではないにしても、非常に近しい関係にあると言えると思います。さらに言えば、それは東洋の前、つまりアフリカ的な要素が残っているということです。それは東洋のいかなる宗教にも言えることです。

アメリカだけでなくて、中国もチベット問題については、あまり利口ではない。ダライ・ラマは宗教的な王様で非常に権威がありますから、イスラムに優るとも劣らない宗教心のあるチベットから追い出そうとしたり、自分たちで勝手にダライ・ラマを選んだりしても、潰せないのです。それはあまり知恵のある行為ではありません。追っ払わないで、融和させていくのがいいと僕は思っています。

イスラム教とはユダヤ教プラス戦闘性

中近東とヨーロッパの対立の根深さについては、僕は得意な分野ではありません。なぜなら、僕らのいるインド・アジア・オセアニアとは倫理的にも宗教的にも少し違うからです。僕らの地域ではヨーロッパのユダヤ・キリスト教とイスラム教の対立のようなものはなくて、儒教や仏教やイスラム教があり、日本的神道もあります。日本的神道はアフリカの宗教と同じで、土地＝神様、自然が神様だということです。これは、僕の言い方をすれば、日本に残っているアフリカ的な段階での宗教性です。

しかし、ヨーロッパはそうではない。ヨーロッパは神があって、それが万物を作ったと考えますから、唯一神です。神が中心にあって、それが自然を創造したというのが、ユダヤ教からキリスト教への伝統です。イスラム教は、二十代前半のころに『コーラン』を読んだ印象しかなくて、

『コーラン』って何だということをわかりやすく覚えておくにはこれがいいと思ったのは、要するにイスラム教とはユダヤ教プラス戦闘性なんです。宗教的な教義としては、「なんだ、ユダヤ・キリスト教とそんなに変わらないじゃないか」ということなんです。だけど、どこが違うかといったら、戦闘性なんです。つまり、イスラム教を侵すやつは武器をもって殺してもかまわないということです。仏教にもこの戦闘性はあります。天台宗などの根本聖典である法華経には、法華経をないがしろにしたり貶《おとし》めたりする者は、刀杖をもってやっつけていいんだ、と書かれています。日蓮宗はそれを受け継いでいます。

古い段階の宗教にはいずれもそのような教えが書いてありますが、ユダヤ教からキリスト教が発生してくる過程でだいぶ変わりました。キリスト教は「右の頬を打たれたら、左の頬も出しなさい」というように、忍耐を強調している。それから「貧しき者は幸いなり」とか、少しマゾヒスティックなところがあります。それに対して、イスラム教はユダヤ教的なもの、つまり中近東的な宗教性に戦闘性がプラスされている。その戦闘性なるものが、原理主義には非常にラディカルに出てきます。その戦闘性だけが、キリスト教と違うところだと言ってもいいくらいです。

だから、キリスト教とイスラム教の対立は、近親憎悪的なものも含めて、かなり根深い。それが軍事的な対立や経済的な対立になる。それがどれくらい根深いかに関しては、ぼくの得意な部分ではありませんが、原則的にはそういうことだと思います。

世界を洞察することは普遍文学の要素である

文芸批評のことだけ言っていればいいのに、素人のくせに色々いいやがって、と思う人もいるでしょうが、物書きは何でも言ってしまえ、というのが僕にはあります。

僕らには戦争、無条件降伏、敗戦となって、焼け野原で学校はどうなるのかわからない、強制労働させられるのかもわからない、という状況に置かれた経験があります。そういうときに僕は例えば好きで一生懸命追いかけていた小林秀雄に何かを間違ってもいいから言ってほしいと思いましたが、何も言ってくれなかった。そういう経験がありましたから、少なくとも僕は自分が思ったことを間違っていたとか、訂正せざるを得ないということになっても、何でも「こう感じた」ということを言ったほうがいいと思っています。自分が読んできた複数の人が発言してくれれば、自分の考える材料ができますから。

戦争が終わるまでは、文学というのは要するに無償の行為であって、有効性もないが、そのかわり制約は何もないと考えていました。要するに悪であろうと何であろうと、文学的によければいいと思っていましたが、戦後、自分が原因でないのに、外から価値観がひっくり返ってすべてが虚しかった。この虚しさは何なのかを考えました。結局、要するに文学の外のことは関係ないだろうということで、世界や社会のことを考えてこなかったら、こういうことになってしまった、というのが僕の結論でした。だから、その都度間違っていてもいいから、自分の感じたことはいつでもちゃんと言うようにしました。そうしないと、文学を安泰にできない、とずっと思っています。

世界のこと、民族、国家や宗教や理念のこと、社会や事件のこと、これらを認識し、洞察することは、普遍文学の要素で、「政治と文学」とか「ポピュリズム」とは関係のない考え方です。

（「文學界」二〇〇一年十一月号）

戦争の枠組みを決めたブッシュ議会演説

敵を絞り込み、国際政治の中でできるだけ多くの支持をとりつける。流れを決めた演説の書かれ方

D・T・マックス（ジャーナリスト）

一九六一年生まれ。ニューヨークタイムズマガジンの有力執筆者。ハーバード大学で比較文学を専攻。遺伝性の不眠症の本を執筆中。

訳●藤《ふじ》田《た》博《ひろ》司《し》（上智大学文学部新聞学科教授）

大統領は失敗続きだった。

九月十一日に世界貿易センタービルと国防総省が攻撃されて以来、大統領は対応を明確な言葉にしようと試みた。一週間のうちに、十数回の演説や発言を通じて、国中を慰め、元気づけようとした——そして元気づけが行き過ぎたと分かって——落ち着かせようとした。

しかし、大統領の言葉には締まりがなかった。

彼はテロリストのことを呼ぶとき、親愛を込めた相手に使う「みなさん（folks）」という表現をつかったり、アラブ諸国を味方につけなくてはいけない情勢の中、テロリストとの戦いを「十字軍」と表現してしまったりした（十字軍はイスラム教徒にとっては、単なる侵略者、虐殺の軍にしかすぎない）。

また「復讐（revenge）」を呼びかけたり、オサマ・ビンラディンを「最良の容疑者（prime suspect）」と称したり、そのビンラディンを「生死にかかわらず（dead or alive）」捕らえると言ったりもした。これでは西部劇の捕物帳である。

繰り返しも多く、例えば、「間違えるなよ（make no mistake）」というやや品のない表現を少なくとも八回公式の場で使っている。

取り乱しているように見えないときは、しばしば怖がっているように見えた。怖がっているように見えないときは、しばしば怒っているように見えた。どれをとっても、人々の気持ちを安らげるものではなかった。あるホワイトハウス当局者は、こんなふうに振り返った。

「まるでロナルド・コールマン主演の『オサマ・ビンラディン捕物帳』という芝居を見るような気がしてきました」

国家的な危機が生じたとき、大統領がどんな言葉を国民に発するかが、かぎになる。言葉が多過ぎると、人々は耳を貸さなくなる。少なすぎると、大統領は隠れているのだと考える。大統領は、自分がまだ適切なことを言えていないことを知っていた。テロ攻撃の後の週末をキャンプ・デービッドで過ごした大統領は、重要演説をしたいという強い思いを抱えてワシントンに戻った。補佐官たちも同じ思いだった。大統領は世界に向けて決意を伝えると同時に、アメリカ国民を安心させる必要があった。

演説の場所をどこにするか

状況を変える演説を作り上げることは容易なことではない。大統領顧問のカレン・P・ヒューズは、事件発生当夜、大統領が発表した率直な声明の起草を手伝った。大統領執務室で読み上げられたこの声明は、受けがよくなかった。ことの重大さを考えると、あまりに軽く、簡潔に過ぎたと感じられた。その三日後、マイケル・ガーソン率いるスピーチライターのチームは、悲しみと決意に触れた、感銘深い瞑想の言葉を書き上げた。大統領はこれをナショナル大聖堂で読み上げた。「いま私たちは悲しみの真っ只中にあります」という言葉で始まった。しかしこのすばらしい演説も、ブッシュの口から出ると、借り物のように聞こえた。調子があまりにも文学的だった。大統領の次の演説はもっと荘重なものでなければならない——が、同時に、大統領に似つかわしく聞こえるものでなければならなかった。

ホワイトハウスはまた、演説の場所についても決めねばならなかった。選択肢の中には議会での演説があった。議会は、上下両院合同本会議で演説するようにとの招待をホワイトハウスに送っていた。大統領にとってこれ以上の立派な舞台はなかった。しかし一部の補佐官たちは気乗り薄だった。大統領としては、何か新味のあることを言わなければ、わざわざペンシルベニア通りを議会まで足を運ぶわけにはいかなかった。そして補佐官たちによると、ブッシュはまだ、テロ攻撃に対して政府としてどう対応するか、はっきりした方針を持っていなかった。何人かの補佐官は、執務室から二度目の演説をしてはどうかと提案した。そのほうが議会で演説をするより、親しみも持てるし、抑制をきかすこともできる、と思われた。士官学校での演説を提案するものもあった。大統領が強く見えるだろう、というのだった。

大統領の政治担当上級顧問を務めるカール・ローブは、聴衆が多いほど大統領はうまくやれると強く信じていた。拍手が彼を元気づける。議会は理想的な場所だ、とローブは考えた。国家の団結を印象づけることができる。これは重要な点だった。ブッシュ大統領にとって、この演説は大きな政治的機会でもあった。大統領の役割を明確にする第二の機会を、戦争が提供してくれた。偶然がもたらした再生への機会だ。ブッシュ大統領の最初の八カ月はまあまあの出来だった。ブッシュは大統領という地位には少し軽い、と多くの人の目に映っていた。減税は実現したけれど、教育関係の提案や国防計画の転換などは、あまりはかばかしい進展がなかった。アメリカ人はいまだに、彼を指導者として受け入れてはいなかった。強力な演説で、彼の大統領としての役割をよみがえらせることができるだろう。

大統領は議会で演説することを決めた。しかし依然として何を言うべきか、はっきりしなかった。演説の焦点をどこに当てるか、明確にすることが難しかった。

「大統領はさまざまな立場の人たちに語りかけねばならなかった」と、国家安全保障担当補佐官のコンドリーザ・ライスは、後に筆者に語っている。

「アメリカ国民に向けて、外国の指導者に向けて、議会に向けて、そのうえタリバンに向けても言葉を発しなければならなかったのです」

なぜ彼らは我々を憎むのか

カレン・ヒューズは日曜日の午後、ホワイトハウスでブッシュ大統領に会って、演説でどのような問題をとりあげるか話し合った。

彼女はこんなことをメモに書き付けた。


彼らは何者なのか？

なぜ彼らは我々を憎むのか？

勝利とは何を意味するのか？

どうすれば勝利を収められるのか？


月曜日の朝、ブッシュは再びヒューズと話し合った。ヒューズによると、ブッシュは、軍事行動が始まる可能性をどう扱うかについて、こんなふうにいった。

「もしことが始まったら、やったことをいえばいい。もし始まっていなければ、準備をするように、といえばいい」

「早急に草稿がほしい」と大統領は言った。ヒューズはマイケル・ガーソンを呼んで、午後七時までに書き上げるようにいった。

ガーソンは一人で書くわけではない。ほかに五人の書き手がいる。そのうちの二人、マット・スカリーとジョン・マコンネルはガーソンと緊密に連携して仕事をしている。スカリーは喜劇作家のように器用で皮肉屋といったところがある。マコンネルはもっと素直だ。二人はガーソンを現実の世界に連れ戻すのを助けている。三十七歳のガーソンはしかつめらしい顔をしていて、人の質問を聞きながら黄色いメモ用紙にいたずら書きをするようなところがある。彼は、共和党の考え方の中心に社会正義を据えねばならないと信じている、と言う。

「現代の優れた物語というのは、道徳的な物語、道徳的な行動です。つまり公民権運動だとか、貧困との戦争（ジョンソン政権時代の政策）だとかいったものです」

ガーソンと大統領はうまが合っている。大統領はガーソンのことを「もの書き（scribe）」と呼んでいる。熱心なクリスチャンであることも二人に共通している。

ガーソンは選挙戦中、スカリー、マコンネルとともに演説を書いていた。仕事はうまくいった。それ以降、ガーソンは階段を一歩昇った。いまガーソンはホワイトハウス西館の地下に自分のオフィスを持っている。オフィスには威信はあるが、ものを書く場所としてはあまりよくない。閉所恐怖症を起こさせるようなつくりで、人工的な照明しかない。マコンネルとスカリーはオールド・エグゼクティブ・ビルにいる。ふかふかのじゅうたんや秘書のハイヒール姿のある西館が（景気のいい）サンベルト地帯の企業のオフィスに似ているとすれば、オールド・エグゼクティブ・ビルのほうはかび臭いホテルのようだ。どのオフィスも、どんなに狭くても、ソファが置かれているのだが、それに調和するいすというものが置かれていない。ブレインストーミングをするにはおあつらえ向きの場所だ。

ガーソンはマコンネルとスカリーに会いに、西館からオールド・エグゼクティブ・ビルに足を運んだ。三人はマコンネルの部屋でコンピュータの周りに座った。ねずみ色のスーツを着たガーソンは神経質に身体をゆすり、スカリーはソファに足を投げ出していた。三人は、荘重な調子でまず、大統領演説の草稿を書き始めた。重大な事態なので、大いに感情を込めて、高尚な調子で書くに値する。三人はお互いに文章を見比べながら、書いていった。

今夜、わが国は危険に目覚め……

三人はどんどん書き進めた。後で変更する時間は十分あるし、手を加えたがる人が多いことも知っていた。ユナイテッド航空九三便の犠牲者の遺族の一人、リズベス・グリックが議場に出席するはずだったので、彼女について書くことにした。彼女の夫、ジェレミー・グリックはハイジャック犯と戦ったと思われる人物だった（実際には、リサ・ビーマーが議場に来ることになった。夫のトッドもやはり同じ飛行機に乗り合わせていた）。

三人のスピーチライターは確かなことをほとんど知らなかった。あまり知らないために演説は自然にチャーチルのような響きを帯びてきた。三人ともチャーチルの書いたものが好きだった。ガーソンが文章を示した。

長期的には、より高い壁を築いても、より深い塹壕を掘っても、テロに対する回答にはならない

三人は作業を続けた。

敵を引っ立てて裁判にかけるか、正義の力を敵に思い知らせるか、いずれにしても正義は実現されるだろう

コンピュータのスクリーンは、三人が繰り出す文章で埋まっていった。

これは世界の戦いであります。文明の戦いであります。これは進歩と多元主義、寛容と自由を信じるものすべての戦いであります

言葉が溢れて出てきた。

「彼らは狭いところに座って、押し合いへしあいしていた」。隣にオフィスがある副大統領の報道官、ジュリアンナ・グローバ・ワイスはそんなふうに言った。「一人がなんとか一歩先に出ようとしているようなところがあった」。ガーソンが書く。

自由がいま恐怖と戦っています（Freedom is at war with fear.）

みんなで手を加える。

これは自由と恐怖との戦争である（Freedom and fear are at war.）

三人はホワイトハウスの食堂から食事を取り寄せて、さらに仕事を続けた。愛国的なフレーズがあちこちにばら撒かれた。しかしビンラディンとアフガニスタンに対する政府の計画については、何をどの程度、国民に語っていいのか。

彼らはもう一人のスピーチライターであるジョン・ギブソンから助けを借りた。ギブソンは大統領と国家安全保障会議（ＮＳＣ）の外交政策に関する演説を起草しており、安全保障担当補佐官のコンドリーザ・ライスとその補佐を務めるスティーブン・ハドレーの会議には、決まって顔を出していた。ギブソンは、政府の最も内密の決断を公の言葉で書くという、難しい仕事をしていた。彼は最高機密を扱う資格を持っており、彼のコンピュータのハードドライブは金庫に保管されていた。

敵はアルカイダ

ホワイトハウスのスピーチライターにとって、いい情報を入手することは常に問題であった。

最重要な当局者は情報をスピーチライターから遠ざけている。それは彼らが書き手であるという、明白な理由からだった。彼らは新聞社に友人がいるし、いずれは回想録を書くだろう。重要な政策決定が行われるときは、関係者はドアを閉ざす。あのテロ攻撃以降、情報はごく限られたものだけが共有するようになった。ギブソンとライス、ハドレーとスピーチライターたちのチームの会議はすべてキャンセルされ、彼らと話をすることもできなくなった。

幸い、ギブソンはNSCの反テロリズム部長であるリチャード・A・クラークとつながりがあった。クラークは白髪のずんぐりした男で、十年近くこの仕事をしていた。彼の話し声は大きい。

「奴の書く電子メールも怒鳴り散らしているみたいだ」と、あるホワイトハウス職員が私に言った。彼はどんな会議にもまだ出席していた。ギブソンはクラークに電子メールで質問を送った。それは図らずもヒューズがブッシュ大統領との最初の話し合いで出したものと似たものだった。

我々の敵は誰なのか？　連中は何を求めているのか？

電子メールで鉄砲玉のようなメモの返事が返ってきた。

敵は誰か？

「アルカイダ」

何を求めているのか？

「すべてのキリスト教徒とユダヤ教徒を地球上から追い出すこと」

「イスラム諸国のうち、エジプト、サウジアラビアなどの現政権を転覆すること」

「（そしてそのために）女性や子どもを含めたすべてのアメリカ人に死刑を宣告する偽《にせ》の宗教決定

（ファトワ）を発している」

ギブソンはこの回答の威厳に満ちた調子が好きだった。彼はそれを一部手直ししてガーソンに渡した。

ギブソンの修正版を用いて、ガーソンとスカリー、マコンネルの三人はタリバンについて書き始めた。スカリーがまず書いた。

敬虔さを装った彼らに我々は騙されてはいない

ガーソンも書いた。

彼らは二十世紀に登場した残忍非道なイデオロギーの後継者です。自分たちの過激な思想のために人間の命を犠牲にし、また権力を奪取するために、すべての価値観を蔑《ないがし》ろにします。彼らは、ファシズムとナチズム、帝国主義的共産主義が辿った道を歩こうとしているのです

スカリーが付け加えた。

そして彼らは、行き着くところまでその道を歩み続けるでしょう

そこでちょっと止まった。どこへ行き着くのか。三人には分からなかった。ありきたりの文句ならいくらでもある。マコンネルがポケットからパンくずをとりだすみたいに、五つ、六つのフレーズを並べ立てた。三人は、タリバンの恐怖支配の終わりを予告するという考えが気に入った。「墓碑銘もない歴史の墓場、というのはどうだろう」とマコンネルがいった。そのフレーズをやりとりしているうちにマコンネルが「それは打ち捨てられたウソで終わる」という文句を付け加えた。ガーソンもそれが気に入った。で、その部分はこうすることに決まった。

打ち捨てられたウソの、墓碑銘もない歴史の墓場

しかし、タリバンは結局、歴史の灰になってしまうにしても、どうしてそれを実現できるのか、誰かが言わねばならなかった。我々は明日にも攻撃をかけるのか。アフガニスタンへ地上侵攻するのか。イラクも一緒にやっつけるのか。誰も知らなかった。ホワイトハウスでは、政策と言葉は別の軌道を進んでいた。二つが出会うのはもっと高いレベルでのことだった。スピーチライターは時には書き上げた草稿を持って、政策担当者からどういうことになっているのか教えてもらうのを待っているのだ。大統領が何を発表しようとしているのか皆目知らないで、ガーソンたちは演説の締めくくりをどうもって行くか決めかねていた。しかしともかくやれるだけのことはやった。一日で合同本会議向けの演説を書き上げたのだ。三人はこれをヒューズのもとに届けた。

ブッシュは形容詞を好まない

月曜日の夜遅くカレン・ヒューズがガーソンに語ったところでは、演説草稿は有望だが相当手を加える必要があると、大統領が考えているという。ヒューズ自身もすでに手直しを考えていた。ブッシュ大統領同様、ヒューズもテキサス出身で、アメリカのハートランド（心臓部にあたる地域）に目を向けている。彼女は大統領の目で読むことができる人間だ。「私には大統領の声が聞こえるの。抑揚のつけ方や話し方、言葉のリズムと合わせて聞こえるの」とヒューズはいった。

ガーソンのグループは演説の締めくくりについても、提案をメモにまとめてヒューズに渡した。ヒューズは草稿を批判的な目で読んだ。スピーチライターは「大理石」と呼ばれる美しいフレーズが好きだ。しかし大統領は「大理石」につまずいてしまう。そうなると大統領が小さく見える。大統領は手直しの時間があるとき、形容詞をはずしてしまう。

「私は大統領の文体を雄弁な単純さと言っているの」とヒューズは語る。

「詩があるわ。だけどそれはミニマリストの（言葉を最小限に使う）詩よ」

こうした話の一部はイメージだし、一部は現実だ。さらに一部はイメージを真似た現実だ。西館の壁にはジーンズ姿で牧場の木の根を掘り起こしているような、大統領の写真が一面に飾られている。二年間も全国に顔を売ると、大衆はある種の期待を抱くようになる。

ヒューズの見たところでは、演説は生き生きとしたものにする必要があった。「私たちみんなが今まで見てきたような、ひどいイメージに代えて新しいイメージを打ち出す必要を強く感じていたの」と彼女は言った。サウンドバイト（テレビなどに引用される決めの言葉）が必要だった。それも彼女の分野だった。ヒューズはブッシュの最初の州知事選挙で応援に加わる前は、テレビの記者をしていたことがあった。ホワイトハウスの報道官、アリ・フライシャーはあらかじめ大統領の演説の要約を配布して演説の勘所に注意を促すことになっている。言葉があまり華麗すぎてもいけない。大多数の中間的な人たちに分かってもらうには、ちょうど友だちに話し掛けるように説明するのがいい、とヒューズは感じていた。スピーチライターは歴史のために書いている。しかし彼女は、演説をためになる会話のようなものにしたいと考えていた。彼女は草稿の文章に付け加え始めた。

アルカイダとテロの結びつきは、マフィアと犯罪が結びついているのと同じです

アフガニスタン出身者に助言を求める

一方で、アメリカが次に何をするのか、という点についての答えもすでに決まっていた。キャンプ・デービッドでは戦争に関係する閣僚が会議を開いていた。出席したのは大統領のほか、ライス、ドナルド・ラムズフェルド国防長官、ポール・ウォルフォビッツ国防副長官、それにコリン・パウエル国務長官。

戦略の討議を始める前に、中央アジアの地図や図面を広げた。全員がタジキスタンのような場

所の地理的な位置関係をきっちりと認識していたわけではなかった。一つの問題は、アメリカの勝利をどう定義づけるか、だった。ビンラディンを捕らえるだけでは明らかに不十分だった。しかしアメリカはかつてテロリストをかくまったことのある中東諸国をすべて追及すべきだろうか。

国務省が作成したテロ支援国家のリストには、シリア、イラク、イランがすべて含まれている。パウエルはテロリストの目標を狭めることを主張した。ウォルフォビッツはイラクを含めて広範に目標を定めることを主張した。パウエルの主張が通った。大統領はそのあと、国家安全保障会議でパウエルの立場を支持した。

「まずオサマ・ビンラディンから始めて、その副官、次にアルカイダへ。その先はそれからのこと、と決めた」と政府当局者の一人は振り返っている。就任から八カ月間、強硬な保守主義の立場をとって多くのアメリカ人を驚かせた大統領にとって、これは中道寄りへの回帰であった。

同時にまた、軍部が勝利するための行動の自由を縛らないよう、スピーチでは柔軟な言葉遣いをすることも合意された。カブールやバグダッドを爆撃せずとの約束はしないことになった。

パウエルの指導の下で、国務省は目標に関する文言を起草した。コンドリーザ・ライスがスピーチライターたちを大統領執務室に案内した。ブッシュは、演説は気に入ったが締めくくりがよくない、と言った。スピーチライターたちとヒューズは大統領の話をメモにとった。ブッシュはひどく興奮していた、とヒューズが証言している。演説の終わりはあまり内省的でないほうがいい、と大統領は言った。大統領が先導するような形で締めくくるのがいい。ライスがそこでパウエルから送られてきた要求を、声を上げて読んだ。

「アルカイダの指導者をアメリカに引き渡せ。拘束されている外国人を釈放し、アフガニスタン国内にいる外国人を保護せよ。テロリストのキャンプを閉鎖せよ。アメリカに全面的な査察のためのアクセスを認めよ」といったものだった。

ブッシュ大統領はこれらの点が気に入った。議会でビンラディンの引渡しをタリバンに呼びかけるのは、相当の力の見せ場になるだろう。彼はスピーチライターたちに、これを官僚用語から言い換えるように言った。ライスはスピーチライターにメモを残した。

ブッシュ大統領はまだ、演説をすべきかどうか、決めかねていた。首席補佐官のアンドルー・カードは議会がブッシュの決断を待っていると伝えた。ブッシュはまだ時間がほしい、と言った。スピーチライターたちはまた仕事に戻った。彼らはさらに「大理石」を盛り込んだ。

しかしこれは、アメリカだけの戦いではありません。危機に瀕しているのはアメリカの自由だけではありません。これは世界の戦いであります。文明の戦いであります

一方で、ライスとヒューズは、この演説がタリバンの悪を十分に伝えているかどうかをいぶかっていた。ライスはディック・クラークとアフガン生まれでNSCのメンバーでもあるザラミー・ハリザドの二人をヒューズのもとに送り、問題の部分を強力にすることを手伝わせた。クラークとハリザドは、男のひげが短すぎると罰せられたり、女性が学校に通うことが認められなかったり、映画が非合法にされたりといったことをヒューズに話した。ヒューズはメモにとり、そ

の話を演説のコピーに付け加えた。彼女は国内の問題として考えていた。こうした間違った行為はアメリカ人にも理解できる。ヒューズはまた、ガーソンたちが書いた、アフガンの人々に思いやりを示した部分の言葉を膨らませた。ブッシュが大統領に選ばれるのを助けたのは、彼の保守主義から打ち出した思いやりの姿勢だった。テロ攻撃の後の数日間、彼は非常に好戦的だった。そのため父親が電話をかけて、好戦的な調子を抑えるようにアドバイスをしたほどだった。大統領候補時代のブッシュを呼び戻すときだった。

イスラム教徒への配慮

水曜日の午前十一時、ガーソン、スカリー、マコンネル、ヒューズの四人がヒューズのオフィスに座った。彼らはヒューズのコンピュータの周りに集まっていた。彼女の前にはチャーチルの言葉を書き付けた小さな額があった。「私はライオンではなかった。しかしライオンの唸り声をあげる役回りが私のところにきた」。新しい材料が次々と入ってきていた。ディック・チェイニー副大統領は国土安全保障局という新しい閣僚ポストを設けると短い文章でマコンネルに伝えてきた。ヒューズは、この演説ではイスラム系アメリカ人に対する敬意が十分に表せていないと感じていた。月曜日に大統領が大急ぎでモスクを訪問した際、反応はよかった。この点を強調することも大事だった。ヒューズは「今夜、私はアメリカのイスラム系の人々にも伝えたいことがあります」という文章を「私はまた今夜、全世界のイスラム教徒に対して直接、話しかけたいと思います。我々はあなた方の信仰に敬意を持っています」と変更した。「アメリカはアフガニスタンの人たちに敬意を払っています」という文章も彼女が手を貸して付け加えた。ヒューズはスピーチから大理石を取り除いてコンクリートで置き換えた。「どうか自分たちの生活を続けてください。子どもたちを抱きしめてあげてください」という文章も彼女が付け加えた。ロープが部屋に立ち寄った。その結果、次のような一文も付け加えられた。「多くの市民が今夜、恐れを抱いていることを私も知っています。平静を保ち決意を新たにするようお願いします」。ライスの補佐を務めるスティーブン・ハドレーは、テロがさらに起きることを心配していた。彼は今後もテロがあり得ることを市民に注意喚起してはどうかと言った。「テロの脅威が残ってはいますが」という一句が挿入された。

大統領はその一週間、夜は公邸で演説の草稿に取り組んでいた。大統領は要点が明確な演説にしたいと思っている。繰り返しは好まない。彼はエール大学で雄弁術の科目をとったことがあり、演説というものは、導入部分と主要部分、それに結論の部分に分かれることを覚えている（大統領はかつてある演説に「心の琴線に触れる」「感情的に働きかける」などといった注釈をつけたことがある）。ブッシュ大統領は黒のシャーピー・ペンでメモをとっている。彼が手直しするときは、簡潔にすることが多い。削り刀だ。「ブッシュ大統領は能動動詞と短文がお好みだ」とローブは言う。

大統領は演説の締めくくりに思い入れがある。まだ演説のどの部分に入れるか決めてはいなかったが、スピーチライターたちは、フランクリン・デラノ・ルーズベルトの次のような一節を結論の部分に引用してはどうか、と提案した。「我々は、アメリカ人のためのみならず、すべての人類のために、生活様式を守り、築いていく」というのがそれだ。大統領は、他人の言葉を引用したくなかった。彼はそのことを会合で特に強調し、これは自分が先導する機会だと考えていることを説明した。「出来る限りの速さでメモをとっていた」とガーソンは言った。

スピーチライターのチームは、締めくくりをすべてブッシュ色にすることにして作業を進めた。もう一度「自由と恐怖が戦っています」という一節に立ち戻って、神さまがらみのひねりを加えた。「両者の間に立って神が中立ではないことを、我々は知っています」。神をあまり強く打ち出さずに、宗教的な響きをにじませた。

帝国主義的共産主義という言葉を削る

午後一時に、ガーソンらはブッシュとヒューズに会った。大統領執務室の机の周りに椅子を引き寄せた。「君たち、みんな笑顔だね。結構だ」とブッシュは言った。そして眼鏡をかけて、演説を声に出して読み始めた。ところどころで止まっては手直しをした。新しい締めくくり部分を、声を上げて読んだ。

「これからの数カ月、数年の間に、生活がほぼ正常に戻ることを私は期待しています」

演説は続く。

「悲しみさえも時間の経過と恩寵とともに薄れていくでしょう」

しかし慰めの言葉がすべてではなかった。

「私は、わが国が負ったこの傷と、この傷を負わせたもののことを忘れません」

言葉はさらに続く。

「私は屈服しません。休むこともしません。アメリカ人の自由と安全のために、戦いの手を緩めることもないでしょう」

これはウィリアム・ロイド・ガリソン（十九世紀の奴隷制度反対運動の指導者）の言葉（「そして私の声は届く」）に似ているのだが、ブッシュ自身の言葉だった。これがブッシュの演説の見せ場だった。これがあなたの心の琴線に触れ、あなたに働きかける、というものだ。最後の「自由と恐怖」のイメージもうまくいった。大統領が言った。「立派な演説だ、君たち。議会に連絡しよう」。翌二十日木曜日の夜、演説することになった。

演説の主要な骨格部分は固まったし、演説の予定も決まったが、まだ細部の詰めが残っていた。他の政府各省庁の意見も聴かねばならなかった。政府の関係部局にテキストを送って論評を求めた。時にはこの種の意見聴取は行政府の多くの部局に及ぶこともある。演説は政府を束ねる絆の役割も果たしているからだ。「演説を書く過程で最終的な政策決定を迫ることもある」とヒューズは言った。議会の合同本会議でおこなうような大きな演説は、国務長官から軍の統合参謀本部議長まで、ほとんどすべての人を巻き込むことになる。彼らは最後のぎりぎりまで、立ち寄って草稿に目を通し変更された部分がないか確かめる。電話で提案したり、代表を送り込んできたりもする。

予想された通り、国務省はパウエルが努力していた連携工作に重点をおくことを求めていた。それに沿った表現が取り入れられた。国防総省は、演説が間違ったところに焦点をあてるのではないかと心配していた。ある当局者が振り返った。「彼らの見方は、国中の球場にコンクリート製の覆いをかぶせても、なおかつ安全ではないというものだ。最良の防衛は攻撃にあり、ですよ」。こうしたせめぎあいはキャンプ・デービッドで地図を前に繰り広げられた議論の繰り返しだった。これらはテキストの小さな変更を通じて政策に影響を及ぼそうという試みだった。そうしたことを試みるのは、大統領の言葉が海外で詳細に検討されるからだ。ビンラディンはすでに、ブッシュが不用意に使った「十字軍」という言葉に反論し、これを打倒するジハード（聖戦）を約束している。「危機の際には一つ一つの文章に重みが加わる。大変な時期だ。責任も大変重い」とカール・ローブは私に言った。

そのため、演説のテキストは異常なまでに読み返された。アメリカ国内のイスラム系諸団体はテロリズムをもっと強く非難すべきだとする文言が、初めのころ提案されていた。マコンネルが言い出した墓碑銘のない墓場のリストから「帝国主義的共産主義」が削除された。関係者によると、その文言がロシアを刺激する心配があったからだという。ロシアには対テロの連合側に加わってもらうよう働きかけていた（その言葉に代えて「全体主義」が当てられた）。誰にも分からぬ理由で削られた文言もあった。ヒューズがある時点で、『風と共に去りぬ』のような映画」を見ただけでアフガニスタンでは投獄される、という文章を挿入した。これは、ヒューズを含め、誰が考えてもおかしな文章だったので、あっさり削られた。ヒューズが書き加えたマフィアに関する一節は、ローブも削らなかった。彼はアメリカのカトリックに取り入ることに力を注いでいたので、これは一部の人たちには驚きだった。

真珠湾攻撃をどう扱うか

事実関係を調べていくうちにさらに変更が行われた。演説が言うように「アメリカ人も戦争を知っています。しかしこの百三十六年間、我々が経験した戦争は外国の土地で戦われた戦争でした」というのは事実でないことに、誰かが気付いた。パールハーバーはどうなのだ。パールハーバーが追加された。歴史は歴史だ。しかし「卑劣な攻撃」は「奇襲攻撃」になった。いまわれわれは日本とは友人だ。将来ともそうでありたい。スタッフは変更の内容を整理した。

いかに多くの国々とうまく付き合わなければならないか、驚くほどだった。「何千人というテロリストが六十を超える国々に隠れている」という一節から「隠れている」が消えた。オサマ・ビンラディンとつながりのあるテロ組織は、戦略的にエジプト・イスラム聖戦とウズベキスタン・イスラム運動の二つに限られた。ホワイトハウス当局者によると、この二つは「世界でもっとも正体不明のテロ組織」ということだ。ヒズボラやファタハ、モスレム同胞団はリストには加えられなかった。

中東はもろい地域だ。これでも十分ではなかった。NSCの一人が「テロリストをかくまったり、支援したりするいかなる国もアメリカの敵と見なす」という一節に異議を唱えた。シリアはどうなるのか。表現が「引き続きかくまったいかなる国も」と改められた。当局者によると、これは「その国がまともになって正しい道を歩く第二の機会を与えるためのもの」だった。こうして立場を軟化することは避けられなかった。それでもアメリカは強い姿勢を示さねばならなかった。ブッシュとしては頼れる、強力な文言、一節が欲しかった。それで出てきたのが次の一節だった。

「我々の側につくか、テロリストの側につくか」

ライスはもう一度テキストを読んだ。もし見当違いのものが含まれていたら、最初に彼女が問題になるはずだった。彼女は仕事を終えた。政策と文章が最終的に固まった。

演説は成功した

大統領は稽古をしなければならなかった。演説することを決めたあと、最初に考えたのはそのことだった。時間をかけてリハーサルをすれば、それだけいい結果が出る。下向きに食いしばったような彼の口元も少しは緩む。文節ごとにしり上がりになる抑揚の傾向も少しは少なくなる。テレプロンプターを使った最初の稽古は、水曜日の午後六時半だった。大統領は青色の運動着に野球帽姿で現れた。愛犬の「スポット」が部屋中を走り回り、座って演説を聴いているライターたちに盛んに鼻をこすりつけた。大統領は口の中で音を調節していた。

演説が国内政策の立法措置に関する部分に差し掛かると、エネルギー政策や教育問題などをだらだらと並べ立てる形になった。「こんなことを言うときではないな」。大統領はそう言って、削除した。ヒューズも同感だった。いまやるべきことは、ブッシュが外交政策を立派にこなせる資格のあることを示すことで、内政政策の分野に引き下がるときではなかった。

大統領はほかの部分でも削った。演説で航空産業救済のために何十億ドルもの支出を約束する部分を読んで、そこも削除することを主張した。「まだ交渉中だ」と大統領は言った。大統領はまた、「アメリカはアフガニスタンの人たちに敬意を払っています」という文章のあとに、ちょっと一言をはさんだ。「なんといっても」と入れて、次の文章「我々はいま、一番多くの人道援助を提供しています」に続けた。これで大統領に息継ぎの時間が出来る。ヒューズが大統領に助言した。「耳が演説に追いつく時間を作ろう」。

演説当日の木曜日朝、ブッシュは再度、稽古をした。大統領は、同盟国の名前が並ぶ、ぎごちないパラグラフが気に入らなかった。なかでも米州機構（Organization of American States）だの欧州連合（European Union）だのは、長ったらしくて発音しにくかった。それらの名前をその後、聞くことはなかった。

大統領は四時半に昼寝をしたあと、側近に起こされてもう一度、稽古をした。五時十五分、ヒューズはガーソンに国土安全保障局の新長官の名前を伝えた。ブッシュの旧友で、ペンシルベニア州知事のトム・リッジだった。情報が洩れるのを防ぐため、任命のニュースは抑えられていた。イギリスのトニー・ブレア首相は夕食の約束に遅れてやってきた。そのため大統領にはもう一度、リハーサルの機会ができた。しかし、準備はできている、と大統領は言った。広報室は演説の勘所をリストにして報道陣に配布した。「アメリカの敵は多くのイスラム教徒の友人たちではありません」「備えてください」「これは自由と恐怖の戦争である」などがその中にあった。

大統領は車に乗り込み、議会に向かった。副大統領は後に残って、二人がともに議会にいる事態を避けた。これは前例のない安全対策だった。その結果、カメラがブッシュを映し出すと、チェイニー副大統領の姿が議場にないことの意味を意識させることになった。それで危機にあることを想起させられた。ブッシュは戦時の大統領として議会に足を運んだ。彼は青白いネクタイをつけていた。演説が始まった。「議長閣下、上院議長代行閣下、両院議員各位、国民のみなさん」。演説は、三十一回も拍手で遮られた。

安心して眠れるようになった

演説の一週間後、それまで半旗だったホワイトハウスの国旗が再び高く掲げられて風になびいていた。カレン・ヒューズは襟に国旗のバッジをつけていた。

演説は成功だったのか。

大統領にとっては、イエス。

「大統領は非常に気分がよかったと言っていました」とヒューズ。

「大統領には、驚異的だったと言っておきました」

ブッシュはボートを安定させることを願っていた。それができた。指導力を発揮したし、議会も一心同体と感じてくれた。「大統領の演説はまさに国が必要としていたものだった――決意と希望、力強さと思いやりがメッセージとして伝わった」とテッド・ケネディが言った。演説の書き手にとってはカタルシスがあった。ガーソンは、演説の起草に携わることで「ニューヨークの現場で救助活動に携わる人たち」とつながっているように感じた。評論家たちは、大統領が危機的状況の中でまさに適切なことを言った、と書いた。ウズベク人たちは喜んだ。シリア人は怒らなかった。

ただカナダ人だけは感情を害した。演説をだらけさせないようにと米州機構への言及を削除したために、その一部であるカナダには触れずじまいになったからだ。

互いに厳しい批評をするプロのスピーチライターたちも感銘を受けた。ジョン・F・ケネディの演説を起草したテッド・ソレンセンは「なかなかいい、迫力のある演説だった」と言った。『自由対恐怖』と言うのにどれほどの意味があるのか、私には分からない。しかし響きはいいし、我々が自由の側につくことは間違いないね」。

ヒューズは、あるジャーナリストから一通の電子メールをもらった。彼は「演説を聴いた後また眠れるようになった」と書いてきたのだった。なるほどと思われる。演説は、ガーソン的な瞬間とヒューズ的な説明が交互に見え隠れはしたが、安心させてくれた。アメリカは怒ってはいるが怒りすぎてはいない。気遣いはしているが、弱気になってはいない。勇気や思いやり、礼儀、気骨などすべてがそこにあった。これらは、ブッシュが選挙戦で掲げ、ガーソンが明確にすることを助けてきた価値であった。大統領は、何カ月もの間、右翼をなだめ、混乱の日々を経験してきたあとで、ようやく政治的にも気持ちのうえでも中庸に立ち返ったのだ。

演説をするというまさにその行為が、文明国としての生活が続くことを示したのだ。大統領はキャンプ・デービッドで大きな戦争地図の前に座っていたが、まず暴力に手を染める代わりに言葉で行動を起こした。言葉の一部は中身に乏しく、多くは曖昧だった。タリバンに対する要求を除けば、政策らしきものはほとんどなかった。「これは戦略的な演説であって、戦術的なものではない」とホワイトハウスの高官は言った。

この演説は、国家の現状を報告する一般教書演説ではなかった。将来に目をやるときでもなかった。悪いニュースは後回しでもいい。新しい大統領は優柔不断に見えることを恐れる。しかしブッシュ大統領はあせって突っ走ることがもっとよくないことに気付いていた。

彼らは何者なのか。

彼らはどこにいるのか。

どうすれば彼らに反撃できるのか。

これからの課題は途方もなく大きい。怒りより理性を強調する演説をしたことで、ブッシュはしばらく時間を稼ぐことが出来た。誰かが二十一世紀最初の戦争に向けた道筋を書き上げるまでの時間を。


（「ニューヨークタイムズマガジン」二〇〇一年十月七日号）

我々の側につくか？テロリストの側につくか？

ブッシュ大統領の演説全文

二〇〇一年九月二十日　米上下両院合同本会議

©AP/WWP

議長閣下、上院議長代行閣下、議員各位、及び国民のみなさん。

通常の事態であれば、大統領がこの議場で行う演説は、国情を報告する一般演説であります。今夜は、そうした報告の必要はありません。報告はすでに、アメリカ国民に届けられております。

我々は、地上の人命を救うためにテロリストに飛び掛かっていった、飛行機の乗客の勇気にそれを見ました。トッド・ビーマーという傑出した男性も、その勇気ある乗客の一人でした。夫人のリサ・ビーマーさんを、今夜、この席にお招きしています。（拍手）。

我々は、力の限りを尽くして辛抱づよく救出活動を続ける人たちのなかに、アメリカのありようを見ました。国旗を掲げ、ろうそくを灯し、献血に駆け付け、英語やヘブライ語やアラビア語で祈りを捧げる人たちを見ました。見知らぬ人たちの悲しみを自分の悲しみとする、思いやりと寛容の心を持った人たちのゆかしさを見ました。

国民のみなさん、今日までの九日間、全世界はみずからの目で、アメリカの国のありよう、力強い国のありようを見ました。(拍手)。

今夜、わが国は危険に目覚め、自由の防衛に立ち上がることを求められています。悲しみは怒りに変わり、怒りは決意へと変わりました。敵を引っ立てて裁判にかけるか、敵に正義の力を思い知らせるか、いずれにしても正義は実現されるでしょう。(拍手)。

このような重大な時期に議会が発揮されたリーダーシップに感謝します。あの悲劇の日の夜、議会の階段で、共和党議員、民主党議員がそろって「ゴッド・ブレス・アメリカ」を口ずさんだ姿に、すべてのアメリカ人が感動しました。みなさんはそれ以上のこともやってくれました。地域社会の再建と軍事的要請に応えるために、四百億ドルの支出を決めるという行動を起こしてくれました。

ハスタート議長、ゲッパート下院民主党院内総務、ダッシュル上院民主党院内総務、ロット上院議員、あなたがたの友情と、リーダーシップと国家に対する貢献に感謝します。(拍手)。

またアメリカ国民を代表して、世界が支持を表明してくれたことに感謝します。アメリカ国歌がバッキンガム宮殿や、パリの街頭や、ベルリンのブランデンブルグ門に響き渡ったことを、アメリカは決して忘れないでしょう。

韓国の子どもたちがソウルのアメリカ大使館前に集まって祈ったこと、カイロのモスクで哀悼の祈りがささげられたことを、我々は忘れないでしょう。オーストラリアやアフリカ、ラテン・アメリカで黙禱がささげられ、喪に服されたことを、我々は忘れないでしょう。

またアメリカ市民とともに命を落とした八十に上る国の人々のことも忘れません。数十人のパキスタン人、百三十人を超えるイスラエル人、二百五十人を超えるインド人、エルサルバドルやイラン、メキシコ、日本などの人たち。そして数百人のイギリス人も亡くなりました。アメリカにとってイギリスに優る真の友人はありません。(拍手)。我々はまたあらためて、一つの大義のために肩を組みました。……イギリスの首相がわざわざ大西洋を越えて、アメリカとの団結を示すためにやってきてくれたことを光栄に思います。駆け付けてくれた友人に感謝します。(拍手)。

九月十一日、自由の敵はわが国に対して戦争行為を働きました。アメリカ人も戦争を知っています。しかしこの百三十六年間、我々が経験した戦争は、一九四一年のある日曜日の出来事を除けば、すべて外国の土地で戦われた戦争でした。アメリカ人も戦争で犠牲者を出しています。しかし、平穏な朝の時間に大都市の中心部で戦争の犠牲者を出したことはありません。アメリカ人は奇襲攻撃を受けた経験もあります。しかし数千人の市民に対する奇襲攻撃はかつて受けたことはありません。これらのすべてが、わずか一日の間に、我々に降りかかってきたのです。そして夜のとばりが別の世界の上に降りました。自由そのものが攻撃にさらされる世界です。

アメリカ人は今夜、数々の疑問を抱えています。わが国を攻撃したのは一体だれか。我々はいま自問しています。これまで集めた証拠からは、アルカイダと呼ばれる、緩やかに結ばれたテロリストの集団が疑われます。彼らはタンザニアやケニアのアメリカ大使館爆破事件で起訴され、(駆逐艦)コール号の爆破事件にも関わったとされるのと同じ殺し屋たちです。

アルカイダとテロの結びつきは、マフィアが犯罪と結びついているのと同じです。しかしアルカイダの目的は金儲けではありません。その目的は、世界を作り変えて、あらゆる人たちに自分たちの過激な考え方を押し付けることです。

テロリストたちは、イスラム教の学者や大多数のイスラム聖職者たちから拒絶されたイスラム急進主義の最も過激な部分を実践しているのです。こうした過激な運動はイスラムの平和な教えを誤らせるものです。テロリストたちの指令は、彼らにキリスト教徒とユダヤ教徒を殺し、すべてのアメリカ人を殺すことを命じています。女性も子どもも含めて、軍人も民間人も区別なく、殺せと命じているのです。

このグループとその指導者――その名をオサマ・ビンラディンというのですが――は、さまざまな国の多くの組織とつながりを持っています。このなかにはエジプトの「イスラム・ジハード（聖戦）」や「ウズベキスタン・イスラム運動」なども含まれております。六十を超える国に何千人ものこうしたテロリストがいます。彼らはそれぞれの国や街からアフガニスタンのような場所のキャンプに集められ、テロの戦術などについて訓練を受けているのです。そして母国に送り返され、あるいは世界各地に潜んで悪事と破壊をたくらんでいるのです。

アルカイダの指導部はアフガニスタンに大きな影響力を持ち、タリバン政権がその国の大部分を支配するのを支援しています。アフガニスタンの様子を見れば、アルカイダが世界に対して持つ戦略が見えてきます。

アフガニスタンの人たちは過酷な扱いを受けています。多くの人たちが飢えに瀕し、多くの人たちが逃げ出しました。女性は学校に通うことも許されていません。テレビを持つと投獄されます。宗教は指導者の命令に従った形でしか許されていません。男性はあごひげの長さが不十分だと投獄されます。

アメリカはアフガニスタンの人たちに敬意を払っています。なんといっても我々はいま、一番多くの人道援助を提供しています。しかし我々はタリバン政権を非難します。（拍手）。タリバンは自国の人たちを抑圧しているばかりではなく、テロリストを支援し、かばい、補給することで、あちこちの人々を脅かしているのです。殺人を助け、許容することで、タリバン政権も殺人の罪を犯しているのです。

今夜、アメリカ合衆国はタリバンに対し次のような要求を突き付けます。

すなわち、国内に隠れているアルカイダの指導者全員をアメリカ当局に引き渡すこと。（拍手）。不当に拘束されているアメリカ市民を含め、すべての外国人を釈放すること。国内に滞在するジャーナリスト、外交官、援助関係要員を保護すること。アフガニスタン国内にあるすべてのテロリスト訓練キャンプを即時かつ永久に閉鎖し、すべてのテロリストと彼らを支援する立場にある人々を適切な当局に引き渡すこと。（拍手）。アメリカに対してテロリスト訓練キャンプへのアクセスを認め、これらの施設が稼動していないことを確認させること。

これらの要求について、交渉や議論の余地はありません。(拍手)。タリバンは行動を起こさねばなりません。それも直ちに行動せねばなりません。それはテロリストを引き渡すことです。さもなければ、テロリストと同じ運命をたどることになるでしょう。

私はまた今夜、全世界のイスラム教徒に対して直接話しかけたいと思います。我々はあなた方の信仰を尊重します。数百万人のアメリカ人が同じ信仰を有していますし、アメリカが友人と考える他の国々にもさらに多数の人たちが、同じ信仰を持っています。その教えは立派なものですし、平和的なものです。アラーの名において悪事を働くやからはアラーの名を冒瀆しています。(拍手)。テロリストたちは、事実上イスラムを乗っ取ろうとして、自分たち自身の信仰を裏切っているのです。アメリカの敵は多くのイスラム教徒の友人たちではありません。多くのアラブの友人でもありません。我々の敵は、テロリストの過激な集団であり、彼らを支援する政府です。(拍手)。

我々のテロとの戦争はアルカイダとの戦いから始まりますが、そこで終るわけではありません。この戦争は、世界的な広がりを持つすべてのテロリスト集団を見つけ出し、その活動を停止させ、敗北させるまでは終らないのです。(拍手)。

なぜ彼らは我々を憎むのか、アメリカ人はいま自問しています。彼らが憎んでいるのは、今我々がこの議場で目の当たりにしているもの、すなわち民主的に選ばれた政府であります。彼らの指導者は自分でその地位についた人たちです。彼らは我々の自由を憎んでいるのです。宗教の自由、言論の自由、投票、集会、反対意見を述べる自由、そういった自由を彼らは憎んでいるのです。

彼らは、エジプトやサウジアラビア、ヨルダンといった多くのイスラム諸国で、政府の転覆を図っています。彼らはイスラエルを中東から追い出そうとしています。彼らはキリスト教徒とユダヤ教徒を広大なアジア、アフリカ地域から追い出そうとしています。

これらのテロリストたちは、単に命を奪うために殺すだけでなく、生活様式を破壊し、断絶させるために殺すのです。彼らの残虐な行動でアメリカ人が恐れをなし、世界各地から引き揚げて友人を見捨てることを、彼らは期待しているのです。彼らが我々に立ち向かってくるのは、我々が彼らにとって邪魔だからなのです。

我々は、敬虔さを装った彼らにだまされることはありません。これまでにも彼らの同類は目にしたことがあります。彼らは二十世紀に登場した残忍非道なイデオロギーの後継者です。彼らは自分たちのビジョンのために人間の命を犠牲にし、ひたすら権力だけを求めあらゆる価値を捨てて、ファシズム、ナチズム、全体主義が辿ったのと同じ道を歩んでいるのです。そして彼らは行き着くところまでその道を歩み続けるでしょう。行き着く先は、打ち捨てられたウソの、墓碑銘もない歴史の墓場です。（拍手）。

この戦争をいかに戦い、いかに勝利するか、アメリカ人は自問しています。我々は手元にあるあらゆる手段を振り向けて、戦います。あらゆる外交手段、あらゆる情報活動、あらゆる司法の手続き、あらゆる財政・金融上の影響力、そしてあらゆる必要な戦争兵器を動員して、テロの世界的なネットワークを破壊し、敗北させるつもりです。

この戦争は、十年前にイラクと戦った戦争のように、決定的な領土解放で早急に結末を迎えられるような戦争ではありません。また二年前のコソボでの戦争のように、地上部隊を投入せず、一人のアメリカ兵の戦死者もださない、といった戦争で終りそうにもありません。

我々の反応は、性急に報復を加えたり、散発的な攻撃を加えたりといったものをはるかに上回るものになるでしょう。一回きりの戦闘で終るといったものではなく、アメリカ人がこれまでに経験したことのないような、長期的な戦闘になるでしょう。テレビで目にすることのできるような劇的な攻撃を含むかもしれませんし、成功しても公表されないような秘密の作戦を含むかもしれません。彼らの資金源を枯渇させ、彼ら同士を互いに反目させ、逃げる場所も休むいとまもないほどに、彼らを次々と追い立てます。そしてテロリズムを支援し、それをかくまう国も追及します。あらゆる地域のあらゆる国は、いま決意を固める時です。我々の側につくか、それともテロリストの側につくか、であります。(拍手)。今日以降、テロリズムをかくまったり支援したりした国は、合衆国に敵対する政府と見なされることになるでしょう。

わが国は今回初めて、自分たちが攻撃されることもありうることを思い知らされました。そしてアメリカ人を守るために、テロリズムに対して防衛策を講じることになりました。現在、国内の安全については、多数の連邦政府の省庁や州、地方自治体などがその責任を担っています。これらの努力を最高のレベルで調整することが必要です。そこで今夜、私は大統領直属の閣僚レベルのポストとして国土安全保障局を設けることを発表します。

そして同時に、この仕事の先頭に立ってアメリカの安全強化に努める、優れた人物として、軍務経験者であり、有能な州知事であり、真の愛国者であり、信頼できる友人でもある、ペンシルベニア州のトム・リッジを任命することを発表します。(拍手)。彼はテロリズムからわが国を守るための総合的な戦略を先頭に立ってまとめ、監督し、将来の攻撃に対処することになるでしょう。

これらの措置は不可欠のものであります。しかし我々の生活様式を脅かすテロリズムに打ち勝つ唯一の方法は、それをやめさせ、排除し、頭をもたげるところを破壊することです。

この仕事には、ＦＢＩの捜査官、情報活動をする諜報員、それに召集をかけた予備役兵士らも関わってくるでしょう。これらの人々すべてに感謝を捧げなければなりませんし、彼ら全員の安全を祈ります。また今夜、被害を受けたペンタゴンから数マイル離れたこの場所から、軍人たちに準備を整えるよう、訴えたいと思います。私は軍部に警戒態勢を敷くよう指示しました。それには理由があります。アメリカが行動を起こすときが迫っているからです。そしてあなたがたは我々に誇らしく思わせてくれるはずだからです。（拍手）。

しかしこれは、アメリカだけの戦いではありません。危機に瀕しているのはアメリカの自由だけではありません。これは世界の戦いであります。文明の戦いでもあります。これは進歩と多元主義、寛容と自由を信じるものすべての戦いであります。

すべての国々に、我々とともに戦うことを求めます。我々は世界中から警察力や情報機関、銀行制度の助けを必要としており、支援をお願いしなければなりません。多くの国々や多くの国際機関が、すでに同情や支援で応えてくれたことに感謝しています。ラテン・アメリカはじめ、アジアの国々も、アフリカ、ヨーロッパ、そしてイスラム世界の国々も応えてくれました。一国に対する攻撃はすべての国に対する攻撃であるとするＮＡＴＯ憲章が、世界の姿勢を最もよく示していると思います。

文明社会はアメリカの側についています。もしこのテロを処罰しないまま放置すれば、次は自分たちの都市や市民の番であることを、文明社会は理解しています。テロを野放しにすれば、単に建物が崩壊するだけでなく、正統な政府の安定までも脅かされることになるでしょう。我々はそれを許しはしません。(拍手)。

我々に何が期待されているのか、アメリカ人は自問しています。どうか自分たちの生活を続けてください。子どもたちを抱きしめてあげてください。多くの市民が今夜、恐れを抱いていることを、私も知っています。テロの脅威も残っていますが、平静を保ち決意を新たにするようお願いします。

アメリカの価値を高く掲げ、なぜ多くのアメリカ人がこの地に渡ってきたかを思い出していただきたい。我々はいま、自分たちの原則を守る戦いに臨んでいます。我々の最大の責任は、その原則に従って生きることです。出身民族や信仰する宗教のゆえに、何者も不公正な扱いを受けたり、厳しい言葉を浴びせられたりするようなことがあってはなりません。(拍手)。

今回の悲劇の犠牲になった人たちに対し、みなさんそれぞれの力で、引き続き支援を与えていただくよう、お願いします。支援できる方は、情報を集めているウェブサイトの libertyunites.

org にアクセスすると、ニューヨーク、ペンシルベニア、バージニア各州で直接、援助活動に携わっているグループの名前を見つけられます。

事件の捜査にあたっているＦＢＩの捜査官もみなさんの協力を必要としているかもしれません。ご協力をお願いします。

警備が強化されて遅れが出たり、不便が生じたりしているかもしれませんが、みなさんの忍耐をお願いします。これからの長い戦いにも忍耐をお願いします。

またアメリカ経済に信頼を置き、引き続きその活動に加わってください。テロリストはアメリカの繁栄のシンボルを攻撃しました。しかし彼らはその源には手を出せませんでした。アメリカの成功は、アメリカ人の勤勉と創造性と工夫の賜物であります。これこそが九月十一日以前のアメリカ経済の強みであったし、今日の強みでもあります。（拍手）。

そして最後に、テロの犠牲者やその家族のために、制服で活動している人たちのために、そして偉大なわが国のために、どうぞ祈りを捧げてください。祈りは悲しみにあるものを慰め、これからの道のりに力を与えてくれるでしょう。

私は今夜、国民のみなさんがこれまでにすでに成し遂げられたこと、これから成し遂げられるであろうことに感謝します。そして議員のみなさんにも、これまでに成し遂げられたこと、これから我々とともに成し遂げられるであろうことに感謝します。

今夜、我々は新しい、突然の国家的な挑戦に直面しています。我々は力を合わせて、空の安全を改善し、国内便に搭乗する航空警察官を劇的に増員し、ハイジャック防止のための新しい対策を講じます。我々は力を合わせて、この緊急事態に際して直接支援を与え、航空会社を安定させ、飛行を継続させます。(拍手)。

我々は力を合わせ、司法当局が必要とする追加措置を講じて、国内のテロを追跡捜査します。(拍手)。我々は力を合わせて情報収集能力を強化し、テロリストが行動を起こす前に計画をつかみ、テロリストが攻撃する前に彼らを見つけ出すようにします。(拍手)。

我々は力を合わせ、アメリカ経済を強化するための積極的な措置をとり、国民に仕事を取り戻します。

今夜、ここに、すべてのニューヨーカーの気持ちを体現した二人の指導者をお迎えしています。ジョージ・パタキ州知事とルドルフ・ジュリアーニ市長です。(拍手)。アメリカの強固な決意のシンボルとして、わが政府は議会やこの二人の指導者とともに、ニューヨークを再建する意思を世界に向けて示します。(拍手)。

あの出来事の後では——数多くの命が奪われ、さまざまな可能性と希望が命とともに失われてしまった後では——アメリカの未来に残されたものは恐怖しかないのか、といぶかってもむしろ当然でしょう。テロの時代の到来を語る人もあります。前途に戦いが待ち受け、危険に直面するであろうことを、私も承知しています。しかし時代のありようを決めるのは我々であって、彼らではありません。アメリカ合衆国が決意を固め強力であれば、テロの時代などにはなりません。それは自由の時代であり、アメリカも、世界もそうなるでしょう。(拍手)。

我々に大きな危害が加えられました。我々は大きな損害をこうむりました。そして悲しみと怒りのなかで、我々は自分たちの使命と機会を見出しました。自由と恐怖がいま戦っています。人間の自由を推進すること——それは、我々の時代の偉大な成果であり、いつの時代にも偉大な希望でありました——それがいま、我々の肩にかかっています。わが国は、人々とその将来から、暗い暴力の脅威を取り除くでしょう。我々はその努力と勇気によって、世界をアメリカの大義の味方につけるでしょう。我々は倦むことも、たゆむことも、失敗することもないでしょう。(拍手)。

これからの数カ月、数年の間に、生活がほぼ平常に戻ることを私は期待しています。元の生活に戻り日常に立ち返ることはいいことです。悲しみさえも時間の経過と恩寵とともに薄れていくでしょう。しかし断固たる決意を過去のものにしてはなりません。我々一人一人が、あの日何が起きたか、だれに対して起きたかを思い起こすでしょう。我々は、あのニュースを聞いた瞬間を――そのときどこにいたか、何をしていたかを――きっと思い起こすでしょう。火災のイメージを思い出す人もあれば、救助の話を思い出す人もあるでしょう。永遠に失われてしまった顔や声の記憶を持ち続ける人もあるでしょう。

私はこの警官の徽章を持ち続けるつもりです。これは、世界貿易センターで他の人たちの救出にあたっていて死亡したジョージ・ハワードという警官のものです。私はこれを、彼の母親であるアーリーンさんから、息子の誇るべき記念品として受け取りました。この徽章は私に、失われた数々の命と、いまだ終らない任務を思い起こさせてくれます。(拍手)。

私は、わが国が負ったこの傷と、この傷を負わせたもののことを忘れません。私は屈服しません。休むこともしません。アメリカ人の自由と安全のために、戦いの手を緩めることもないでしょう。

この紛争がどのような道筋をたどるか、分かりません。しかしその結果は明らかです。自由と恐怖、正義と残酷は常に対立する関係にあります。そしてこの両者の間に立って神が中立ではないことを、我々は知っています。(拍手)。

みなさん、我々は暴力に対し、忍耐強い正義でもって立ち向かいます。我々の大義の正しさを確信し、必ず勝利することを信じています。

神よ、我々の前途に、英知を授けたまえ。

神よ、アメリカ合衆国を見守りたまえ。

ありがとうございました。(拍手)。

訳・藤田博司(上智大学文学部新聞学科教授)

第2章

「イスラム原理主義」という見えない敵

ニューヨーク市内に貼られた"指名手配書"(ロイター＝共同)

「開かれた社会」の「敵」

「文明の衝突」などと早合点するなかれ。非道なテロリストに対して日本よ、断固たれ！

山内昌之（東京大学教授）

やまうち・まさゆき　一九四七年生まれ。北海道大学卒。カイロ大学客員助教授、ハーバード大学客員研究員などを経て現職。

とにかく、未曾有のテロであった。

多くの一般市民を死出の山へと道連れにする冷酷さと、ハイジャックした旅客機ごと自爆を図る恐怖を克服しうる強固な決意、あるいは信仰。これらをすべて兼ね備え、テロを完遂することができるグループ、すなわちウサーマ・ビンラーディンに連なるとされる組織は今、日本を含めた全世界の国にとって政治的にも、あるいは軍事的にも最大の脅威となった。

事件翌日、新聞社の求めに応じて私は「これは『戦争』に他ならない」とコメントを出している。ブッシュ大統領は当初この事件を「テロ」と呼んでいたが、数日を経て「戦争」と呼び改めた。

ポスト・ポスト冷戦の二十一世紀において、超大国といえる存在はアメリカ合衆国ただ一国である。ミサイル防衛網からエシェロンにいたるまで、国家の安全保障システムを十全に備えているアメリカに対して正面から「国家対国家」の古典的な戦争を挑むことのできる存在は現在、地上のどこにも見当たらない。

ところが今回は、「国家対テロ組織」という非対称型の衝突が起きた。

まずこの意味において、今回のテロは「新しい質の戦争」なのである。

さらに、旅客機の操縦能力を持ち、通信情報システムや航空管制システムの盲点をかいくぐるというハイテクノロジーの要素と、ナイフという古典的な武器で機内を制圧して突撃するというローテクノロジーの要素を変則的に結びつける手法。これもまた「新しい質の戦争」の特徴といえる。

今回の対立構造をあえて一言で表現するならば、やや哲学的な表現ではあるが、私は「開かれた社会とその敵」と名付けたいと思う。イギリスの分析哲学者、カール・ポパーの名著『The Open Society and its Enemy』のタイトルを拝借したが、これこそ今われわれがわきまえておくべき言葉だろう。

再びの「ハンチントンの罠」

また、今回のテロに際しては、いわゆる「ハンチントンの罠」を再び参照すべきではなかろうか。

私は一九九八年、ウサーマ一派がケニア、タンザニアで起こしたアメリカ大使館爆破テロを受けて、雑誌『諸君!』に「『ハンチントンの罠』に突き進むアメリカ」(一九九八年十一月号)を寄稿した。そこでは、前述した非対称型の衝突を「文明と文明の不可避の衝突」という構図に無理やりはめ込むことによって生じるさまざまな齟齬《そご》、害悪について警鐘を鳴らしたのだが、今回もその議論が有効であるように思う。

つまり、このテロが一部イスラム勢力の犯行だとしても、「イスラム社会」対「欧米」と捉えるべきではなく、欧米はあくまでも「反テロリズム」の旗を掲げるべきなのだ。

この点、ブッシュ大統領はテロル直後、自らの陣営を指して「十字軍(Crusader)」という言葉を口にしたようだが、現在はイスラム教徒の宥和《ゆうわ》に留意している。

現在、七百万人とも八百万人ともいわれるイスラム教徒を抱えるアメリカ社会を含めて、全世界がアラブ系市民、イスラム教徒とその生活圏を共にしている。そんな中、軽々に「十字軍」という言葉によって文明の対立構造を煽ることは、イスラム世界をまるごとアメリカに敵対させる引き金となりかねない。それこそまさに、ウサーマの思うつぼである。

今必要なことは、宗教的な次元でない局面でテロリズムと対決していくことであって、対テロ行動とともに取り組むべきは、中東やアメリカ、日本在住のイスラム教徒市民の良識や怒りも糾合して、イスラム世論の中に反テロリズムの戦線を結集させていくことではないか。そしてそれを西側社会の動きと同調させていくことである。

しかし同時にアメリカは、今回の事件でいかにアメリカ主導のグローバリゼーションに対する反感と憎悪が根強いかという現実に直面した。二十一世紀最大の問題を貧困・人口・環境の三つを軸に考えたときに、これらの矛盾が最も集中しているのがアフリカから中東・南アジアに広がっているイスラム世界であり、アメリカの繁栄への反感を高める因子となっている。たとえば、中東和平プロセスにおける不公正な立場、イスラエル寄りの姿勢が続く限り、イスラム世界の信頼を得られることはないだろう。アメリカは軍事論理と同時に、戦後に展開される事態に備えた外交原則をあらかじめ定めておかなければならない。

ウサーマ・ビンラーディンの世界観

ではここで、今回のテロを首謀し、現在はタリバン政権下のアフガニスタンに潜伏しているとされるウサーマ・ビンラーディンについて、幾ばくかのことを記しておくことにする。

といっても、すでにメディアで喧伝されている推測に推測を重ねた人物像を、ここで繰り返すつもりはない。最小限追記しておくべきウサーマの特徴はといえば、「中世と現代の奇妙な結合」ということになろうか。

彼はイエメン出身のサウジアラビアの富豪の家に生まれた実業家であり、現在も世界の金融取引を巧みに行って巨額の富を受益し続けている点で、現代人としての風貌を備えている。

ところがその一方で、彼は人間と人間の対面コミュニケーションという、非常に本源的なつながりを重視している。高性能携帯電話を駆使しているという報道があり、世界各国に散らばる仲間との連絡手段としてインターネットが使われていることもまた確かなようだが、ウサーマ自身の基本的な情報伝達手段は、人を使っての独特な伝令法のようだ。最近はパソコンや携帯電話などの電子機器を使っただけで微弱な電波が発生し、それをトレースすることで発信位置を特定することができるのだから、用心深いウサーマがそのようなリスクを冒す可能性は低い。

実際、一九九六年にロシアは独立を志向するチェチェンのドゥダエフ大統領をロケット砲により殺害している。非常に正確なピンポイント攻撃であり、軍が一人の要人ターゲットを捕捉し、目的を完遂した珍しい事例となったが、この時、ドゥダエフの正確な居所についての情報は、アメリカのAWACS（早期警戒管制機）によってもたらされた、という情報がある。ウサーマがこのケースを教訓としていないはずがない。

いずれにしても、「ハイテクとローテクの不釣り合いな組み合わせ」がウサーマとその運動の特質であることは、今回のテロルの形を見ても容易にわかるだろう。

では、そのウサーマはなぜこのような非道を平気でやってのけることができるのか。その答えは、彼の精神構造を探っていくことで自然と見えてくる。

まずわれわれが肝に銘じなければならないのは、ウサーマの脳裏に、われわれが持っている世界認識や世界地図とはまったく異なるものが描かれていることである。

日本や欧米が認識している世界観、国際システム観は基本的に、独立主権国家、国民国家を単位とするシステムである。そして、この認識は多くのイスラム諸国の政府と市民も共有している。だからこそ彼らは国民国家の連合体たる国連にも加盟し、国家間の外交を行っているのだ。

しかし、ウサーマにとっての世界の構成要素は、「イスラムの世界」と「それ以外の世界」でしかない。

「それ以外の世界」――。これは、イスラムの古典的な概念では「ダール・アル・ハルブ」＝「戦争の世界」と呼ばれている。つまりウサーマにとってのイスラムは本来的に、国境を、国家を超える観念であり、超国家的な世界なのである。だからこそ彼にとって、国民国家ごとの国境や国家主権は最終的に問題とはならない。こういった国家と国家の仕切りについては、欧米の植民地支配による分割の名残であって顧慮する必要はないのだ、という理屈なのである。

元来、イスラム帝国は、「一つ」であった。七世紀にムハンマドが信徒集団としての共同体を作り、それが中東地域から広がり、ウマイヤ朝を経てアッバース朝あたりから分裂が始まるが、草創期には宗教と政治が一体化した教団国家として単一なのであった。そもそもウマイヤ朝、アッバース朝という「名前」すら、イスラム帝国自体が名乗ったものではない。オスマン帝国ですら、オスマン・トルコ語で「高貴なる国家」「オスマンの高貴なる国家」でしかなかったのだから。

実はこの概念は、ソ連邦の理念と似たところがある。「ソビエト社会主義共和国連邦」という呼称のどこを探しても民族や国土の名前が見当たらず、イデオロギーとしてのソビエトと社会主義だけがあるのだ。つまり、その国家というのはあくまでも仮りのものであって、将来的にはこれは世界中に広がっていく、あるいは世界そのものを体現している、という認識があるから、民族や国土に対するこだわりが予め排除されているのだ。

だから、ウサーマの頭の中には前述した意味での「イスラム国家」、理想として当然あるべき

「イスラム国家」が明確に構想されており、アメリカや日本という領域の存在は知覚できても、国として本来的には描かれていないのだ。

さらに、聖地メッカを中心に啓示と真の光が放射状に発しているさまをイスラム世界の広がりになぞらえるならば、ウサーマにはサウジアラビアがその光を妨げているように見える。それはひとえに、啓示や真の光が発するメッカを国内に抱く国としてのサウジアラビアが、異教徒の、しかも「カーフィル（不信者）」であるアメリカ合衆国の軍隊を駐留させているからにほかならない。かくしてウサーマはサウジアラビアに、さらにはアメリカ合衆国に対する深い憎悪の念を抱くようになる。

ウサーマの描いている理想的な世界は、イスラム信仰とウサーマ自身の超国家的なイデオロギーが統治理念となるような世界である。したがって彼は、その世界を実現するためのプロセスとして武装闘争を選んだ、ということになる。

付言しておくが、ウサーマの一派を「イスラム過激派」や「イスラム原理主義」と呼び習わすことは、学問的な厳密さを欠いている。最も正しい呼び方は、「イスラム主義武装闘争派」であろう。イスラムの教えを政治イデオロギー化することで理念や理想を実現させていくことが「イスラム主義」であって、その実現のためにすべてのイスラム主義者がテロルを企てるわけではない。一部の穏健派は社会福祉や法律相談、医療活動、ボランティアなどを通してその実現を図るし、他方にはハマス、あるいはそれよりもっと過激な、軍事対決も辞さない覚悟の集団としての「武装闘争派」がいる。

同様に、「イスラム原理主義」という表現の濫用を、そろそろやめるべきではなかろうか。以前私が編集した『「イスラム原理主義」とは何か』（岩波書店）にも記したことだが、今回のような事件に際して、われわれは「イスラム・テロリズム」という表現を使うべきなのだ。同じイスラムで理想を求める人たちであればみな「原理主義」なのだが、このままであれば、彼らは全員、テロリズムと同列であるかのように論じられてしまう。暴力と全く無縁の「原理主義」者、日曜法律相談や週末の医療サービスを行っている献身的な「原理主義」者もいる。その彼らとテロリストを同じ「原理主義」者というカテゴリーでくくってしまうことは、明らかに公平さを欠いた扱いである。

したがって、このようなウサーマのイデオロギーを、大多数のイスラム信者は共有していない。しかし、「まったく相容れないのか。一分たりとも共有していないのか」と問われれば、必ずしもそうではない。そこに問題の奥深さや厄介さ、多くの日本人がイスラムに常日頃抱いているある種の違和感が包含されてくるのである。

なぜ犯行声明を行わないのか

次に注意すべきは、ウサーマの一派が今回のテロについて、曖昧かつ黙示的な態度しか表明していないことである。

さきに私は今回のテロを「戦争」と定義した。ブッシュ大統領も「戦争」だと明言し、今この日本においても「戦争」であることが認識されつつある。

しかし、当のウサーマにも「テロをやった」という認識はない。彼らの方こそ「これは戦争だ」と捉えているはずである。イスラムはジハード、聖戦概念を確かに持っているが、それだけではない。

「アメリカやヨーロッパ、さらにはアメリカの同盟者でイスラエル、広義のヨーロッパであるロシアが、前世紀を通じてパレスチナ、レバノン、チェチェン、サラエボ、コソボに一体何をしてきたのか。それは欧米やシオニズムによる無差別攻撃ではないか、この無差別攻撃と、それに対する我々の抵抗はすでに戦争だったのではないか」――。

そう考えているはずの彼らからすれば、アメリカやイスラエル、西側諸国に対して攻撃を加えることのどこが悪いのか、ということになる。

もし、ウサーマやその一党がこのような戦いのプロセスを明示的に宣言していれば、世界中の誰もが今度の対決の構図をはっきりと理解することができただろう。ところが彼はそれを決して口にしようとしない。彼らはなるべく正体を表さず、その行動の意味について謎めいたままにしておくことで、欧米などの不安をできうるかぎり永続化させ、精神的な疲労が蓄積されることを待っているのであろうか。

実は、こういった二次的効果さえも狙っているところに、今回のテロの恐ろしさと本質がある。九月十一日に起きた惨事は一回性のテロではない。やはり以前から続いている「戦争」の延長線上に位置づけるべきなのだ。

マスード暗殺の意味

そしてこの「戦争」は、新たなる段階を迎えつつある。アメリカはウサーマを今回のテロルの首謀者と認定し、ウサーマ引き渡しを留保し続けるタリバンに対し軍事的手段をも辞さないであろう。

ここで、アフガニスタン周辺の現況を最小限把握しておく必要がある。

まず、タリバン政権下のアフガニスタンが、今回のテロ以前にウサーマを軍の司令官（指揮官）に任命していることは、ウサーマとタリバンの現在の立場を考える上で非常に重要なファクターである。

アメリカへのテロの数日前に、アフガニスタンの北部同盟の指導者マスードが襲撃を受けたことは既に報じられている（後に死亡）。北部同盟はタジク人、ウズベク人などといった系統の反タリバン勢力の牙城であり、マスードはその戦線を糾合する非常なカリスマ性を備えた人間であった。つまり、今回のような事件が起きたときに、アメリカや外部の勢力が最も頼りにすべき人間であった。

マスードという人間をそのままにしておいては、このあと予想されるアメリカの軍事的報復にあたって、国内に強力な反ウサーマ戦線が形成されかねない。そして、アメリカもヨーロッパもロシアも、マスードの戦線に対して莫大なる援助をつぎ込んでくるだろう……。そう考えると、ウサーマ自身の部隊が動いたとされているマスード暗殺の意味が見えてくる。

それはアフガニスタンの再統一と再統合である。アフガニスタン全土を名実ともに支配する状態が続けば、国際社会は無論非難の声を浴びせるけれど、最終的にはその勢力の主権を国際法的に認めることになる。ウサーマはそこまで視野に入れた上で、マスードを暗殺し、アメリカへのテロを決行したのではないだろうか。

アフガニスタンの「回廊」

ところがここから先、彼らはあるギリギリの選択を強いられる局面に立たされるはずである。アフガニスタンを再統一し、国家として国際社会に将来的に認知させていくような方向を目指すのか。つまり、タリバンあるいはイスラム革命という理想を持ちながら、かつてのソ連が「一国社会主義」のもと、さまざまな形で運動を外部へと波及させていこうと国家理性を働かせたのと同じように、きわめて政治的に、戦略的に動くのか。

あるいはイスラム主義武装闘争派の理念にあくまでも忠実に、アメリカとその連合国を相手に徹底抗戦していくのか。理想主義としてのタリバンあるいはイスラム革命が最終的に玉砕しても構わない、といった覚悟を持って、いわば永続革命、永久革命的に対決していくという方法をとるのか。

この二つの選択肢をめぐる議論のせめぎ合いが現在ウサーマ・タリバンの中にある、と私は思っている。

実は、この問題はパキスタンにとっても致命的な影響を及ぼしかねない。

タリバンは、もともとパキスタンが育てた「パキスタンの分身」であった。パキスタンが地理的にも、また政治的にもロシアや中央アジアと直接対峙したくない、という理性の所産として、タリバンはこの世に作られたのである。

地図を見れば、アフガニスタンの北東部が幅十何キロメートルほどの回廊を成しており、それが中国やキルギスタンへと延びていることがわかる。その回廊の南はパキスタンで北はタジキスタン。つまりこの回廊はパキスタンとロシア（旧ソ連）が国境を接することを避けるために、十九世紀以来の大英帝国とロシア帝国が知恵を絞った結果として存在するのだ。さらにいえば、アフガニスタンという国は、パキスタンとロシアの緩衝国家として残しておくために存在し続けた。それもアジアでは珍しいことに、十九世紀から今に至るまでずっと、独立国家としてあり続けていた。

アフガニスタンについていえば、イギリスが三次にわたって仕掛けたアフガン戦争もあったし、その過程でイギリスの保護国になったこともあった。しかし最終的には、限定つきではあるが主権や独立性を奪われることのなかった国家なのである。それほどまでに、アフガニスタンが国家としてそこにあることの重要性は高い、ということになる。

では、そのアフガニスタンが崩壊した場合、パキスタンにはどのような影響が及ぶのだろうか。まず、難民が国境に押し寄せることは疑いない。日本は、難民の民生安定に十二分に対応すべきであろう。

そして、隠れていた民族問題が、一挙に表に噴出してくる可能性がある。

アフガニスタンのタリバンや、パキスタン政府の主要メンバーを構成している民族はパシュトゥン（パターン）族なのだが、彼らの連帯感が国家概念の流動化によって顕現化し、いわゆるパシュトゥニスタン国家形成運動が力を得ていく可能性がある。そうなったときに、ユスフザイなど他の主要な民族はどう動くのか……。アフガニスタンの動揺はそのまま、パキスタンという国自体の変質をも導きかねない。だからこそパキスタンはウサーマの引き渡しを求め、タリバンとの交渉に望みをつないでいる。

ロシアと「第二戦線」

では、アメリカ側はどう動くのか。本誌（『諸君！』11月号）が発売される十月初旬の段階で、どこまで事態が進展しているのか予測することは難しい。ウサーマを捕捉できるかどうかといえば、彼はこれまでも居住地を固定せずに移動している以上、非常に難しい、と言わざるをえない。ただ、パキスタン方面から開かれる戦線を第一戦線と名付けるとすれば、これから注目すべきなのは北部からのアプローチ、具体的にはロシアが何らかの形でつくることを期待されている第二戦線である。

なぜこの第二戦線が重要なのか。それは、第一戦線だけではウサーマの捕捉なり、今回のテロにつながる運動を根絶することができない事情があるからである。

たとえば、ここにきてウサーマがジュマー・ナマンガーニなる人物を軍司令官代理に任命したこと一つをとってもそうなのだ。一九九九年、在キルギスの日本人技術者四人を拉致し、巨額の身代金を要求する事件があり、その主犯は中央アジア、ウズベキスタンのイスラム組織だったとされるのだが、実はその指導者こそジュマー・ナマンガーニであった。

ウズベク人であるジュマーがウサーマの〝後継者〟として控えていることの意味は非常に重い。つまり、中央アジアからアフガニスタンにかけてのテロリズムのネットワークが今、名実ともに実体化しようとしているのだ。

この点、ロシアはアフガニスタンにおける敗戦経験と、チェチェンに対する闘争、山岳戦の経験も持っている。さらには『納得しなかった男』（岩波書店）にも記したように、ロシア革命以降ソ連はずっと、バスマチと呼ばれる中央アジアのゲリラ運動と対峙してきた歴史とノウハウを蓄積している。

つまり、アフガニスタンとチェチェンと中央アジア、この三つの地域での軍事経験、諜報活動のノウハウを持っている国は世界にただひとつ、ロシアしか存在しないのだ。そしてアメリカは、そのロシアの経験をなによりも欲している。だからこそアーミテージ国務副長官は九月十九日、ロシアに赴いた。

実は、ロシアはアメリカにひとつ「借り」がある。それは先に触れたチェチェンのドゥダエフ大統領殺害にあたっての情報提供である。プーチンはその「借り」を返すために第二戦線を形成するのだろうか。アメリカへの情報の提供を含め、反テロリズム戦線へ加わるのだろうか――。まことに事態は興味深い、といわねばならない。

超平和主義論者たちの国

かくして情勢は刻一刻と移り変わっていく。アメリカは長期戦に備え、一手一手確実に布石を打っていく。

そんな中で、私が今一番危惧しているのは今回のテロルに対する日本の態度である。

何十人もの日本人が一挙に殺害されたのだから、そのことに対し我々はまず人間として、同胞として痛みを感じているはずだ。その痛みが、日本が「当事者」であることを何よりも物語っている。

また、今回のテロがアメリカをはじめとする文明社会の誇る自由主義、民主主義、自由主義経済のルールに対する挑戦であるならば、それらをすべて共有する日本の価値観に対する重大な挑戦であり、アメリカの安全保障に対する挑戦は、アメリカと同盟＝友好関係にある日本の安全保障に対する重大な挑戦である。それこそウサーマは「開かれた社会」の一員である我々の「敵」なのだ。

しかし日本人の中の「当事者意識」は限りなく希薄であるように私には見える。

たとえば、ドイツは政府と国民を挙げて今回のテロルの被害者を追悼した。ロシアでさえ、ロシア連邦の議会庁舎に半旗が掲げられた。韓国は追悼の日を設けた。Ｇ７諸国はおしなべて、国として哀悼の意を表明する行動を起こしたのである。

ところが日本は何をしたか。

「平和でありたい」「攻撃はすべきではない」「血を流さず、話し合いによる平和的解決が望ましい」——。無論、こういった希望的願望は言下に否定すべきではない。が、それだけでは複雑な現実世界に適応できない。テロリストは国家と違い、対等な交渉や話し合いの対象になり得ないのだ。そもそも自分たちがそういう行為をした、しないということを認知さえしていないのだから、話し合う余地もありえない。たとえて言うならば、サリンで一般市民を殺傷し、弁護士家族を殺害したような狂信的集団、オウム真理教に対して「話し合いで解決を」と言うことがどれだけナンセンスなことか。少し考えれば、誰でもわかることである。結局はテロリズムの野放しを許容することにつながっているのだ。

実際、日本という国はテロリストにとって非常に与《くみ》しやすい国である。まずもってスパイがこれほど自由に活動している国を私は知らない。北朝鮮の金正日総書記の息子、金正男とおぼしき人物の不法入国に際しても、格別の取調べや追尾もせずに追い返してしまう。

だから西側社会におけるテロの拠点、工作員の中継地点として今も機能しているかもしれない。ただ、テロは武器による殺傷行為だけではない。日本の場合はむしろ高度な金融、経済取引が行われているため、情報通信システム、電子決済システムを改竄《かいざん》、破壊することによる経済テロを想定しなければならないだろう。

いずれにしても「平和でありたい」と願う日本の超平和主義論者たちは、今の日本は平和でありたい、とただ願っているだけなのだろう。しかしそれは世界で「自分たちさえ平和であればいい」という心の甘えではないだろうか。

外交の蓄積、外交の不在

最後に、日本が「開かれた社会」の一員として貢献しうることをいくつか指摘しておくことにする。

実は、日本は外交局面において、ロシアと同様に対イスラムの蓄積を持っている。

まず一九九八年、国連タジキスタン監視団に政務官として派遣された秋野豊氏の殺害事件と、先述した日本人技術者拉致事件の解決にあたって、日本は少なくともジュマー・ナマンガーニの筋と接触していたと思われる。当時日本はタジキスタン、キルギスなどの中央アジアとアフガニスタン、パキスタンの複雑な関係を見据えながら、そこで外交活動を行っている。そこで培われた現場感覚、人的コネクションを活かさない手はないだろう。実際タジキスタンの和平プロセスにあたって日本人の評価は非常に高かった。これはアメリカの持っていない、ある種の歴史的経験ではないか。

ただし、外務省・政府の役割はそのような短期的レベルにとどまるものではない。いまを外交立て直しの好機ととらえ、中長期の戦略をきちんと練らなければならない。こと外交に関して、現内閣は橋本・小渕・森時代と比して戦略的には大幅な後退を強いられている。外交機能が麻痺している上に、当の外相自身が総合外交戦略に関心がないという異常事態なのである。いまこそ橋本内閣、小渕内閣時に構想された、ロシアや中国を包み込むような「ユーラシア外交」に、中央アジアからアフガニスタンに至る地域の安定を図るビジョンも含まれていたということを、もう一度想起しておく必要があるのではないか。

まだしも幸いなのは、湾岸戦争時の首相が何にしてもやらない方向、やらない方向へと考えていたのに比して、小泉首相が国際貢献を何か具体的にやろうと考えていることである。

首相が政治的リーダーシップを発揮し、法の整備と弾力的運用に乗り出すことを発表した。未曾有の支持率を誇る小泉首相のもと、湾岸戦争の轍を踏まないように、国民世論の結集が図られることを期待しておきたい。

（「諸君！」二〇〇一年十一月号）

アラブの大義とは何か

真の「ジハード」はパレスチナの防衛戦だけだ

ムハンマド・ラーファット・オスマン
（アズハル大学イスラム法学部学部長）

一九三五年生まれ。イスラム最古の最高学府、アズハル大学で博士号を取得。イスラム法学界穏健派を代表する学者。九五年より現職。

聞き手・構成●金子貴一（ジャーナリスト）

――今回のアメリカ同時多発テロをイスラーム圏では「ジハード（聖戦）」と呼ぶことがありますが、イスラーム法（シャリーア＝コーランや預言者ムハンマドの言行録「ハディース」などによって定められた原則）に照らし合わせて、これをジハードと呼べるのですか。

「過去数十年間で、ジハードという言葉は正しい意味では使われなくなりました。アメリカの言うようにウサーマ・ビン・ラーディンが首謀者だとしたら、今回の彼の行為をジハードと呼ぶことはできません。自分の目的達成のために武力行為を行っているに過ぎないからです。イスラーム教徒（ムスリム）同士が戦っているアフガニスタンの内戦、これもジハードとは呼べません」

――ジハードとは正確には何ですか。

「アラビア語の語源を見ると、ジハードとは〝闘う〟ことを意味します。コーランは次のように記載しています。

『あなたがた信仰する者よ、われ（神）は痛苦の懲罰から救われる一つの取引を、あなたがたに示そう。

それはあなたがたがアッラーとその使徒を信じ、あなたがたの財産と生命をもってアッラーの道に奮闘努力（訳注：ジハード）することである。もし分るならば、それはあなたがたのために最も善い。

かれ（神）はあなたがたの様々な罪は赦して、川が（木々の）下を流れる楽園に入らせ、アドン（エデン）の楽園における美しい邸宅に住まわせる。それは至福の成就である』

（戦列章十〜十二）

具体的には、主に自国が攻められた時に防衛する行為を指します。あるイスラーム教国が攻められた場合、その政権下の軍隊が国の防衛を行わなければなりません。軍隊だけで無理なら、体力等の面で戦闘能力がある国民は、あらゆる手段で自国防衛に参加しなければならない。

またジハードには、個人レベルでの自己防衛や、財産、名誉（アラビア語では扶養家族の女性や子供たち）を守ることも含まれます。あるいは、自分自身の悪い欲望と闘うこともいえます。人が苦労することもジハードです。耐え忍ぶこともジハードです。闘うことと忍ぶこと、両方の意味が同時に存在するのです。ジハードは、アッラーに喜んでいただくために行うものなのです」

――自爆テロにより、天国に行けるという考え方がありますが……。

「確かに、自爆テロは一般的に一つのジハードと考えられています。しかし、多くの人から批判されるでしょうが、私はコーランに記載されている通り、自殺は絶対に許されない行為の一つだと考えます。自分の身体に爆弾を巻きつけて敵陣に突っ込むのはただの自殺行為です。彼らは殉教者とはならず、死後、天国に行くこともないでしょう。イスラーム的な戦いとは、自ら武器を持って敵の兵士を殺すことで、自分を犠牲にすることではありません」

ビン・ラーディンはパレスチナへ行け

――アメリカ同時多発テロ、パレスチナにおけるインティファーダ（イスラエルの占領に対する抵抗運動）、日本人を含む多数の観光客が襲われたルクソール事件（一九九七年）、アフガニスタンの内戦、それぞれどのように違うのでしょう。

「例えばルクソール事件を起こしたのは実際は単なるマフィアです。国際的テロ組織から金銭的な支援を受け、エジプトを弱体化させるために、真剣なイスラーム教徒の心を惹き付けようと、ジハードという言葉を使ったに過ぎません。アフガニスタンのテロリスト養成所で訓練を受けた民兵は、エジプトなどの国々でイスラーム教徒を殺害しました。これをジハードと呼ぶのは言葉の誤用で、同様にビン・ラーディンが創設した組織によるジハードもテロだと思います。

一方、パレスチナのインティファーダは、確かにジハードといえるでしょう。なぜなら、国土と自分たちと自らの名誉を防衛する行為だからです。ある国（イスラエル）が武器のない人々に対して、武力行使を行ってきた。パレスチナ人は自分たちの土地を奪ったイスラエル人に対し、銃を向けなければなりません。ビン・ラーディンがジハードを望むならば、パレスチナに行って行うべきです」

——アフガニスタンに侵攻した旧ソ連軍と戦ったビン・ラーディンのかつての戦闘は、ジハードといえるのですか。

「疑問が残ります。当時、彼はアメリカからかなりの援助を受けていた。問題は心がどうだったかです。アメリカの援助を受けることが目的だったのか、アッラーの土地を守ることが目的だったのか。アメリカの単なる手先として利用されていたとしたら、当然ジハードではない」

——タリバーン政権はイスラーム法の立場から見て、どのような存在ですか。

「国際的なマスコミの報道を聞く限り、タリバーン政権の動向はイスラーム法に反する場合が多い。イスラーム法学者の中には、タリバーン政権が発令するファトワ（宗教見解）を批判する者がたくさんいます。アフガニスタン国民の置かれている極貧の状況、疫病の蔓延、教育の後退を見れば、同政権の政策が不当であり、政権が腐敗しているとわかる。武器を購入するためにアヘンの原料となるケシを栽培していることも問題です。

彼らは政権保持のために、何千人もの人民の血を簡単に流します。このような政権は、イスラーム法においては正当な政権とは呼べない。これは他の宗教の考え方と同じことです」

——ここカイロのアズハル大学（現存するイスラーム最古の最高学府、九七二年設立）及びアズハルモスク双方の長である大イマーム（スンニ派の最高権威の一人）が発令するファトワは、いまや十五億人といわれるイスラーム世界全体で多大な影響力を持ちます。そのアズハルが、タリバーンがバーミヤンの大仏を破壊したことを批難するファトワを発令しました。

「預言者ムハンマドの時代に、異教徒の偶像崇拝者がアッラーを中傷したことがあり、その際、イスラーム教徒は彼らに対して悪口は言ってはならないとの啓示が下されました。

『あなたがたは、かれらがアッラーを差し置いて祈っているものを謗《そし》ってはならない。無知のために、乱《みだ》りにアッラーを謗らせないためである』（家畜章百八）

つまり、イスラーム教では基本的に偶像崇拝を認めないが、偶像破壊による社会へのダメージが大きいならば、偶像破壊はしてはならないのです。コーランで禁止されていない手段であっても、その手段が悪を生み出す場合は許されない。タリバーンが大仏を破壊した後、仏教徒やヒンズー教徒がコーランを燃やすという暴挙に出ました。アッラーを中傷する彼らのこうした行為を招いたのは、タリバーンによる大仏破壊です」

――しかし、タリバーンとビン・ラーディンは、イスラーム圏の一般民衆には人気がありますが……。

「ビン・ラーディンが民衆に人気があるか否かは重要ではない。イスラーム世界では物の判断を下す際、民衆の意志は無関係です。彼の評価は、イスラーム法のみに基づき、イスラーム思想家や文化階層、科学者や支配者が決めるべきものです。

なぜ、ビン・ラーディンはパレスチナに入って闘わないのか。この事実は彼の運動が不当なものであることを思わせます。サウジアラビア等の治安の良い土地のあちこちで行うテロ行為は、ジハードとは無関係なのです」

アメリカの何が嫌なのか

――イスラームの一般大衆は、アメリカのどこに反感を抱くのでしょう。

「アメリカは、イスラエルがアラブ・パレスチナの土地を侵略して毎日数人ずつ殺しているにもかかわらず、イスラエルを支持し続けています。更に国際社会が国連の場でイスラエルを訴えた時、イスラエルに対する批判決議が下されないように、拒否権を行使した。イスラーム教徒の反米感情の九割以上は、この不公正からくるのです。イスラーム教徒はアメリカ人やその文化や生活様式が嫌いなのではなく、明らかに不平等なアメリカ政府の外交政策を嫌っているのです」

――ブッシュ政権の外交政策が嫌いなのですか。

「アメリカの矛盾した外交政策は、歴代の政権のものであり、決して現政権から始まったものではありません」

――ビン・ラーディンは何故、あれほどひどいテロを行ったと思いますか。

「ビン・ラーディンが犯人であるとの明確な証拠が提示されていない今の段階では、答えようがありません」

――彼をどう扱うべきですか。

「徹底的に調べる必要がある。もし彼が有罪であると確定すれば、他の罪人と同様に裁判による判決が下されなければなりません。しかし、決定的な証拠が見つかるまでは無罪です。現在は証拠がないのだから原則的に無罪であり、彼は一イスラーム教徒に過ぎません」

――イスラーム諸国は、ビン・ラーディンが首謀者である証拠を出せとアメリカ政府に要求していますが。

「預言者ムハンマドは、『原告が被告に対して証拠を提示しなければ罪とはならない』と語っておられる。イスラーム法から見ても、裁判の手続き上からも、正しい要求です」

――アメリカがどのような証拠を出せばイスラーム法で認められるのですか。

「イスラーム法の一般的な裁判では、殺人事件の場合、二人の男性の証人によって証言がなされなければなりません。それも正義感があり、過去に偽証やイスラーム法に違反した等の犯罪歴がない人間によって、です。

しかし、今回のような大きな事件の場合は、二人の証言では足りません。人間が自分の目で確かめた程度の証言では済まされない。国家や組織による、科学的に裏打ちされた証言がなされなければならない。裁判所の調査も必要です。これはイスラーム法の一般原則です」

――アメリカ政府は彼の録音テープを持っているという話がありますが。

「参考にはなるが、決定的な証拠とはならない。言葉で言っていたとしても、実行していない場合があり得るからです」

――もし、ビン・ラーディンの命令書が見つかったとしたらどうでしょうか。

「科学的に筆跡がビン・ラーディンのものであることが証明されれば、先導者としての証拠にはなります。指紋も情況証拠にはなる。しかし、これらは裁判長の参考にはなっても、決定的な証拠としては取り扱わない。私が友人の家に遊びに行き、綺麗ですねといいながら金庫に触れ、その夜強盗に金庫が破られてしまった場合、私の指紋がたくさんあるからといって私が犯人である証拠にはなりません」

――ビン・ラーディンの有罪が証明された場合は、どうなりますか。

「湾岸戦争の時、イラクのフセイン大統領があるイスラーム教徒の土地（クウェート）を侵略し、それに対して多国籍軍が行った防衛は正当と考えられたため、彼の行為はイスラーム法に照らし合わせて不当であるとのファトワが発令されました。今回の事件でも、彼が有罪であると証明されれば、アズハルが同様のファトワを出す可能性は高い」

――イスラーム法は、湾岸戦争をどう位置づけていますか。

「イスラームの土地が侵略されたり、またされそうな時は、非イスラーム諸国の手を借りても構いません。預言者ムハンマドも、サフワーン・イブン・ウマイヤという異教徒の助けを求めたことがあった。イラクのクウェート侵攻後、私はメッカで行われた国際会議で、ムスリムが家を守るために番犬を使っても構わないならば、非ムスリムを使うのは当然だと発言しました。

湾岸戦争後、外国の軍隊がイスラームの土地に駐屯していますが、サダム・フセインの侵略が再び起こる可能性があるならば、外国軍の駐屯はイスラーム教では正当な行為なのです。聖地（メッカ・メディナ）があるサウジアラビアに外国軍が駐留していることに、怒りを露わにする者もいますが、これは関係がないことです。サウジアラビアはイスラーム法に基づいてきちんとやっています」

——イスラーム教徒の怒りは外国軍が駐屯していることだけでなく、外国兵士がアルコールや麻薬に手を出したり、女性兵士が肌を露わにすること等に向けられていると思われますが。

「公共の場ではイスラームのモラルに断じて従わなければなりません。非ムスリムの女性でも肌を露出して道を歩いてはいけないし、アルコールや麻薬もいけない。ムスリムがそれを真似て、アッラーに対する罪を犯すことになるからです。ただムスリムに見えないところ、例えば自宅で非ムスリムが酒を飲むのはいいのです。麻薬に関しては、ムスリムか否かを問わずイスラーム圏では許されません。

そうした怒りを表現する義務がムスリムにはありますが、暴力的手段に訴えてはなりません。イスラーム法は暴力的行為を断じて禁じています。優しい言葉で諭したり、非暴力的手段で訴えることが肝心で、そうしなければ、暴力の連鎖反応が起きてしまいます」

アッラーの土地を守るために

——欧米における人権と、イスラームにおける人権の一番の違いは何ですか。

「イスラームの人権とは絶対的なもの、全ての社会の構成員が持っているものですが、欧米ではほとんどの場合、人権は西洋人が持つものであって、西洋人以外に当てはめることがあるのかどうか疑問です。欧米には、少数派のムスリムに対する差別や偏見があるからです」

——世界各国にムスリムが暮らす現在、ムスリムにとって国籍と宗教、どちらが大切でしょうか。

「人はある国に属し、その国の法律に従うが故に国籍を持ちます。イスラーム教では約束の履行は大切なことですから、その国の法律を遵守するのは当然のことです。敵に攻められた場合は、自国を守るために防衛する一方、他のイスラーム教国に異教徒が侵入したとしたら、ムスリムである限り、国家を超え、アッラーの土地のために戦う義務があります」

——では今後、アメリカとその同盟国軍によってアフガニスタンが攻撃された場合、ムスリムはジハードに立ち上がるべきですか。

「米軍がテロ組織の基地や訓練所を報復として攻撃するのは、懲罰のための正当な行為です。しかし、カブール空爆等で関係のない女性や子供たちが巻き添えになれば、ムスリムはジハードのために立ち上がらなければなりません。エジプトのムバラク大統領は、今回の事件に〝テロ支援国家〟といわれるリビア、シリア、スーダン、イラクは全く関与していないと言明しました。従って、アフガニスタンから戦線が拡大し、アラブ世界に矛先が向けられるような事態が発生した場合、これらのうち、どの国が米軍に攻撃されても、アラブ諸国は連携して立ち向かわなければならない。アラブ連盟の軍事防衛協定は未だに生きているのです」

——戦線が拡大し、一般のムスリムの血が流されるような状況においては、日本やアメリカに住むムスリムも政府に対してジハードを行うべきでしょうか。

「ジハードを行うべきなのは力を持つ者のみです。従って女性や子供に戦闘義務はない。また、居住国の法律がイスラーム法と矛盾するならば、男性はそれを正すため闘わねばなりませんが、少数派として生活している場合は移住が認められます。それが出来ない場合は、教えを固持しながら、耐えて共生すべきです。

生活の向上を目指して、アメリカのような国を移住先として選んだムスリムがその社会に耐えられないのなら、帰国すべきです。実際、自分の娘たちが性的に腐敗したモラルを身につけないよう、アメリカから帰国する人も多くいます。

ただし、戦争状態に陥ったとしても、アメリカや日本のムスリムがその国の施設を爆破したり、損害を与えるようなことをしてはなりません。もしムスリムがテロ行為を行えば、その国のムスリム社会に心理的・物理的に多大な損害を与えます。それは断じて避けなければなりません。イスラームでは大小どちらかの損害を被る選択肢がある場合、大きな損害を避けるという原則があるのです」

――イスラームで最も大切なことは何でしょう。

「『平和』を保つことです。これはイスラーム教国と異教徒の国家間の関係にもいえることで、ムスリムが先制攻撃を行ってはなりません。もう一つ大切なのは、『協力』です。特にイスラーム社会と敵対関係にない他の民族との協力は望ましいこととされます。『正直』であることも大切です。裏切り行為は、イスラーム法では許されないことです。例えば戦争中、敵の兵士が戦闘を止め、身の安全を願った場合には、彼らを安全に祖国に送りかえさなければなりません。

他人の名誉を傷つけたり、金銭的な損害を与えたり、傷害事件を起こしたりすることもまた、イスラームでは固く戒められている。人を恐怖に陥れることも固く禁じています。イスラーム法では細部にわたって犯罪の刑罰が定められており、これらの罪には重罰が下されます。個人の心の在り方としては、『慈悲』と『親切さ』。結局、慈悲は全てです。罰を下す時でさえ、それは必要となるのです」

――日本では、イスラーム教は攻撃的で不寛容な宗教と考えられています。

「イスラーム世界から遠く離れた日本では、正しく理解されていないのでしょう。イスラーム教にとって、平和と寛容は共に重要な要素です。しかし、誤解を生んだ責任はアラブのマスコミにもある。アラブ世界で内向きにのみ発信され、世界に向けてイスラーム教の価値観を理解してもらえるよう努力をしていないからです」

――今回のテロ事件はどう展開すると思われますか。

「それを考えるのは政治家の仕事です。将来のシナリオを練るのは軍人、為政者の手になるものですが、実際事件が起こった後に、すべての出来事をイスラーム法に照らして判断する作業が、私の仕事です。しかし、あえてここで私自身の意見を述べるならば、私は戦争が回避されることを願ってやみません」

（通訳・翻訳協力＝アーデル・アミーン）参考文献：㈪日本ムスリム協会発行『聖クルアーン』（1982年）

（「文藝春秋」二〇〇一年十一月号）

キリスト教徒から見たイスラム

文明の衝突か、宗教戦争か。ビンラディンの狂気を読み解くためのキーワードとは？

曽野綾子（作家・日本財団会長）

徳岡孝夫（ジャーナリスト）

その・あやこ　一九三一年生まれ。聖心女子大学英文科卒。五四年『遠来の客たち』で作家デビュー。九五年、日本財団会長に就任。

とくおか・たかお　一九三〇年生まれ。京都大学英文科卒。毎日新聞記者時代にベトナム戦争、中東戦争を取材。八五年、フリーに。

徳岡　テロ当日はシンガポールにいらしたそうですね。

曽野　ええ。でも翌日知ったんです。私、怠け者で夜は早く寝てしまうものですから。

徳岡　シンガポールは周りをイスラム国家に囲まれ、国内にもイスラム少数派を抱えている。高層ビルも多いのです。そこに事件当時おられた。不測の事態に備えて、避難用の非常階段を探すべきじゃないか、と私は思うのですが。

曽野　その必要はまったくなかったですね。

なぜかといえば、シンガポールが豊かな国だからです。高級な意味ではなく、皆が食べられるからです。

お嬢さんは最低でも1LDKに住んでいるし、知人の家の運転手さん一家なんか、4LDKに住んでいる。政府にHDB（ハウジング・ディベロップメント・ボード）という公団のような組織があって、そこが良質な住宅を大量に提供しています。それら住宅の一階にはモスレムの食堂、ヒンドゥーの食堂、チャイニーズの食堂が、それぞれの宗教的な慣習が成り立つ形で並んでいます。羊を使うモスレム料理の隣にヒンドゥーのチャパティとカレーを売る店があって、その隣にアヒルのそばを売っているチャイニーズがある、という感じでしょう。こういう情景が成り立つ国では、高層ビルに旅客機を突っ込ませるようなことは誰もしないと思うんです。

徳岡　そういえば、あの世界貿易センタービルの共同設計者であるミノル・ヤマサキさんが二十数年前に来日した時、私はインタビューをしています。父親が富山県出身の方で、いかにも薬売りの息子という感じの朴訥な日系二世でした。英語でインタビューしたんですが、「私の設計には日本らしさがある。人間のためにビルを建てるのであって、人間を威圧するためには建てんのだ。常に繊細さを心がけている」「一九三三（昭和八）年、父親に連れられて里帰りして日本を見たときの感動は忘れられない。日本の家のやさしさ。桂離宮なんぞは最高だな」などと、慎ましい感じの方でした。

僕は前からあのビルは東洋的だなあ、と思っていました。ビルそのものに簡素な美しさがある。「（中央部の）プラザを広々と取った。木があり、噴水や彫刻があり……。あそこで人と自然が交わるのだ」とヤマサキ氏は言っていました。壊れ方も「滅び」を感じさせた。
曽野　私はね、ビルが崩壊したとき、ヤマサキさんが亡くなっていてよかったなという気がちょっとだけしたんです。自分のビルが崩れていく姿は辛くてごらんになりたくなかったでしょうね。

食と職を与えよ

徳岡　『新潮45』の十一月号で、今回のテロのキーワードとして、「貧困」「嫉妬」「無知」の三つを書いておられました。中でもやはり、貧困の問題が大きいのでしょうか。
曽野　ええ。人間は食と職がないと荒れるんです。もっとはっきり強く言ってしまえば、宗教的理由は表向きの付けたり、言い訳でしかない。
徳岡　そうでしょうか。政治と宗教と人間の精神が分かち難く結び付き、神がしっかり日常生活を縛っているイスラムに対してそんなことが言えるでしょうか。
曽野　言えるでしょうね。人間の弱さは誰も同じですよ。だって、もっと平和的なイスラムだっているわけでしょう。
徳岡　でも、たとえば世界最大のイスラム国、インドネシアでは反米感情が高まっています。
曽野　政治的不満を反米という形にしてる面が多いでしょう。でも、他のイスラム諸国を見ても、たとえばマレーシアには少なくともそういう気配はない。そもそもアフガニスタンあたりと違って、東南アジア一帯は食に困りませんしね。

たとえば、タリバンが何を食べて、どうやってトイレをしてるか、お尻についたものをどう後始末をしているかを考えたことがありますか？

徳岡　縄で拭いたりする……。

曽野　乾かすに任せたりする人もいるらしいけど、砂ではなく、石を使って拭くはずです。ちょっと想像力が及ばない世界でしょう。

それから、テレビでタリバンの社会、アフガニスタンの人々を映した映像には、他のイスラム諸国の映像と比べても生活の匂いがするものが本当に何も映らない。一言でいえば、電気が通っていないからです。電気がないところには民主主義もない。日が暮れたら眠るしかない。テレビもなければ映画館も喫茶店も、風雨をしのぐサッシもなければ、サッカーボール一つ、トランプ一組もない。彼らはそれこそ、今タリバンが敵に回しているアメリカが世界のどこにあるのか、ニューヨークやワシントンがどこに位置するのかすらわかっていない。まったく孤立した、何もない社会なんですよ。ですから、そこに生きる彼らにとっての楽しみは結局セックスと戦争、ということになる。彼らはお酒も呑みませんから。

徳岡　ただ、タリバンが庇《かば》っているオサマ・ビンラディンについていえば、彼は非常に裕福な家の出で、彼自身も富裕だそうです。貧困とは無縁のはずでしょう。

曽野　その点はとても興味深いものがあります。インターネットで調べてみると、母親はパレスチナですがイエメンの家系で、いかに金があってもサウジアラビアでは絶対に上流に上れない家だということがわかりました。裕福でも上流階級にはなれない、となれば当然鬱屈が溜まります。

もし彼が小説家であれば、その鬱屈を一生の「私憤」として、小説の種として書き続けることでしょう。ところが彼は、その「私憤」を「公憤」にしてしまった。これはいってみれば左翼の思想なんですよ。左翼は自分の恨みを全部「公憤」すなわち「社会が悪い」という言葉に変えてしまったんです。そのあたりは非常に興味深いですね。

アフガニスタンを走破して

徳岡　僕は新聞記者時代の一九六四年の夏、ギリシアのオリンピアから東京まで、東京五輪の聖火の中継地点を訪問しながらユーラシア大陸を車で横断する、という取材旅行を行っています。その時にアフガニスタンも通りましたし、タリバンの本拠地とされているカンダハルにも立ち寄りました。

でも、正直なところもう二度と行きたくない地域でした。最高気温は四十九・五度で、クウェートより暑かった。夜は二十八・五度、一日に二十度以上の温度差があった。ガタガタの山道ばかりで、山々は岩と土で覆われ、緑がまったく見当たらない。今は各国の援助で道路も整備されているでしょうが、イランの一番東北のメシェッドからアフガン国境までは二百八十七キロ。そこから今回爆撃目標の一つになったヘラート、ファラー、そしてカンダハルまでの七百キロ強、その間ほとんど村らしい村はない。

曽野　村がないことは、そこに水がないことですよね。

ちゃう。

徳岡　そう。本当に水分といえばペルシャ語のヘンダワネ、つまりスイカが頼りでした。カンダハルの近くにはヘルマンド川というかなり大きな川が流れているのですが、「どこに流れていくんだろう」と尋ねたら、「どこにも流れていかない」と言う。つまり、砂漠の中へ消えていっちゃう。

タリバンの最重要拠点であるカンダハルから六千人のアフガン難民が、南のパキスタン領へ脱出したという。人口二十万というカンダハルから百十三キロで国境です。私が通った三十数年前には、どこかの田舎の汽車の踏切みたいな遮断機が一つあるだけ。

国境の遮断機から左側通行に変わって、チャマンという村までが九キロ。さらに最も近いパキスタンの町クエッタまでが百五十二キロ。難民のうちトラックに乗れなかった連中は、約二百八十キロの山道を歩いて国境を越したわけです。

遮断機があるのは道路だけ。あとは人が住まない、一本の草も木もないノーマンズランド（無人地帯）です。険しい山だが、越そうと思えばどこででも国境を越せる。日本人ライターがタリバンに拘束されたが、厳密に言えば国境のどっち側かわからないんじゃないか。

いったん南のパキスタンに入ると、やはり岩山の連なりはあるが、肥沃なインダス川流域が広がっている。いたるところに氾濫した川がある。アフガンを抜けてインダスを見たとき、アレキサンダー大王がハイバル峠を越えてインド亜大陸に出てきたときに抱いた感動とはこれか、と思いました。水がある場所と、ない場所の違いを痛感しました。

だからこそ、アフガニスタンの人々はこの地からずっと逃れようとしてきました。テロ以前にも、四百人以上の難民が船に乗ってオーストラリア領に上陸しようとして断られたり、何十人かのアフガン人が英仏海峡のユーロトンネルを歩いて英国側に行こうとして捕まったり、すでにタリバンは難民をたれ流してたんですね。この流れは容易に止められない。

曽野　普通人間は誰も自分の国を出たがりません。みんなめんどくさがり屋ですから、わずかな家財道具を背負ってでも、外国へ行こうなんて普通は思わない。でも「食えない」から「出る」んです。もし食えていれば、「貧乏はいやだ」「もっと政府がしっかりすれば」などとブツブツ言いながらも祖国の土地にしがみつくでしょう。

「報復」という言葉の罠

徳岡　そういえば、曽野さんは、アメリカ人がテロに際して「真珠湾」を連想したことに驚いた、ともお書きになっておられます。でも、愛国心が爆発する引き金になった点で、今回のテロと「真珠湾」はよく似ていませんか。

昔、広島の原爆資料館に行ったとき、出口に置いてあるノートに英語で「You deserved it!（当然の報いだ！）」と書いてあるのを見ました。真珠湾で騙し討ちされた、という怨念はまだ残っているのか、と感じたことを思い出します。

曽野　さきほどオサマ・ビンラディンの「公憤」の話をしましたが、この点については、恨みという感情への対処方法の違いが関わっています。

日本人はなぜか、恨みというのは醜いものだからすぐ水に流せ、といった美徳のようなものを持っていますよね。ところが、タリバンも含めた外国人は決して恨みを消さない。恨みをずーっと持っていって、それを生きる力に変え、自らの行動規範に組み込んでしまう。いい悪いの次元ではなく、そういうものなんですね。そしてその恨みと「報復」の関係は、宗教によって微妙に違ってきます。それこそ日本人は恨みを「水に流す」と言うけれど、いつも流れている川を見たことがない人だったら、言葉の意味すら通じない（笑）。

ところで、今回日本のマスコミだけがテロリズムに対する軍事行動を「報復」という言葉で説明していましたよね。それを真に受けた私は最初、ブッシュ自身が「報復」という言葉を使っているのだと信じ込んだ。そして、「報復という言葉を使ったブッシュはもはやキリスト教徒ではない、ユダヤ教徒だ」と思っていました。

なぜかというと、キリスト教では、いかなる正義といえども裁くのは神であって、自ら「報復」行動を取ってはならないからです。ハンムラビ法典の「眼には眼を、歯には歯を」の文句は仕返しを奨励するものではなく、復讐の拡大を戒めるための文言ですが、キリスト教の場合はその「報復」自体を禁じている。だからこそ「右の頰を打たれたら左の頰を出しなさい」と教えているのです。となれば、「報復」を行うと発言したブッシュはもはやキリスト教徒たりえない。

ところが、後にブッシュの演説の全文訳を読んでみたら、「報復」という言葉は一言も使われていなかった。

徳岡　確かに、retaliation も、retrieve もありませんでしたね。あのテロ事件は確かに「新しい戦争だ」といった印象を二十一世紀人に与えました。だが、「戦争」よりも犯罪として見たほうがいい。

曽野 そう。「犯罪」なんです。だからブッシュは「犯罪者を突き止める」「処罰する」という言い方をしています。一体どのメディアが最初に「報復」という言葉を使ったのか。その誤用の責任は重大だと思います。

徳岡 報復（retaliate）という英語の意味は to return like for like、つまり、やられたとおり仕返すというのです。もしアフガンに高層ビルがあれば、それを破壊するのが正しい報復です。しかし、あのテロを「犯罪」として捉えれば、警察が犯罪者を捕まえ処罰するのを「報復」と呼ばない。

曽野 それから、この「報復」騒動のせいで妙な現象が起きました。いわゆる「報復反対論」を唱える人がたくさん出て来たのね。急にキリスト教徒が増えたように見えたんです。土井たか子さんも突然「報復はいけない」「報復は報復を呼ぶだけだ」とおっしゃった。

私も報復はいけないと思う。でも、にわかキリスト教徒たちの言葉には「重さ」が感じられない。つまり「報復はいけない」という言葉は次に来る事態をまったく覚悟していない。

徳岡 キリスト教徒でなくとも、「報復をしない」ことを合理的に考えれば、殺される覚悟を「報復はいけない」という以上、我々キリスト教徒は、相手の加害行為を受けて、死ぬ覚悟を固めるんです。いやいやではあるけれど、殺されることを承認するんです。

すべきでしょう。

曽野 いずれにしても、殺される覚悟がなければ、それは「報復をやめない」ことと同じです。

もし遠藤周作さんが生きていたら、「俺はなあ、殺されるのはイヤやでえ。そやからな、少ーし意地悪してやる方法ないか」ってな感じになるでしょう(笑)。でも、それが我々です。報復はやるべきではない。しかし報復をやめたらまたやられるんです。

そこまで考えが及んでいない、いわばオキレイ事を言っているにわかキリスト教徒がなぜかこういう時には増えます。左翼的なビンラディンと何となくつながるのかしら(笑)。

それからビンラディンといえば、日本の各新聞が「ビンラディン氏」と書いていたことにも笑ってしまいました。

どの外国の新聞をみても、「ミスター・ビンラディン」「ムッシュー・ビンラディン」「ヘル・ビンラディン」「セニョール・ビンラディン」という記述はないでしょう。

「オサマ・ビンラディン」という名前のうち、正統な名前と称しうるのは「オサマ」だけです。そもそもあそこの世界では名字がありませんし、ビンラディン＝ラディンの息子という言葉が付いているけれど、彼の父親の名前は「ラディン」ではなくて「ムハンマド」。つまり、ビンラディンというのは財閥名でしかない。ですから「オサマ」とだけ呼ぶのが最も正確。そういったことを理解せず、いつまでも「ビンラディン氏」と書いている日本という国はやっぱり不思議議です。

ウォール街はマモンの神殿か

徳岡　今回テロの目標になった世界貿易センタービルのすぐ近くに世界の金融の中心、ウォール街があります。その通りの突き当たりにトリニティ・チャーチという小さな黒い教会があって、海賊キャプテン・キッドが所属信者の一人でした。いまは周りの高層ビルに囲まれて小さいチャペルに見えますが、五十年間ぐらいニューヨークで一番背の高い建物だったそうです。だから、僕はいつもウォール街はマモン（七つの大罪の一つで、世俗的な富への欲望）の神殿なのではないか、と考えてしまいます。

かつてキリスト教は貧しい者の味方でした。

曽野　「金持ちが天国に行くのはラクダが針の穴を通るより難しい」という教えもありますしね。

徳岡　ですから、神とマモンに兼ね仕えてはならない、と教えましたし、イエスも実際に、神殿に巣くう商人どもを追い払っています。でも、いつのまにかプロテスタンティズムは資本主義の支柱となり、ウォール街はマモンの神殿となり、貿易センターはその象徴的な一部となっている。商人どもが、トリニティ教会に象徴される神殿を占領しました。

曽野　でも、その神とマモンの存在の意識の間に揺れ動くことこそが人間なのではないでしょうか。儲かりたいと思いながら、その一方で胸の底にはそれとは違った美しきもの、愛するものへのひたむきな思いがある。それが共存しているのが人間であって、だからこそ人間は愛しいと思うんです。

嘘か本当か知りませんけど、ローマに或る教会があって、そこに夕方娼婦が必ずお参りして、跪いて「今日はいいお客がつくように」とお祈りしてから出掛けてる、というんです。こんな教会、あってもいいなと思います。祝福されるのは富める者、貧しい者、どちらもなんだと思う。

私の育った聖心という学校にしてもそう。世界でセイークレット・ハート、サクレ・クール、サグラダ・コラソンなどと呼ばれている有名な学校ですが、良家の子女を教えると共に、孤児も教えています。ある時飛行機で隣の外国人から「お前は英語をどこで習ったか」と尋ねられて「聖心という学校で習った」と言うと、その人はパッと私の顔を見て「お前は孤児か」と言ったんです。すごく嬉しかった。金持ちを差別するのもいけないし、孤児を差別するのもいけない。それこそがキリスト教の精神じゃないかな、と思います。

徳岡　昔のアルゼンチンの売春宿は、一階で客とダンスして、二階の部屋へ行って売春宿としてのほんらいの業務をやるシステムになっていましたが、四旬節（復活祭直前の準備期間で、キリストの受苦と死のために祈る四十日間）の間はダンスしなかった。上の階の商売はやるけどね（笑）。

曽野　いいですねえ。四旬節だけちょっと義理を足すのね。そのいい加減さが面白い。

徳岡　ですから、面白く思える曽野さんと反対の極にあるのが原理主義なのです。だから、もしこれがイスラム教の原理主義でなくてキリスト教の原理主義だとしても、原理主義者としてあのビルを爆破していたかもしれません。

曽野　でも、仮にキリスト教原理主義者が攻撃したとすれば、その人は聖書を読んでいませんね。「その人のようにさせておきなさい」と、聖書は何度も書いてるんですから。

徳岡　しかし、さきほど言いましたようにキリストは神殿から商人を追い払っています。聖書のパウロのティモテ人への第二の書簡も「自分だけを愛し、金銭をむさぼり、大言壮語し、高ぶり、ののしり、親に逆らい、恩を知らず、神を汚す」者は、終わりの日に呪われるであろうと警告しています。富める者は祝福さるべしというのは、キリスト教中にない思想です。ウォール街のキリスト教徒は、そのことを心の隅に置いておいたほうがいい。

曽野　そこでのキーワードは「嫉妬」です。生活や富の格差をめぐる「嫉妬」が争いの引き金になったと私は思ってるんです。格差がある限り争いは絶対に続く。だからこそ、その格差を埋めるために職と食を与えなければならない。

徳岡　でも、彼らの行動パターンは独特で、日本人やベトナム人が戦うようには戦いません。自分たちが圧倒的多数であれば勇んで相手を虐殺するかもしれないが、形勢不利となればネゴシエーションをすぐに行うはずです。それに、北部同盟がカブールを攻めてくれるのを英米はじめ西側諸国は期待していますが、彼らは本気で戦争する気なのか。つまり、食と職を与えたとしてもメンタリティの差は埋めようがない。日本人やベトナム人とは、発想が異なるのです。

曽野　そういえば徳岡さん、アラブのＩＢＭって知ってます？　Ｉは「インシャアッラー」＝「神の思し召し」。何かを要求すると、彼らは必ず「神の思し召しがあればそうなる」と言います。次のＢは「ブクラ」＝「明日」。何かを約束しても何もしないから怒ると、「明日やるよ」となる。そして最後のＭは「マレーシ」＝「神の意がなかった」。ずっと「ブクラブクラブクラ」と言い続けて、結局何もしなかった、あるいは失敗した。その時に問い詰めると「それは神の意がなかったからなんだ」と言っておしまい（笑）。

徳岡　スペイン語のアスタ・マニャーナやフランス語のセ・ラ・ヴィと同じですね。「これが人生や。辛抱せい」と。

曽野　でも、ここで彼らは神様を引き合いに出してしまう。神の名のもとの寛容はセ・ラ・ヴィとは別次元です。このＩＢＭを持ち出されたら、もうかないませんよ。あの人たちは本当に強いのよ。

徳岡　西側社会、自由主義社会から見ると、今回のテロ行為は明らかに「犯罪」です。しかし、いわゆる原理主義者たちはそう考えません。そもそも、テロ行為の対象について、戦闘員・非戦闘員の区別はまったくしていません。

一九七二年にテルアビブ空港を襲撃した岡本公三を含む三人のテロリストがいました。僕は当時、現場にも行きましたし、岡本の軍事裁判も傍聴した。あのとき、彼らが殺した人々の大多数はプエルトリコからのキリスト教徒の聖地巡礼団であって、彼らが戦いの旗に掲げていた「パレスチナ解放」とは何の関係もなかった。でも、原理主義的な論理でいけば、イスラエルに足を踏み入れた者は「即殺すに値する者」となっていた。このような点で原理主義、ファンダメンタリズムというのは人道主義の常識とは異なるのです。

岡本公三は軍事裁判の最後でこう言っています。

「われわれは彼らが降伏するまで、そして世界プロレタリア革命を実現するまでたたかうのだ。ニューヨークで、ワシントンで、一般的に言われる平和な家庭が、ベトナム解放戦線あるいはわれわれ赤軍兵士によって破壊されるとき、彼らは初めて世界革命戦争の流れを漠然と感じることができるだろう」（『銃口は死を超えて』徳岡著・新人物往来社刊）

彼らの目的は「平和な家庭を破壊する」こと。我々からみれば「犯罪」ですが、彼らにとっては違う行為なんです。

イスラム教を研究した学者は、みな温和な宗教だと言う。なるほどそうかもしれない。しかし、彼らの宗教はガッチリ生活を縛っている。しかも徹底した現象主義です。動機を顧慮しない。山の中で食糧が尽き、ブタ肉の缶詰が一つ残った。食わねば死ぬ。そのとき彼らは、食わずに死ぬのです。「人命にかかわることでしたから」は言い訳にならない。これは人道主義にとって甚だ危険な思想です。神を称えながら死ぬことを、いさぎよしとするのです。

「なぜ一日の仕事を平和に始めようとしていた、罪のない人を殺したの?」という問いかけは通用しない。お前たちは働いてアメリカ政府に税金を収めるだろ、そのアメリカはイスラエルの後押しをして聖地を占領しようとしている、聖なるサウジに軍事基地を造った、お前たちは悪魔の加担者だ、というふうに論理は立ってしまう。

実際、神様は今度のテロリズムや炭疽菌事件によって、人類を滅ぼそうとしておられるのかもしれない。もしそうなら、神の意志または運命に素直に従うのが信仰する者の態度かもしれません。人道主義は人を神とするイデオロギーですから、イスラム教とはもちろん、キリスト教とも相容れない。

タリバンを日本に!

曽野 でも、少なくともタリバンについては、さきほど言ったように食と職を与えれば普通の人になりうると思うんです。

徳岡　しかし、そう簡単に行きますかねえ。食も職もあるイスラム諸国、たとえばサウジアラビアにしても――。

曽野　でも、あそこは人を殺してません。

徳岡　まあ、殺すまでには至らない。でも、他にも問題は山積しています。食と職が解決しても、女性の地位の問題などは容易に解決しない。

曽野　私はサウジアラビアに入ったことがあるんですけどね。あの国では女性は人間ではなく羊と同じく男の持ち物ですから、女性だけではおいそれと入れない。だからサウジで会った日本人の方に「曽野さんに会えて嬉しい」とよく言われるので「あ、私はモテてる」と思ったら「今週になって初めて町で見た女の人ですから」と言われてしまって（笑）。

徳岡　僕もユーラシア横断のとき、ギリシアからトルコに入って、トルコではまだ街で見かけたけどシリア、イラクからアフガニスタン、パキスタンを出るまで女性を見かけなかった。バザールに行っても男がタマネギを買っている。

曽野　そう。女性はまったく家から出さない。リビアのちょっと郊外に行ったとき、屋上にアラベスク、透かしの穴が空いた煉瓦を積んでいる家がたくさんあった。その穴という穴から目がのぞいていて、私たち来訪者を見ていた、と同行者はちょっとオーバーな表現をしていたけれど、とにかく彼女たちは家にいて、外へ出ずに退屈しているの。

徳岡　表に出ない、ということは、様々な自由の前提が崩れてしまっていることです。ただ、これは最近イスラム圏のことを翻訳している白須英子さんに聞いた話ですが、イスラム圏の女性のパソコン技術がここ数年ずいぶんと向上したそうですね。それこそ家にずっといるから……。

曽野　パソコン技術もそうなんですが、食と職ともう一つ、この地域に必要なのは教育です。もしアフガニスタンがタリバン支配から解放されたら、私は日本財団の仕事として、あそこにタリバンの女性たちの学校を作りたい。この場合の教育というのは一番自由な類のものであって、私たちが「こう考えなさい」と教えることではありません。少なくとも算数ができるようにして、字を読めるようにして、そこから先は自ら本を選んで、信仰を深めたり哲学を作っていければいい。無論、三十年、五十年、場合によれば百年かかる事業なんですけど。

徳岡　逆に、僕はタリバンがアフガニスタンを制圧したときに、ジョークで「タリバンよ、早く日本に来てくれ」と書いたことがある（笑）。つまり、テレビなどの文明の利器がまったくなくて、売春など風紀紊乱《びんらん》を徹底して取り締まる彼らが日本で同じことをすれば、きっと十カ月後に日本の人口は急増して、日本の問題のほとんどは解決してしまう、と。

曽野　深謀遠慮なお説（笑）。でも、タリバンを全部、武器を取り上げた上で日本に招くのは卓抜なアイディアだわ。

聖書の聖パウロの章にも「その人の心を得るためにその人のようになりました」とあります。先日、カトリックが主体となった援助組織のパーティーを日本財団のビルの食堂で開いたのですが、神父さんや私が挨拶しているその真後ろに神棚があって、みんな面白いなあ、と思ってるんですって。でもその神棚は、前の社屋から新しい社屋に、私が神主さんのお供を申し上げてきちんとお移ししたものです。こうすることもキリスト教の教え。ですから、同じようにモスクも建てて、ちゃーんと信仰を守れるようにしましょう。

徳岡 そもそもイスラム教も寛容の宗教なのですから、キリスト教徒との折り合いは通常いくらでもつくはずです。

曽野 折り合いはつきますよ。私たちは通常、イスラム教国に入るときに「信仰」の欄にはちゃんと「クリスチャン」と書く。別に何もされません。むしろ心配されるのは「ノー・レリジョン（無宗教）」と書く人です。これはイスラムの人からすれば危険人物。神がいないのですから何をするかわからない。ユダヤ教も仏教徒も、神道も大丈夫。だけど、一番危険なのは無宗教なんですよ。

貧困が人類を滅ぼしはじめた

徳岡 オサマは、アメリカに対する憎悪の原点として「湾岸戦争時に聖地メッカ、メディナのあるサウジアラビアに進駐したこと」を挙げていますが、それは最大の罪ではない。根底にはやはりパレスチナ問題がある。パレスチナ問題が世界中を引っ張り込むブラックホールで、もうそんなことは何十年も前から言われ続けてきたことだし、僕だって何度も書いている。でも、本当に危険です。まだこれからエルサレムの分割という課題もあるわけですし。

曽野 エルサレムのエル・アクサ・モスクは壊されるかもしれませんねえ。嘆きの壁だって壊されるかもしれません。

結局、モザンビークの内戦の後がそうでしたが、とにかく戦って戦って、疲弊し尽くすまで戦わなければ活路が見出せないのかもしれません。私はカンボジアのタケオに行ったときに感じた恐怖を、モザンビークでは感じなかった。それは、当事者たちが皆、疲れ果てていたからです。

徳岡　そういう状況になった場合、今回のケースで非常に危険なのはパキスタンの核です。これはパキスタン人が悪いというわけじゃなく、宗教と政治が分化していない国が核を持つことの怖さは計り知れない。インドもそう。

曽野　パキスタンから西はほとんど宗教と政治が分かれていませんよね。アフリカにも原始宗教があって、分かち難く国家や人々と結び付いています。

徳岡　アフリカといえば、エイズの猛威にも目を向けなければなりません。特にサハラ以南。南アフリカの平均寿命はぐんぐん下がってきています。

曽野　いま南アフリカは約四千万の人口で、そのうちＨＩＶ感染者が四百八十万人。先日、私の関わっているＮＧＯが援助して作ったヨハネスブルクのエイズ・ホスピスの霊安室は、毎日一体ずつ死体が安置される計算で稼働しています。両親をエイズで失った孤児のほとんども授乳感染しています。これはミルクに切り換えようと思っても、水が汚くてできない、従って授乳をやめられないから感染してしまうのです。

徳岡　人類はアフリカから発生したと言われています。そのアフリカから滅び始めるかもしれません。

曽野　ともかく私は、まったく素朴なんです。食べるものがなければ、思想もへったくれもないんです。食べるものがない子供を持った母親にミルクを与えたい。それだけです。うちの主人などは、「ほっとけ」と言うの。「もうほっとけよ。お前たちがやったってどうなることか」と言う。そうかもしれない。でも、今はそうしていくしかない。「食と職、そして教育が何かを変える」——。甘いかもしれませんが、そう考えてもうしばらくやっていこうと思っています。

（「諸君！」二〇〇一年十二月号）

第3章 グローバル経済の行方

9月17日に一週間ぶりに再開したニューヨーク証券取引所（ロイター＝共同）

世界恐慌から世界戦争へ

砕け散った世界金融の砦。21世紀の扉が開いた

福田和也（文芸評論家・慶應大学助教授）

ふくだ・かずや　一九六〇年生まれ。慶應大学文学部仏文科卒、同大学院修士課程修了。九二年、『日本の家郷』で三島由紀夫賞受賞。

今回の同時テロ事件の第一報を、私は六本木のレストランで聞きました。知りあいの編集者が電話で知らせてくれたのです。席に戻って同席者に話を披露すると――その時にはビルディングが倒壊したという情報は入っておらず、二機の旅客機が突入をしたという話を聞いただけでした――隣のテーブルから、失礼ですが何があったのですか、と訊かれました。外資系の銀行に勤めているという同年輩の男性に、知っている限りのことを話すと、彼の隣に座っていたその父親とおぼしき御老人が、くぐもった声で、「こうして戦後五十年の平和などというものは崩れていくのだ」と呟いたのが印象的でした。

帰りのタクシーの運転手さんは、はやくもその後の情勢を予測するように、「アメリカを支援

すると日本も狙われるから、何もしない方がいいんですよ」と云いました。

二十一世紀がはじまった、というのが現在の率直な感慨です。そして、この世紀もまた前世紀とほぼ同じように、世界戦争と世界恐慌を道連れにしてやってくる。その戦争のありさまも、恐慌も、前世紀とは異なったものになるでしょう。けれどもやはりそれは、これまで人々が前提としてきた秩序が無残に崩壊するという体験になることには変わりがない。前世紀は、イギリス主導のグローバル体制が世界戦争によって崩壊することで幕を開けました。今世紀もまたアメリカのグローバル体制が戦争の危機をむかえるなかに始まろうとしています。

二十世紀のはじまりを、多くの歴史家たちは第一次世界大戦においています。この大戦によってヨーロッパがそれまで前提としてきた価値観や理想がすべて失われ、古いヨーロッパは死に絶えました。この断絶がいかに大きなものであったかは、今日の私たちには想像もつかないものです。

アメリカの高級百貨店ニーマン・マーカスの二代目経営者の回想録のなかに、こういう一節があります。同店は二十世紀初頭から勢いを増したテキサスの石油成金たちにヨーロッパの高級品を紹介して成功をおさめた店ですが、若くして店を任された二代目は自ら第一次大戦後のヨーロッパ各地を回り仕入れに努めます。ある時ロンドンの老舗の絨毯店に行き、「最もエレガントな商品を見せてくれ」と頼みました。すると一生を絨毯の取り扱いに捧げてきた老店員が、「お客様、もう私どもはエレガントなものは作ることができません。それは死に絶えてしまいました。私どもがお売りできるのは、エレガントなものではなく、よいもの、グッドなものでしかないのです」と答える。

今日のアメリカは、一世紀前にヨーロッパがエレガンスという一語に象徴される高貴さと品格、彼らにとっての精神の核を喪失したのと同様の喪失感を索漠さとともに感じているのではないでしょうか。長くBBCに在籍し、アメリカに渡ってCNNの国際ネットワーク総本部長を務めるC・クレイマー氏はこのように語っています。「砂糖と蜂蜜、甘美なアメリカの終わりです。無垢なアメリカを、僕らは永遠に失いました。僕らの知っていたアメリカは、もうありません。そして何よりアメリカ人たちが、彼らの知っていた国はもうないことに思いをいたしているのです。それが、今度の事件の衝撃です」（「日経ビジネス」九月二十四日号）。

貿易センタービルが象徴するもの

今回、アメリカが受けた、被害、損害についてはいろいろな形で議論をされ、また評価が下されています。その影響のあらゆる側面を論じつくすことは至難ですが、もっとも象徴的なのは世界貿易センタービル北側タワーの百一階から五フロアーを占めていた証券会社キャンター・フィッツジェラルドで、七百人とも云われる社員が犠牲となったことではないでしょうか。キャンターは、アメリカ国債取引の最大手であり、そのシェアは最大で七〇パーセントに及ぶと云われています。アメリカ国債は、多年巨額の経常赤字を出しながらも世界中から資金を吸収してきたアメリカ金融市場の基幹商品ですし、いわゆるデリヴァティブス（金融派生商品）のプログラムも、アメリカ国債の取引を基本にして組み立てられている。キャンター・フィッツジェラルドの本社と、優秀で熟達した社員たちの生命が失われてしまったことがどのような影響をもたらすかは、想像にあまるものがあります。世界貿易センターだけでなく、同ビルに隣接しているために立ち入り禁止になった世界金融センターに入居している企業も含めれば、バンク・オブ・アメリカ、モルガン・スタンレー、シティ・グループ、ソロモン・スミス・バーニー、メリルリンチといった世界的企業がその本社機能の麻痺を余儀なくされてしまいました。テロリズムによって、世界経済の中枢の、設備と情報の蓄積、人的資源というかけがえのないものを破壊されてしまったのです。

日本の金融機関も、富士銀行をはじめとして多くの被害を受けました。富士銀行は現在世界中のデリヴァティブ取引のシェア二位（一位はスタンダード・チャータード、三位はバンク・オブ・アメリカ）を占め、その業務のほとんどがこのオフィスで行われていたと云います。キャンターの惨状とあいまって富士銀行、バンク・オブ・アメリカが受けた被害を考えれば、現在数兆ドルともいわれるデリヴァティブ取引の決済に不安がもたれるのも、当然のことでしょう。こうした金融中枢の崩壊にともなう株価の低迷や企業業績の悪化により、景気は一段と後退しています。今後その波があらゆる企業に波及していくだけでなく、一層、消費者心理を低迷させるのは避けられません。

今、アメリカは具体的な軍事作戦については多くの懸念が残るものの、外交においては着々と布石を打っています。湾岸戦争の時と同様、パウエル流の手堅い手法でパキスタンをはじめとするアフガニスタン周辺国との協力関係を構築し、最大の火種であるイスラエルには、一応停戦を守らせています。したたかなのは、イランとの関係修復でした。もともと宗教的にタリバーン（スンニ派）とは相容れない関係にあるイランのシーア派政権との関係をこの機会に深めたことは、アフガニスタン攻撃のための戦術的利益にかぎらない、中東外交における大きな成果でしょう。イギリス、フランス、ロシアといった大国も、アメリカへの協力を表明しています。

アメリカが今回の危機に、旺盛に立ち向かっていることは、確かです。その点では、まだまだアメリカの失墜を語るには早すぎるかもしれません。が、ブッシュ大統領の演説の言葉を借りれば、アメリカにつくか、テロリストにつくかの二つに一つである、というような脅迫的言辞を用いてまで、世界の主要国によるバックアップ体制を作りあげたその手法の背後には、これまでけしてアメリカが見せなかった、自信の揺らぎが仄見えてしまうのです。今回ブッシュ政権が日本にたいしてとった態度は、私としては大国にふさわしいとはいえない、有無をいわさぬものを感じました。その強引さに驚くというよりも、自衛隊の派遣などの日本の協力を引き出そうとするアメリカの強張りが印象的であり、また怖くもあったのです。

アメリカ滅亡の予感

今回、もっとも印象的であったのは、いろいろな局面で現れるアメリカ人の表情でした。そこには、今まで見ることができなかった、現れなかった彼らの顔が見えたのです。数センチに及ぶ粉塵を蹴散らしながら現場に向かう消防士たち。ブッシュ大統領に喝采を送る議員たちの顔、病院船につどった全米からボランティアにかけつけた医師たちの顔、株式市場が再開した時に星条旗を身につけて現れたニューヨーク証券取引所のディーラーたち。その表情を、一言で云えば、悲壮ということになるかもしれません。決然としていることは確かだけれど、元気なのか、活力があるのかは明らかではない。ジョークを忘れたアメリカ人たち。

もちろん、冗談など云っている場合ではない、というのはよく解ります。生身の人間が窓から降ってくるような場面を見て、笑えるわけがありません。けれども、どんな悲惨な時にも、一片のジョークを携えている、そんなふてぶてしい余裕こそが、アメリカの強みであり、敵からすれば脅威だった。暗殺されかけて重篤に陥ったレーガン大統領が、主治医に向かって「君は民主党支持者か?」と質問したというエピソードはその真骨頂でしょう。今、アメリカ人は思いつめている。そのひたむきさは感動的ではありますが、同時にまた、余裕のもたらす視野と柔軟性に欠けている。ある意味で、アメリカ人ははじめて悲壮になったのです。それはアメリカ以外の国民には親しい感情ではあったのですが、蜂蜜と砂糖が覆う、甘美な約束の地には無縁な感情だったように思われるのです。

このようなアメリカ人の変化を、はじめてアメリカがその心臓部に攻撃を受けたためである、ととりあえず結論づけることが出来るかもしれません。アメリカにとって今まで最大の戦争は、内戦であった南北戦争でした。七十万近い死者をだし、アトランタほか南部の主要都市が灰燼《かいじん》に帰した戦争以上の被害を、アメリカは第一次、第二次大戦においても、朝鮮、ベトナムの両戦争でも出していません。その点で、アメリカは外からの深刻な被害を受けたことがなく、逆にいえば脅威も感じたことがないのです。外からの攻撃は、十九世紀初頭のイギリス軍によるホワイトハウスの焼き討ちと真珠湾攻撃ぐらいでしょう。イギリスの上陸作戦は、アメリカ側のカナダ攻撃に対抗するものでしたし、独立戦争からさほど日月がたっていませんでした。真珠湾攻撃は、たしかにアメリカ社会を震撼させましたが、攻撃されたのは本土から遠く離れたハワイにすぎません。

今回の事件がこれまでと違うのは、アメリカ国民にはじめて、アメリカ滅亡の可能性を感じとらせたということではないでしょうか。旧約聖書の記述するバベルの塔の崩壊のように崩れ去っていく高層ビルの姿は、アメリカもまた永遠ではないこと、アメリカもこれまでのいくつもの大国や帝国のように、衰退をし滅亡をするかもしれない、ということを予感としてであっても認めさせた。

アメリカの繁栄の象徴である金融のメッカ、全世界の富と情報と関心が集まるニューヨークという土地が、一瞬のうちに、しかもごくわずかなテロリストたちの手によって瓦礫で埋まり、廃墟になってしまったのを見た時に、自分たちが信じてきた、巌のように堅固であると信じていたものが、きわめて脆弱であり、ちょっとした邪悪さや企みによって崩されてしまう、ということを知ったのです。

死と滅亡が、生命と繁栄の裏側にあるという認識は、古代から中世といった歴史を体験してきた文明にとってはごく当たり前のことです。けれどもアメリカが知っているのは未開の暗さと文明のともし火だけでした。悪は暗闇から訪れ、時に勝ちを制することはあっても、開拓者の正義は、最終的には完遂される。紆余曲折をへながらも、アメリカは栄光の道を歩いていく。その素朴な、いささか子供じみた信仰が、今回の攻撃によって崩れさったのです。

ただアメリカ人はいまだそれを直視できないでいる。日本にいる私たちが、今回の事件に対するアメリカ人の反応を、頭で理解しながらも解り難いところがあるように思うのは、アメリカ人がその前に立ちながら認めることを拒み、あるいはたじろいでいる喪失は、日本人にとってはすでになじみのあるものだからでしょう。

滅亡の予感、もしくはアメリカもまた敗亡するかもしれないのだという可能性の認識は、アメリカの最良の時はもう過ぎた、という認識でもあります。アメリカにとって残された問題は、一気に潰れていくのか、それともかつての大英帝国のように長い時間を持ちこたえながら徐々に衰亡をしていくのか、という二者択一でしかない。個々人や一つ一つの企業の消長は別にしても、国としてのアメリカが長期的には発展していくことを、これまでアメリカ人は疑っていませんでした。でもその信頼は、もう帰ってこない。

アメリカの最良の時は過ぎた、という認識が痛切であるのは、アメリカ人の誰もが、意識的であれ、無意識的であれ、実は過ぎたばかりのアメリカの最良の時こそが、今回の事件を招いたと認識しているからでもあるでしょう。

軍事覇権が支えたドルの信用

九〇年代、アメリカは空前の好況を体験しました。その繁栄はアメリカの歴史でも飛びきりのものであり、アメリカの夢はかつてなくきらびやかに輝きました。その繁栄をつくりだしたのが、いわゆるグローバル・エコノミーと、情報革命であることは云うまでもありません。

グローバル・エコノミーは、冷戦の終結がもたらした果実でした。これまで、東西の二つの陣営に分かれていた地球の経済圏が、ソビエト連邦の崩壊により、一挙に一つになったのです。アメリカは、冷戦の勝者としての圧倒的な指導力を、湾岸戦争を主導することで明確に打ち立てました。湾岸戦争においてアメリカは、名実ともに国際社会の指導者を演じるとともに、サウジアラビアに進駐をして、中東に橋頭堡を確保しました。NATOによるヨーロッパ、日米安保によるアジアに続いて、中東にも直接軍事拠点をもったことで、アメリカは地球上の戦略拠点のほぼすべてを押さえたのです。そして、イラク攻撃における、巡航ミサイルをはじめとするハイテクノロジーの圧倒的な威力。軍事衛星と高度のネットワーク技術を用いたアメリカに抗することのできる戦力は、地球に存在しないかのようでした。ロシアや中国の軍事関係者は、湾岸でのアメリカの闘いぶりを見て、戦慄したと云われています。軍事のハイテク化は、コソボ紛争において一層洗練されて、攻撃側はほとんどリスクを感じることなく、好きなように狙うべき対象を攻撃できるようになりました。

アメリカの唯一の超大国としての威信は、ドルの信用を比類なく高めました。アメリカ経済の内実とは別に、ドルの通貨としての信用は、アメリカの軍事覇権に支えられたのです。何があろうと、アメリカという国だけは揺るがないという信頼が、世界中でドルの需要を高め、各国の資金がドルとしてアメリカに還流しました。

世界中から集まった莫大な資金を、管理し、投資するために貢献をしたのが、いわゆるIT革命といわれる、コンピューター・ネットワーク技術だったことは、ご存知の通りです。ネットワーク技術は、金融の世界を根底から変えてしまいました。世界中どこからでも、一瞬にして多額の取引ができる。いかに複雑な仕組の投資も間違いなくできる。このネットワーク技術と金融の結びつきによって、経済のグローバル化を一層進めたのと同時に、デリヴァティブスといわれる高度に電子化され、複雑なプログラムを駆使した金融投資システムが開発されたのです。金融における情報技術の発展は、経済における金融の重要性を飛躍的に高めました。現在、物ベースでの輸出入に必要な為替取引は年間一兆ドルといわれていますが、為替など金融上での取引は、一日に一兆ドルを越すことが稀ではありません。実に実需の数百倍のマネーがネットワークを飛び回っているわけですが、物に対するマネーの肥大が、つまりは金融の産業に対する優越が、アメリカに九〇年代における画期的な繁栄をもたらしたのです。

アメリカの軍事的優越が、軍事偵察衛星を中心とするグローバルな情報システムを基にし、経済的繁栄が、これもまたグローバルな情報ネットワークによるのだとすれば、アメリカ史上最良の時代ともいうべき九〇年代の繁栄は、いずれにしろヴァーチャルとしかいいようのない、グローバルなシステムに支えられていた。そうしてアメリカ経済は肥大し、アメリカの覇権もまた肥大したのです。

今回の同時テロの深刻さは、アメリカの九〇年代の繁栄の本質と密接に関わっているところにあります。ビン・ラディン氏の一派が主犯格であるとするならば、その原因が、アメリカの中東政策を発端とすることは間違いないでしょう。オスマン・トルコや大英帝国でさえシャリーフに統治をまかせてきた聖地近辺に基地を置いたことが賢明であったのか。アメリカの中東支配の根幹はこの基地にあるわけですが、この行為が広くイスラム教徒の反米機運を招いたことは否定しがたいでしょうし、それが突出した一部の過激派にとどまらない、広い反米指向を生み、イスラエルとパレスチナの間の中東和平の紛糾も反米世論を加速したのです。

宗教問題に収まらない、グローバリズムそのものに対する反発も強いものがあります。わが国では、あまり一般的ではありませんが、欧米では、世界を単一の価値や商品で画一化しようとする世界的企業や、その背景にある世界的な資本主義に対する反発、攻撃は年々はげしくなっています。一昨年のシアトルでのＷＴＯ総会での市街全域を巻き込んだ騒動は大変話題になりましたが、それ以降もワシントンのＩＭＦ総会や今年のジェノバでのサミットなどに、世界中からさまざまな抗議団体が集まって、激しいデモンストレーションを行い、デモ隊は市内のファースト・フード店を壊し、警官隊による鎮圧で死者が出るというほどの流血ざたにエスカレートしています。一説によると、今回のテロの実行日となった九月十一日は、昨年メルボルンで行われた反グローバル、反アメリカのデモの日でもあり、一部の運動家には反グローバリゼーションの記念日とされているという指摘もあるほどです（産経新聞九月十五日付）。

反グローバルの機運の背後にあるのは、やはり世界中を覆っている、アメリカの軍事衛星を中核とする監視・諜報システムと、情報化資本主義への反発にほかならないのです。その点で、イスラムの一派という宗教的な思惟だけではなく、より広範な層の敵愾心《てきがい》をアメリカのネットワーク帝国は煽っていると言えます。

今回のテロは、アメリカ自身がきずきあげた全世界的ネットワークを実に巧妙に利用している点が実に厄介です。ビン・ラディン一派は、アフガニスタンなど中央アジアや中東各国のみならず、ドイツなどのヨーロッパ諸国やアメリカ各地に組織を分散的に維持していました。こうした組織の維持や世界各国に広がる支援団体との連絡などに、ネットワーク技術がどれだけ有用かははかりしれません。さらには、さまざまな情報収集についても、インターネットは、こうした非国家活動組織にも小国の情報組織以上に高い質の情報と接する機会を増やしています。その資金源の多くは、金融投機によって賄われているといいますが、テロ組織が金融投機で巨額の資金を獲得できるのも、まさしく金融における情報革命の恩恵と云わざるをえないでしょう。

より重要なのは今回のテロ自体の有効性です。世界貿易センターを破壊することで、アメリカに大きな痛手を与えることが出来たのは、まさしくアメリカがその経済を金融優位にして、実需の数倍に及ぶ大量の貨幣が流通するマネー経済を作りあげていたからでした。もしも、アメリカの金融が、物の取引と大差のないものであれば、アメリカ経済が受けた被害は微々たるものにすぎなかったでしょう。デリヴァティブスなどによって、物の移動とは関係のない、その数百倍の取引体系を作り出していたからこそ、アメリカはかくも盛大な経済的繁栄を謳歌するとともに、今回の無残な破壊をつきつけられたのです。今アメリカが味わい、おののいている脆弱さは、何よりも自分たち自身が作り出した、巨大な帝国的システム自体の弱さなのです。アメリカがついに滅び、壊滅するかもしれないという予感もまた、目くるめく情報と軍事のネットワークが生み出したものでした。

暴力が再び国際政治の主役に

ハンナ・アーレントは、キューバ危機の後、もはや暴力は国際社会変革の手段とはなりえない、と語りました。核兵器の発達が大国間の武力紛争を不可能にしてしまった以上、国内での政権交代などにはまだまだ暴力は有効な手段だろうが、国際社会の枠組みは戦争などの暴力行為に訴えて変えることはできない、ということです。

事態はアーレントの予測通りに進展をしました。ベトナムやアフガニスタンでの戦争があったものの、それらはいずれも冷戦構造を幾分かは揺すぶったにしろ、根本的な変化をもたらしはしなかった。だが、今回のテロによって、暴力はふたたび国際政治の主役になったのです。局所的かつ限定されたテロルが、世界経済の循環機能を損なった今回のニューヨークの状況は、暴力がふたたび有効な手段、つまりは効果的な政治手段になったことを示唆しています。

今回のテロは、間違いなく世界の構図を変化させるに違いありません。ブッシュ大統領がいみじくも云ったように戦争は避けられない。ただ、その戦争はおそらく、二十世紀のいかなる戦争とも異なった戦争となるのでしょう。

私たちはおよそ八十五年ほど前にも「新しい戦争」を経験しています。第一次世界大戦です。第一次大戦も当時の人間にとって驚天動地の新しい戦争でした。ドイツやイギリスの指導者や軍人はもとより、軍需産業の専門家も誰一人としてかくも長期にわたって、かくも大量の犠牲を生む戦争になるとは予想していなかったのです。ごく短期間、ほぼ一月ほどで決着をすると考えられていました。

第一次世界大戦が新しい戦争となった一因は、当時開発されつつあったさまざまなテクノロジーが全面的に投入されたためです。動員への鉄道の利用を手始めとして、自動車、戦車、潜水艦、飛行船、航空機、毒ガスといった新発明が武器として前線に投入されました。当時すでに整備されていた社会政策の活用により、国民経済全体が戦争のために動員され、新聞や雑誌、映画といったメディアも戦意高揚や情報管制などのために利用されたのです。こうした軍事的、社会的技術を全面的に用いたことによって、第一次世界大戦は、大量破壊、大量死の世紀を開いたのです。

来るべき戦争もまた、現在のハイテクノロジーをすべて動員したものになるでしょう。情報技術はもちろん、バイオテクノロジーやナノテクノロジーといったあらゆる技術が戦争に使われる。その結果、戦争の形態は、今の私たちが想定しているのとはまったく変わったものになると思います。それが、どんなものになるかは想像もできません。

私は先頃、石原莞爾の評伝を書き上げましたが（『地ひらく』文藝春秋刊）、日本陸軍史上、唯一ともいえるこの天才的戦略家はこの点に関して、『世界最終戦論』の中でなかなか面白いことを云っています。最終戦争、つまり戦争の最終形態においてはあらゆる個人が兵士となり、しかもその闘い方は一人一人の個人で行われるようになると。この発想は戦争の歴史を、戦闘単位の細分化として捉える石原の視点から生まれたものです。機甲師団の登場により、歩兵戦術が散兵戦に拡散を余儀なくされた、というような事態から推測して、最終戦争は個人と個人との闘いになり、その戦線は、戦場という固有な場所を特定せずに、地球上すべての場所になると。

今回のニューヨークの事件を見ていると、石原の予言は、適中したといっていいのではないでしょうか。アメリカは、正規軍を投入して敵の組織を壊滅しようとするでしょうが、敵方が国際的なネットワークとして存在しているとすれば、一つ一つの拠点を潰せばよいというものではない。つまりは、第一次世界大戦が国民国家と国民国家の総力をあげての闘いであったように、新しい戦争はネットワークとネットワークとの闘いとなり、思わぬ場所が戦場となり、思わぬ相手が敵となるような、散発的で予測不可能な戦争になる。時には自分がまったく戦争に関わっているつもりがないのに、その戦争の一部になっているような戦争が始まるのです。

いかに世界を「再分割」するか

今回、攻撃の対象となったのは、アメリカのグローバルなネットワークでした。

第一次世界大戦もまた、イギリスのグローバル戦略の行きづまりに起因するものです。海上覇権と、電信をはじめとする通信ネットワーク、そして金融網によって十九世紀のグローバル体制を主導してきたイギリスの自由貿易帝国主義は、ドイツやロシアといった後続国の発展と植民地獲得競争によって、経済的に飽和状態となり、ドイツがイギリスの海上覇権を鉄道網で脅かすにいたって衝突を余儀なくされました。

興味深いのは、第一次世界大戦後の国際政治は、世界が一つになったことで不安定化した秩序をいかに区分して安定化させるか、ということを巡って進められたということです。

まず、大戦後のベルサイユ会議では、アメリカのウィルソン大統領の主導で、民族自決政策が進められます。オーストリア帝国、オスマン帝国、ドイツ帝国などを解体し、束ねた秩序を分解しようとしたのですが、イギリス、フランスの植民地帝国が維持されたことや、新しく作られた小国の国家運営がうまくいかず、ウィルソン・プランは頓挫します。けれどもイギリスのポンド体制の根本はベルサイユ条約によって破壊されてしまいました。政治的な帝国体制を崩してしまえば、経済的な基盤もなくなるということが予見できなかったのです。ポンドの機能不全を、台頭しつつあったドルは代替できなかったために、一九二九年の世界恐慌が起こり、世界経済は完全に破綻するのです。この破綻の後、世界経済はさらに分割指向を強めて、アメリカは関税を高くして自国産業を保護し、イギリス、フランス、オランダは自国の植民地を中心としたブロック経済に移行します。ここから、植民地の資源と市場をもたない、ドイツや日本との緊張がたかまって第二次世界大戦にいきつくのです。

結局、第一次世界大戦が目指していた世界の分割が安定した形をとったのは、第二次世界大戦後の冷戦によってでした。冷戦とは地球が一つになったことで不安定化した世界の「分割」でもあったのです。冷戦による東西の「分割」は、少なくとも西側諸国には、五十年に及ぶ平和と繁栄をもたらした。

いずれにしろ、新世紀の戦争もまた、現在の不安定なグローバル体制から抜け出すために戦われることになる。その戦いは難航をきわめるでしょうが、おそらく世界の「再分割」をへないで二十一世紀の世界がふたたび安定にいたることはありえません。現在の日本や西側先進国の不況の大きい部分は、東側との人件費の格差に起因していますが、こうした問題も地球の「再分割」によってしか解決できないのではないでしょうか。イスラムの尖鋭化もまた、グローバル化による異質な文明との接触によるとすれば、それを抑えるには、「分割」しか有効な方法はないと思います。

石原莞爾が世界分割についても、きわめて深い認識をしていたことが現在の状況をみるとよりよく解ります。石原の東亜連盟構想は、ブロック圏構想でありましたが、何といっても独創的だったのは、その中核に満州国という、五族協和の合衆国を置こうとしたことです。石原の構想では、いずれ満州国は日本に独立戦争をしかけて完全な独立を果たすはずでした。しかしそれによって、ユーラシアのエスニシティにしばられない共和国が生まれ、そこを中心とした、文化、経済、政治圏が生まれると考えていたのです。

現在、私たちが直面をしている問題も、実は石原の問いからそんなに遠いものではありません。グローバルな秩序が崩壊しつつある中、日本を国際秩序のどこに位置づけるのか、日本が存続していくための生命圏をどう作り出すのか。マクロな戦略を問わなければ、新世紀の戦争を生きのびることはできません。いかにアメリカに協力するか、しないかということよりもこの問いは幾倍も大事な、致命的なことです。

（「文藝春秋」二〇〇一年十一月号）

「戦時経済」を覚悟せよ

「戦争」と同時進行の世界不況が日本を直撃する

榊原英資
（慶應大学教授・元大蔵省財務官）

さかきばら・えいすけ　一九四一年生まれ。東京大学大学院経済学研究科修士課程修了。財務官時代には「ミスター円」と呼ばれた。

（Ⅰ）長く困難な戦争

二〇〇一年九月十一日朝、筆者はワシントンDCのブルッキングス研究所の旧友B・ボズワースとアメリカ経済の今後について議論をしていた。九時半すぎ、彼の秘書が血相を変えて入ってきた。

「ペンタゴンが燃えている。ニューヨークではワールド・トレード・センターに飛行機が突っ込んだらしい」

あわてて、ラウンジのテレビを見にいく。この時点では、まだ詳細は不明。テロらしいということは理解できるが、余りに衝撃的な出来事なので皆、茫然として声も出ない。とりあえず、客員研究員として滞在していたジョンズ・ホプキンズ大学のＳＡＩＳ（高等国際問題大学院）へ帰って、仲間の教授達と話をする。政府関係機関には避難命令が出ている。大学は十一日は休講とするが、出来れば十二日は再開しようと決めて、それぞれ帰途についた。少くともワシントンは、そしてニューヨークもパニック状況にはならなかった。ワールド・トレード・センター周辺にいた友人から話を聞いたが、悲惨な大事件だったわりには、人々の反応は冷静だったという。混乱する現場で、通常一ドルのミネラル・ウオーターを二ドルで売る老人をみて、避難中のバンカーは「大丈夫だ。アメリカ資本主義は健在だ」と語ったという。

しかし九月十一日は、確実にアメリカを変えた。アメリカの歴史上、一日でこれだけの犠牲者が出たことはない。独立後まだ日が浅いころアメリカ議会が占領されたことはあったが、首都ワシントンとニューヨーク中枢部がこれ程の被害を受けたことはない。惨劇後しばらくは「真珠湾以来」という形容が多かったが、死傷者の数は真珠湾の倍以上、しかも、ハワイはアメリカ大陸からは遠く離れた合衆国の西の果てであった。

ショックは怒りに変り、怒りは愛国心に変る。大統領も国務長官も、これはアメリカに対する「戦争」行為だとし、テロリスト達に対し、事実上の宣戦布告をし、議員も、メディアも国民も圧倒的多数でこれを支持する。筆者は九月十六日にアメリカを出国したが、この一週間程、多くのアメリカ国旗を見たこともなかったし、アメリカ、アメリカンという言葉が人々の口からこれ程発せられたのを聞いたのは、高校時代から合計すると十年にのぼるアメリカ滞在の中でもはじめてだった。

それでは、一体、何がどのように変ったのか。一言でいうと、アメリカはある種の「戦時体制」に入ったといえる。大統領が布告した「戦争」は事件に直接・間接にかかわったテロリスト達への単なる報復ではない。オサマ・ビン・ラディンが首謀者の一人だとしても、彼を殺せば「戦争」が終る訳ではない。大統領も副大統領もそして国務・国防長官も、これはテロリズムを根絶する「長い」しかも困難な「戦争」だとしている。軍事作戦はもとよりアメリカの外交、諜報活動、経済、金融政策等の総力を結集してこの「戦争」に勝利するのだという決意は、少くとも現在のところ、極めて固いものがある。

ニューヨーク・タイムズのトム・フリードマンは、「これは第三次世界大戦のはじまりだ」と言う。もちろんこれはジャーナリスト特有の誇張と比喩に満ちた言い方ではある。第一次・第二次世界大戦とは全く性格が違うし、ミサイルや核兵器が乱れ飛ぶ戦争になる可能性はそれ程ない。しかし、アメリカが、あるいはこの被害をもたらしたテロリスト達が、はじめたことは明らかに「戦争」であるし、従来までのテロと報復の繰り返しとは根本的に異なる。

事件後、筆者と会った国務省高官は、さすがに「戦争」という言葉こそ使わなかったが、「これはグローバルな問題で、アメリカの作戦は極めてグローバルかつ多くの分野にまたがることになるだろう」と語っている。忙しいなか筆者と会ったのも、テロリスト達の資金を締めあげることが極めて重要で、マネーロンダリング対策等国際金融上の日本との協力のあり方等について議論をしたかったからだという。十一日以後、数日間、彼は国連をはじめ数十をこえる国の大使と次々面談し、積極的外交活動を展開しはじめた。

財務省も、ニューヨーク再建のために連銀等と緊急対策を共同して行う一方、マネーロンダリング対策のためのチームを立ち上げている。

つまりアメリカ政府は、大統領府や国防関係部門のリードのもとに外交、経済官庁をあげて、テロリストとの「長い戦争」のために準備に入ったのである。この原稿を執筆している時から発売（『文藝春秋』十一月号）までの間に何らかの軍事行動が行われる可能性は決して低くないが、それは単にアメリカ政府の初動であり、その後に軍事だけでなく外交、経済等すべての分野での活動が展開されるのである。テロリストとの「戦争」が決して簡単なものでないこと、そう容易に勝利することができないことを知らない程未熟な政権ではない。チェイニー副大統領をはじめパウエル国務長官、アーミテージ国務副長官、ラムズフェルド国防長官、ウルフォウィッツ国防副長官等、アメリカの軍事・諜報については旧ブッシュ政権からのベテランが要職にいる。極めて困難な「戦争」であることを熟知した上での決定であろう。そして政治的には、昂揚した国民感情を前提にすれば、事実上の「宣戦布告」しかブッシュ政権の選択はなかったのかもしれない。

（Ⅱ）戦時経済への移行

かつて、元財務長官、ロバート・ルービンは彼のスタッフ達に「もしこのグローバリズムの滔々たる流れを逆転するものがあるとすれば、それはテロリズムだろう」と語ったことがあるという。彼の予言が適中したというのは、まだ早すぎるかもしれない。しかし、九月十一日の出来事が、世界経済の流れを大きく変える可能性は決して少くない。空港等での徹底的なセキュアリティー・チェックは飛行機による人々の往き来をかなり制限する可能性がある。ハイジャックが身代金や仲間の釈放の要求なら、乗客の生命に対する危険はあるにはしても、それ程高くない。しかし、自殺テロということになると、それは乗客の確実な死を意味する。飛行機に乗らなくてすむなら乗らないですまそうという人が増加しても不思議ではない。

国境を越えた物の移動についても監視は厳しくなるだろう。少くとも移動にかかる時間がかなり長くなる可能性がある。税関の検査は簡素化の方向で急速に動いてきたが、こうなるとなかなかそうもいかなくなる。

マネーロンダリング対策の強化が国際金融取引に与える影響も決して無視出来ない。金融、特に国際金融は常にある種の匿名性をその構造の一部にもってきた。ケイマンやバハマ、あるいはシンガポールのオフショアー市場、スイスの銀行等は、実は、国際金融取引の必要不可欠な構成要素の一つなのである。いや、少くとも今まではそうだった。東アジア危機後、日本をはじめ多くのアジア諸国やヨーロッパ大陸諸国の一部が、オフショアー市場の取引の透明化、部分的規制を求めた時も、アメリカ当局の姿勢は極めて消極的だった。そして、おそらくそれは、こうしたオフショアー取引がシステムの不可欠な一部だという事実をアメリカ当局が熟知していたからにちがいない。

今度の事件でアメリカ政府の方針がどう変るかは定かではない。しかし、国際金融取引についても、テロリスト達との「戦争」を主要な政策目標にすれば、何らかの制限を加える方向に動かざるをえない。

情報・通信・インターネット等も、これをテロリスト達がフルに利用していることはまちがいない。この分野の驚異的技術革新は情報・通信コストを大幅に低下させ、しかも、そのネットワークをグローバルにした。アフガニスタンの山中から、フロリダ、ボストン、ニューヨーク等へのリアルタイムの情報交換が可能だったからこそ今度のような連携プレーが出来た訳だ。しかも、こうした活動のための資金は、少くはないとはいえ、技術革新のために大幅に低下しているのだ。今回のような物理的テロ行為とコンピューター上のテロ行為が結びつく可能性もある。

インターネット上でセキュアリティー、あるいは不正・不適切な行為の排除を進めれば進める程、そのグローバルな利便性は下り、コストは上がる可能性がある。

今回のアメリカの「戦争」、あるいは、アメリカを中心とする反テロリズム連合の「戦争」がそれぞれの分野での従来のグローバリズムの流れをどれだけ減速させるのか、又は、逆転させるのかは、今のところ定かではない。しかし、九月十一日以降、世界が二〇世紀後半とは、全く異なるレジーム(体制)に入ることは、ほぼ確実であろう。世界は経済と市場によってのみではなく、政治と「戦争」によって大きく左右されるようになる。アメリカでも、ルービンの財務省と、グリーンスパンのFRBによってリードされていた政策は、チェイニー、パウエル、ラムズフェルド等の国防のエキスパートによってつくられていく。経済的狂騒、市場、そして繁栄とバブルはアメリカの表舞台から去り、愛国的熱狂、節約と犠牲、そして「戦争」が少くともしばらくの間は、主役の座をしめていく。舞台はまわったのである。

(Ⅲ) グローバリズムの光と影

九月十一日のテロリズムが憎むべき犯罪であり、ある種の「戦争」行為であることはまちがいないが、イスラム原理主義が限られた地域においてではあるがそれなりの支持基盤をもっている背景には、これ等の国における絶対的貧困の問題が存在する。九〇年代の世界を支配したグローバルな市場、そしてウォール・ストリートを核にした世界の国際金融システムは先進国だけではなく、すべての国をいやおうなしにそのシステムのなかにとり込んでいった。そして、世界の資産と所得の格差を拡大していくなかで、アメリカを中心とする一部の国々の繁栄をつくりだしていったのである。

テロリズムは極端かつ許されざるべき行為だが、よりゆるやかな形でも反グローバリズムの動きは次第に拡がってきている。WTOのシアトル総会、プラハのIMF・世銀総会、ジェノバ・サミット等での反グローバリゼーションのデモは、こうした国際会議の開催を少くとも今までの形では難しくしてきている。今回のテロにしても、総会等でのデモにしても、インターネット等でグローバルに連絡をし、協調できたから可能だった。グローバル化した反グローバリズムの動きが、グローバリズムを脅かしているという奇妙な現象がここにみられる。

グローバリズムは一方で、企業の巨大化、合併・集中を生み、独占的、あるいは寡占的構造を世界経済のなかにつくり出したが、他方では末端の個人、様々なマイノリティーの間のグローバルなネットワーク化を進め、後者の政治や経済に対する影響力を増大させたのである。

こうしたネットワーク化が民主化や分権化という多くの人々が望ましいと考えている現象を加速したことも事実である。NGOの各国での展開と連携、草の根民主主義の拡大等である。しかし、同じネットワーク化がテロリスト達を助け、様々な犯罪、非合法活動をやりやすくしていることも、又、現実である。いわゆる、「グローバリズムの光と影」の問題だ。

グローバリズムは必ずしも望ましい結果ばかりを生まない。影の部分は決して少なくないし、場合によっては、テロリズムや犯罪等、極端なリアクションを生む。しかし、そういってみても、現在の状況でそれに代るシステムがあるのだろうか。ウィンストン・チャーチルが民主主義について述べたように、グローバルなシステム、市場メカニズムは、大きな問題をかかえてはいるが、少くとも現在までのところ他の選択肢に比べればより悪くはないのではないか。問題は、市場万能主義という一方の極と、市場の全面否定という他方の極に振れることなく、プラグマティックに市場を利用することなのではないか。グローバリゼーションにしても、アメリカニズムという一つのイデオロギーをグローバルに押しつけるという一方の極と、狭いナショナリズムという他方の極の間にそこそこ機能するシステムがあるのだろう。

(Ⅳ) 世界同時不況の足音

テロリズムという反グローバリズムの極端な行為に対して、アメリカ政府は宣戦布告をした。このこと自体は正しい選択であろう。ナチズムに対し、連合軍が戦ったように、テロリズムと戦う幅広い共同戦線をつくり、軍事・外交・経済等すべての分野からテロリスト達を締めあげていくことは適切な戦略だし、アメリカ政府は今までのところまちがいは犯していない。しかし、不安がない訳ではない。

ナショナリズムが昂揚したアメリカが余りにもアメリカ的、余りにも極端な戦略を選択すれば、当面はともかく、次第に離反する国が増え、国内の反対も強まっていく。アメリカ人の大半が感情的に極端に高まっているだけに、効果的だが現実的な政策を選択することが難しい。九月十三日、ジョンズ・ホプキンズ大学ＳＡＩＳの全教員と学生が討論集会を開いた時、タカ派的発言が続くなかで学生の一人が「戦争はやむをえないとしても、この戦争をいつ、どのような形でやめるのかをはっきりすべきだ」と発言したのが耳に残っている。テロリズム根絶は望ましい命題だ。しかし、世界に犯罪が決して絶えないように、テロリズムがゼロになることは現実的にありえない。

テロリストのジハード（聖戦）に対して、アメリカのクルーセード（十字軍的運動）ということではハンティントンのいう「文明の衝突」になってしまう。イスラムとキリスト教社会の歴史的対立、イスラエルとパレスチナの泥沼的抗争を背景にすると、この危険は決して無視できない。今のところアメリカ政府は、極めて慎重かつ自制をもって「文明の衝突」を避けようとしている。しかし、アメリカが完全にイスラエルと一体化してしまえば、アラブ諸国の反発は強まる。今後の軍事行動のパターン、外交努力がこの点では非常に重要である。

実は、この「戦争」は世界的不況と同時併行で進んでいる。この「戦争」がなくても、世界不況は起っていたと筆者は考えるが、この「戦争」は少くとも短期的には経済にマイナスに働く。

戦争による需要の創出、軍事的歳出の増大は経済的にはプラスだが、アメリカ経済を支えてきた消費が冷え込むことは、ほぼ確実だろう。アメリカの政府関係者も非公式には、短期的にアメリカ経済が景気後退に入ることはやむをえないと考えているふしがある。二〇〇一年の第三・第四四半期のアメリカのGDPがマイナスになることは、湾岸戦争のときの経験からも充分可能性がある。日本が既に不況に突入し、ヨーロッパが急速に落ち込んでいる時、アメリカの景気後退の影響は深刻だろう。

短期的にも中期的にも、為替や株式等の市場動向を予測することは極めて難しくなってきている。というのは、巨大な不確実性が存在するなかで、ボラティリティー（不安定性）が増加するのは確実だが、事態がいつ、どの方向に展開するかが読めないからだ。最大のポイントはブッシュ政権の軍事・外交戦略がどう動き、それに対して、世界が、特にアラブ社会がどう反応するかである。

こうしたなかでほぼ確実なことが一つある。それは、アメリカの財政・金融政策の自由度が大きく増大したことである。九月十一日以前には社会保障基金の黒字減少の可能性が大きな政治問題になり、景気が悪化した時のさらなる減税はかなり難しくなっていた。テロ事件後面会したホワイトハウス高官は、「今や、どんな減税案でも議会を通せる」と明快に言い切った。九月に緊急利下げしたFRBも、さらに五〇あるいは一〇〇ベイシス・ポイント（〇・五～一・〇％）利下げする可能性が高い。テロ事件以前には追加的利下げがあやしくなってきていたことを考えると、この変化もまことに大きい。

これらの政策が効果的に発動され、ブッシュ政権の軍事・外交戦略が成功すれば、アメリカの景気後退は短期で終わり、早ければ二〇〇二年、四～六月からはV字型回復が見込めるかもしれない。二〇〇一年七～九月・十～十二月はマイナス成長、二〇〇二年一～三月に底を打ち四～六月から急速に回復するというシナリオだ。この場合には、アメリカの株安もドル安も起ったとしても、すぐ反転することになる。しかし、軍事・外交戦略が失敗すれば、アメリカ経済も世界経済も泥沼に落ち込んでいく。この場合には何が起っても不思議ではない。

既にアメリカ国民は、景気後退と「戦争」の犠牲を受け入れる精神的準備をし終ったようである。メリーランドのある小学校では九月十一日以後、校庭で洗車をし、その売り上げをニューヨーク再建のために献金することを始めたという。アメリカ人の貯蓄は増加し、経常収支の赤字は減少するかもしれない。短期的にはマイナスでもアメリカ経済の足腰は強くなる。流行語を使えばアメリカ経済の構造改革である。

もちろん、ブッシュ政権の今後の政策が失敗して民心が離れれば構造改革は短期で終ってしまうかもしれない。しかし、「戦争」が短期的犠牲を可能にし、経済の回復力を中期的に高めることが充分ありうるシナリオである。敵ができ、結集したときのアメリカは強い。不況におちいっても、これに耐え、しぶとく立ち上ってくる。あるいは立ち上れるだけの基礎的力をアメリカは充分もっている。

ひるがえって日本はどうなのだろうか。まず、九月十一日以降世界が大きく変り、アメリカをリーダーとする連合国とテロリストおよびそれを支援する（あるいは支援していると認定された）

国々との「戦争」が始まったのだという認識をまずはっきり持つ必要がある。それは、もちろん従来型の戦争ではない。しかし、新しい二一世紀型の「戦争」ではあるし、日本は当然アメリカと組むのだから、テロリストの攻撃を日本が直接受ける可能性がある。その準備は出来ているのか。日本程、テロに無防備な国は少い。そして、通常の戦争と違って安保条約は日本を守ってくれない。自らの国を自ら守るという原則にしたがってテロ防衛を進めるべきだろう。

日本の経済は既に不況に入っているし、少くとも短期的には状況はさらに悪化する可能性が高い。まず、現実を現実として受け入れる必要がある。パニックにおちいって、泥縄的政策をとるのが最悪である。短期的には、どんな政策を打っても効果がない可能性が高い。特に、財政による刺激は逆効果になる。というのは、国債市場が極めて脆弱で、投機の攻撃を受けやすいからである。財政再建の放棄による国債の追加発行は、国債の格下げ、投機売りに続く投げ売りで、国債市場の暴落を招く可能性がある。九月十一日以降面談したアメリカ及びイギリス政府の高官は異口同音に財政赤字拡大による景気対策の危険性を指摘した。「今まで失敗し続けた愚行を繰り返すことだけはやめてほしい」と……。株式市場についで国債市場が崩れれば、しばらくは底なしの市場崩壊が起りうる。

この際、アメリカと同様、短期的景気後退は我慢して、中長期的に日本の足腰を強くする構造改革にじっくり取り組むべきであろう。危機の時期、「戦争」の時代だからこそ、じっくりと禍いを転じて福となす、本当の意味での改革が必要なのである。

（「文藝春秋」二〇〇一年十一月号）

米国ドル支配の崩壊

「世界の牽引車」アメリカ経済の失速が恐慌を招く

高尾義一
（朝日ライフアセットマネジメント常務）

たかお・よしかず 一九四七年生まれ。神戸商科大学卒。七〇年に野村総合研究所に入社。同社研究理事を経て、九九年より現職。

新たな歴史の胎動を感じ始めたとき、シンボリックな出来事が必ずと言ってよいほど起こるものだ。アメリカで起きた同時多発テロは、多くの人命を奪う卑劣極まりない行為だったが、世界経済が重要な転換点に差し掛かっていた矢先に起きた象徴的な出来事でもある。これにより、世界経済は新たなフレームワークづくりを模索する動きを加速させるだろう。

たとえば『ロンドンエコノミスト』（九月二十五日号）は、今回のテロ事件に関して「六十年前に日本軍が真珠湾攻撃をした一九四一年十二月八日をもって、アメリカは変わり、世界も変わった。そして二〇〇一年九月十一日をもって再びアメリカは変わった。世界もまた大きく変わらざるを得ない」と断じた。

また、アメリカの新聞『ヘラルド・トリビューン』は、九月十四日付で「湾岸戦争以降の暫定的な安全保障、同盟関係を経て、第二次世界大戦後に形づくられた世界の大きな枠組みは、テロ事件をきっかけに様変わりする」と論じた。この中で、「国際通貨体制、国際通商体制の面でも、これから大きな変化が起こる」と指摘したが、まったく妥当な考え方だ。

九〇年初頭以降、世界経済はアメリカを中心とした枠組みで成立していた。

言うまでもなくアメリカは、冷戦後、世界最強の軍事力を持つ唯一の国家として世界に君臨してきた。また、ハイテクを中心としたニューエコノミーで世界経済を引っ張る一方で、「アメリカン・スタンダード」を「グローバル・スタンダード」と称して世界に押しつける傲慢な顔ものぞかせた。これらは、アメリカが九一年三月をボトムに戦後最長の景気拡大を続け、世界経済を支える力の源泉にもなっていた。一人勝ちしたアメリカは、この十年間、世界経済の枠組みの頂点に立って繁栄を極めてきたのである。

不気味な地殻変動

しかし、実はアメリカ一極集中下で動いてきた世界経済の奥底では、不気味な地殻変動が起きていた。それはアメリカ経済の一極支配の行き詰まりという形で、昨年あたりから表面化し始めていたのだ。

これは世界的な株価調整に投影された。米国では昨年春から、まず最初にナスダック市場の大暴落が起こった。これが日本やヨーロッパなど全世界に広がり各地の株価のほとんどは、昨年春の高値をピークに下落に転じた。世界の株価は、すでに一年以上前からアメリカ一極集中の経済の不安定さを察知して、世界同時株安の様相を呈し始めていたのである。

それにはいくつか理由がある。第一に、対外不均衡の調整メカニズムが機能不全に陥っていることだ。

九〇年代後半、アジア通貨危機、ロシア危機、ヘッジファンドのＬＴＣＭ（ロングターム・キャピタルマネジメント）の経営危機、ラテンアメリカ危機など、毎年のように世界経済を震撼させるようなクライシスが起きた。この過程で、アメリカは経常収支赤字を急速に膨張させていた。アメリカの経常赤字は、九七年頃までは年間一千二百億ドル程度と安定していたが、その後は通貨危機への対応によるＦＲＢ（連邦準備制度理事会）の金融緩和に合わせて急膨張した。二〇〇〇年には四千四百四十七億ドルという未曾有の赤字を計上したのだ。

それまでの図式では、アメリカの巨大な赤字を全面的に支えていたのは日本だった。しかし、周知の通り、日本経済は青息吐息の状態で、しかも日本の経常黒字は急速に減少してきている。今年の上半期でみると、アメリカの経常赤字は年率換算で四千五百億ドルに達するが、日本は今や八百億ドル程度の黒字でしかない。もはや日本一国の力で、アメリカの経常赤字をファイナンスする余裕はまったくなくなっている。

巨額の経常赤字がフローの不均衡であるならば、資産、ストックの不均衡もまた巨額だ。昨年末で二兆ドル前後にまで膨らんだアメリカの巨大な対外純債務の問題である。

アメリカはＧＤＰ十兆ドルに対して、二兆ドルという壮大なる対外純債務を抱え込んでしまった。一方で日本は一兆一千億ドル程度の対外純債権を持っている。これにイギリス、ドイツなどの対外債権を合わせると、ちょうどアメリカの対外純債務と見合う格好だ。だが、この二兆ドルにものぼる対外純債務をアメリカはどう解決していくのかという課題が残る。

未曾有の経常収支の赤字と対外純債務。経済の一極支配のなかで、アメリカはフローとストック双方で世界最大の赤字を一極集中させてしまったのだ。

これらの対外赤字の不均衡を少しでも抑えようとすると、世界の景気後退を招くジレンマに陥る。

二〇〇〇年になってＦＲＢは、景気の過熱などによるインフレ圧力を抑えるために、都合三回、合わせて一パーセントの利上げを行い金融引締めを強化した。ところが、これが思わぬ副作用をもたらした。

アメリカの経常赤字が拡張すると世界には貿易面を通じ景気拡大効果を及ぼす。とりわけ九〇年代後半は、世界同時拡大が実現していた。だが、ここにきてアメリカが金融引締めを促進し自国の景気を冷やそうとすると、世界全体では株価の下落、景気後退という動きを見せるようになった。アメリカの景気減速は他国の景気後退を誘い、アメリカの景気後退は、日本など他国を恐慌にすら追い込むメカニズムが働くようになった。対外不均衡の調整もままならない状態に陥ってしまったのである。

第二にニューエコノミー神話の崩壊だ。

「ＩＴ革命」「情報通信革命」と言われてきたように、ニューエコノミー神話の根幹は、ＩＴを中心とした一大設備投資ブームにある。

ＩＴはコストを劇的に引き下げる一方、新規需要を増殖させつつ、生産性成長率を加速させ、収益力を向上させると言われ、かのグリーンスパンでさえ、「ＩＴは、百年に一度しか起こらない素晴らしい可能性を秘めている」と議会で証言したほどだ。

アメリカをはじめ全世界は、あたかも永遠に発展していくかのように信じられてきたこのニューエコノミー神話に乗った。アメリカの年間の設備投資総額は、従来は対ＧＤＰ比で一〇パーセント前後だったが、九九年、二〇〇〇年に入ると一五パーセント、ざっと一兆三千億ドルにも達し、空前の設備投資ブームを巻き起こした。

このうちの半分相当が、ＩＴ関連の設備投資として注ぎ込まれたのだ。さらにＩＴへの期待感から、ＩＴ関連銘柄が集中するナスダック市場では、株価を暴騰させてきた。

ところが、この七月末に商務省と労働省がＧＤＰ統計と生産性統計の改定値を出して、誰もが愕然とした。以前の発表統計では生産性が加速し、収益率も向上し、だからこそ株価も上昇していたのに、新ベースの統計はまるで正反対。ＩＴ投資を増やすほど逆に収益は悪化していたのだ。ニューエコノミー神話は、もろくも崩れ去った。

色褪せた神話にいち早く反応していたのがナスダック市場だ。昨年三月、ナスダック指数は五千四十八ポイントの最高値をつけた。ところが、ＩＴ投資を行っても、一向に収益向上どころか、赤字を続ける企業が少なくないことから、まずドットコム会社から、神話が疑われ、株価は一転して下落。いまやナスダック市場は一千五百ポイント前後まで、七割を越える歴史的大暴落。世界連鎖株安の震源地と化してしまった。

　加えて、国際通貨システムも機能障害を起こしている。これが第三の理由だ。

　およそ一年前には、アメリカの景気が減速し、株価が急落したならば、そしてＦＲＢがそれまでの金融引締め政策から金融緩和政策に転換するならば、このためドルは急落するのではないかといった懸念が台頭していた。

　しかし、実際にはドルは急落するどころか、つい先頃まではさらに上昇するという異常事態が出現していた。ＦＲＢは利下げによる金融緩和で米国の景気を刺激する。経済学のセオリーからいえばドル安になり、アメリカに集中していた国際資本が流出し、他国の外貨準備高が増えて、その国のマネーサプライも増えるという調整メカニズムが働く。つまりアメリカが金融緩和すれば、世界全体の金融緩和に繋がるはずなのだが、このセオリーが通用しなくなった。要するに国際通貨システムが機能不全に陥っているということだ。

　ところが、アメリカの景気悪化は現実のものになりつつある。ブッシュ政権は、この七月から大型の所得税減税を打ち出したが、個人貯蓄率は六月の一パーセントから、七月には二・五パーセントに跳ね上がった。減税がスタートしたにもかかわらずである。アメリカの個人消費は急速に落ち込み、さらに今年第二四半期の経済成長率は〇・七パーセントから〇・二パーセントへと下方修正され、景気後退色がより強まっていた。

　対外不均衡の調整は働かず、国際通貨システムは機能不全。この結果、ＦＲＢによる国際流動性のコントロールを通じた世界経済の成長確保という、基本的目標が達成難に陥っていることが鮮明になってきた。

米国一極集中のプロセス

こうして世界経済は、さまざまな分野で問題を噴出させている。

アメリカ一極集中であるがゆえの矛盾が生み出したともいえる。反面、一極集中であれば、コントロールしやすいはずだが、もともとアメリカは意図して一極集中を進めたわけではなかった。その背景を述べておきたい。

第二次大戦後は、米国経済の相対的地盤沈下が進んだ。この失地回復に打って出たのが、七一年のニクソンショックであった。米国は思い通りに景気拡大策をとるため、まず金とドルの交換を停止し、次いで金融緩和策とドル切り下げに出た。また七三年からはさらなるドル安と金融緩和策を求めて、変動相場制に移行した。

だが、ドルの大幅下落とマネーサプライの急増にオイルショックの発生が重なりインフレ率の上昇に拍車をかけた。七〇年代末期には二桁インフレに追い込まれ、経済的にも社会的にも危機的な事態となった。低成長下で貿易赤字の定着、さらには財政赤字の拡大など、アメリカの地位はさらに低下していった。

そこで八〇年代のレーガン、サッチャー時代になって強力なインフレ対策に転じ、ＦＲＢも金融引締め策に動いた。高金利・ドル高時代のなか、八三年には、アメリカはなんとかインフレ克服と景気回復を果たし、対米輸出の増加を軸とした世界経済の成長を牽引した。

ところが、八〇年代半ばになると、アメリカ産業界から悲鳴が上がった。ドル独歩高の一方で、円やマルクは急落している。円相場でいえば一ドル二百六十円の水準。日独からの輸出攻勢にアメリカ企業は耐えきれなくなったのだ。

さらに、メキシコやブラジルなどラテンアメリカ諸国で相次いで金融危機が起こった。行き過ぎたドル高の是正も求められたアメリカは、八五年九月にプラザ合意を結んで、今度は「ドル安」に舵を大きく切った。日本は、八七年のブラックマンデーを経て、アメリカを全面支援するために、金融緩和政策を続けた。この過程で日本はバブル経済をつくり出した。

ソ連崩壊後の九〇年代、財政赤字と貿易赤字の双子の赤字削減を公約に掲げたクリントン政権は米国経済の復権に全力を注ぎ、その矛先を日本に向け、為替による調整と強硬な通商政策で「日本叩き政策」を本格化させた。九五年には一ドル＝八十円にまで円は急騰。バブル崩壊の痛手を受けていた日本の金融機能は再起不能に陥った。

こうして日本は、ＦＲＢの金融政策をテコとする世界的信用創造のメカニズムの枠組みから脱落していった。

他方、ヨーロッパでは七八〜七九年にかけて、ドイツ、フランスの両国はアメリカから世界経済を牽引する役割を担わされ（機関車論）インフレに苦しむ一方、八〇年代前半は逆に、アメリカのドル高政策で大きな悪影響を受けるなど、アメリカの政策に振り回された。

いかにアメリカの押しつけを排除するか、がヨーロッパ諸国の重要課題になった。特にフランスは早くからその姿勢を持っていて、これが一九九九年のユーロ発足と欧州中央銀行の創設につながった。これにより欧州中銀はＦＲＢの金融政策に関わりなく独自の政策を追求する姿勢を強めることになった。

九〇年代に入り、ＦＲＢを中心にした、ドル体制下での流動性創出のメカニズムの環から、日本と大陸欧州諸国が脱落し、国際通貨システムが機能不全の傾向を強めた。その中で、アメリカは湾岸戦争を経て情報通信革命を起こしＩＴ投資の大ブームにつなげた。ロングラン景気で繁栄を享受し、輸入もどんどん拡大させていったのだ。

結果として、世界経済をリードするのはアメリカしか残らなかった。そして世界経済は、アメリカ一極集中というシステムに変貌していったのである。

四〜六倍の供給過剰

しかし、歯車はいま、逆回転を始めている。

アメリカ一極集中の過程で、エマージング（周辺）諸国は生産能力を増強させていった。アジアに始まった生産力の増大には、最終的に中国も加わった。東欧圏も生産力を増大させた結果、九〇年代後半には世界的に供給過剰な状態が生まれてしまう。供給過剰だから当然、価格は上がらない。低コストの安い製品の流入で、先進国の物価は抑制されることになる。

アメリカ経済が力強い成長を見せているときの供給能力の増強は、物価を安定させる意味で非常に有効だとされた。ところが、一旦、アメリカの需要が減速に向かうと、大量の意図せざる過剰生産能力が世界的に急拡大する。

需給ギャップの拡大プロセスを、たとえば情報通信分野で見てみよう。

情報通信革命が始まる一年目には、世界の供給能力が一〇〇として、アメリカの需要が一二〇あるとすると、この時点では需要が供給を上回っている。次の年には、需要は一五〇にしか増えていないにもかかわらず、世界の生産量は米国の需要がもっと増えるとみて二〇〇に増加する。ここで五〇の需給ギャップが生じる。さらに三年目に入ると、需要が二五〇ぐらいでも、供給は四〇〇〜五〇〇になる。四年目になると、需要が三〇〇〜四〇〇に対して、世界の供給能力は一五〇〇〜一八〇〇に飛躍的に増大する。実需に対して、四倍から六倍の供給過剰の状態が作り出されてしまうことになる。

この供給過剰を企業のバランスシートから見ると、資産サイドには過剰設備投資を累積した資本ストックが増えているものの、それの実体的価値は減少している。これに対し、負債サイドのほうは借入金、債券発行、それから株式発行が大きく膨張したままである。今や日本の企業部門や家計部門で生じているのと同じ問題が、世界的規模で起きているのだ。特に巨額の資金を調達し、M&Aによる再編の進んだIT関連企業やテレコム関連企業などに、金融市場が警戒の目を光らせている。

世界同時不況の懸念は、二〇〇〇年春ごろから現実味を帯びてきていたが、世界の主要地域全体を合計した成長率は、この第二四半期にマイナスになった可能性が高い。これは大恐慌以来のことになる。

アメリカの第二四半期の成長率は、プラス〇・二パーセントだが、場合によっては第二四半期は小幅なマイナス成長に修正されるとの観測がある。景気の落ち込みが強まる第三四半期もマイナス成長であることは間違いない。とすれば、米国経済は同時多発テロ事件より前に、すでにリセッション（景気後退）に転じていたことになる。むろん日本も然りだ。

ユーロ圏も第二四半期はゼロ成長で、第三四半期からマイナス成長に突入しているだろう。アジア地域も第一四半期はマイナス〇・一パーセント、第二四半期はマイナス一パーセント程度になったと計測されている。

ここ数年、経済が好調な中国だけはプラス成長だが、第一四半期一一パーセント、第二四半期は四、五パーセント、第三四半期はさらに減速する。中南米はすでにマイナスだ。

こうした悲観的な動きに株価も呼応している。二〇〇〇年春のピークから直近（二〇〇一年秋）の安値までの下落幅は、米国ではナスダックは七〇パーセント、ダウ平均は三〇パーセント、ドイツやフランスは五〇パーセント近い。アジアでは香港、タイも五〇パーセントの下落だ。イギリスは三十数パーセント、日経平均も同期間をとると、四十数パーセントの下落だ。日本だけが株価が下落しているわけではないのだ。

世界の株価は二〇〇〇年春から下落を続け、すでに一年半は経過し、長期に及んでいる。下げ幅も三〜四割と大幅であり、一九三〇年代の大恐慌期並みになってきた。

たとえば、アメリカの主要株価のピークは昨年春ごろだった。その時点で時価総額は、十八兆二千億ドルあったが、テロ攻撃後、十二兆ドル程度に減少した。六兆ドルの資産が消失したのだが、これはアメリカの名目ＧＤＰ比で実に六割の減少で、三〇年代の大恐慌時のそれに迫るものである。

米国に日本と英・独・仏を合わせると、この一年半で、時価総額を十兆ドルも縮小させた。十兆ドルといえば、アメリカの名目GDPに相当する資産価値が、わずか一年半で消えてしまった計算になる。

だが、問題なのは世界の株価は、まだ底値に達していない可能性が少なくないことだ。

大暴落は俗に「半値八掛け二割引」といわれ、六八パーセントの下落を指すが、ここまで下げたのは今のところはまだナスダック市場と一九九〇年初の歴史的大天井からみた東京市場だけ。まだ、多くの株式市場は下げ止まっていない。アメリカ一極集中の世界経済は、相当に行き詰まってきたというほかない。

そんな重大な局面を迎えていたなかで、テロ攻撃が行われ、世界の金融市場の中枢部が重大な被害を被ったのである。

米国のバブル崩壊

では、世界経済はどんな形で彷徨うのか。

結論から言えば、これから起こってくるのはグローバル・デフレである。アメリカやヨーロッパの国々は、程度が異なるとはいえ、日本と同様にデット・デフレ（債務デフレ）に苦しむ。アメリカやヨーロッパでも起こるということだ。

すでにアメリカでは、株の暴落などの影響で資産デフレが始まろうとしている。

実は住宅関連GSE債という抵当証券がある。

これは住宅ローンを担保として発行された証券で、住宅保有促進を目的にアメリカ政府の支援で設立されたGSE（政府後援企業）が発行している。ファニーメイ（連邦抵当金庫）、フレディマック（連邦住宅金融抵当公社）などが主要な発行体だ。

政府の支援で設立されたとはいえ、これらの機関は民間会社にすぎず、証券には政府保証もつかない。いわば、一種の消費者金融と考えていい。ところが、これを利用した個人の借入総額は、九五年末時点で三兆四千億ドルだったが、二〇〇一年三月末には五兆一千億ドルにまで増加している。

GSE債はこんな仕組みだ。

たとえば一年前に、十六万ドルで家を買ったとする。このうち十二万ドルは住宅ローン。一年前に比べてアメリカの金利は下がっているうえに、住宅ブームを背景に購入した住宅は十七万ドルに値上がりした。そこで、今度はこの十七万ドルの住宅を担保に十三万ドル借り、十二万ドルのローンを一括返済する。まだ住宅価値の値上がりを元手に借りた一万ドルが手元に残る。これを消費や住宅投資に回す……と住宅価格がまた上昇する、バブルの発生だ。

GSE債によって、アメリカは住宅投資で日本のバブルに似た状態を起こした。しかし、二〇〇〇年後半から、設備投資に陰りが出てきた中で、個人消費が景気を支えているからアメリカ経済は安泰だといわれていたが、いよいよこれが怪しくなってきた。

住宅価格がこの夏場から値下がりし始めてきたのだ。九一年以降上昇を続けてきたアメリカの住宅バブルが、遂に破綻してしまった。これによって巨額の不良債権が発生しかねなくなっている。アメリカでは、株と不動産の値下がりという資産デフレに見舞われ始めているのだ。

そして次は、デット・デフレに苦しむことになる。デット・デフレは、借金だけはあるが、収益を生み出す資産のない状態をいう。資産デフレによって資産価値がどんどん消滅していく一方で、負債はまったく減らない。資産と負債はバランスがとれなくなって、債務の重圧だけが重くのしかかってくるのだ。行き着く先は破綻である。

こうした動きが世界中で起こるのだ。さらなる衝撃は、アメリカの巨額の経常赤字である。その額は四千億ドルを超えていることは、すでにふれた通りだが、これが縮小していくと、世界に激震が走るだろう。

今回のテロ発生以降、アメリカの景気後退がさらに進み、経常赤字は加速度を増して収縮に向かうとすれば、世界経済は想定している以上に、より強いデフレ圧力にさらされる。

加えて、ドルが急落するような場面に遭遇すると、どうなるか。ドル急落は、ドル以外の通貨が切り上がることを意味する。円でいえば円高に動く。それは程度の問題だとはいえ、切り上がった水準次第では、他国にデフレ圧力を及ぼすことになる。

他国にデフレ圧力が及ぶと、それがまたアメリカなどにはね返る。すると切り上がっていたその国の通貨は、今度は切り下がる方向に動く。どの国も自国通貨を切り上げたくないからだ。言い換えれば、通貨切り下げ競争になる。三〇年代の大恐慌期と同じ姿を呈していくのだ。

恐慌型の経済危機を克服するには、何をさておいても国際通貨システムを再構築しなければならない。第二次世界大戦後に構築されたドルを基軸とした国際通貨金融システムが、機能不全になっていることははっきりしている。これを再建させなければならないのだ。

歴史を振り返ると、その方法は三つしかない。

一つは、産業革命以来成立しているヘゲモニアル・システムだ。覇権国が中心になって、世界経済を安定に導く。この時の様々な調整負担は覇権国が引き受けることになる。二つ目はスープラ・ナショナル・システム、強力な権限を持った超国家的な国際機関がコントロールしていく。ユーロがこれに近い面を持っている。三つ目はジョイントリー・マネージド・システム、つまり集団的協調体制でやっていく。現状で言えばアメリカ、ヨーロッパ、日本が中心となってうまく協調して運営していくということになるが、これはなかなか難しい。実のところ、米国の力が衰えてから、この三極体制がうまく行かないからこそ、現在の危機的状況が生じているのだ。

そうなると超国家的なスープラ・ナショナル・システムかヘゲモニアル・システムのどちらかしかない。しかし、スープラ・ナショナル・システムは、歴史上、一度も成立したことがない。だとすると、覇権的なシステムになる。では、どの国が覇権国になるのか。アメリカがなろうとするだろう。こうした兆候は同時多発テロ事件後の「戦争」への動きの中で明確に見て取れる。だが、巨大な対外債務を抱えた国が覇権国になったことはない。

アメリカ一極集中の世界経済の枠組みは、行き詰まっている。新たな枠組みが描ききれないなかでテロ攻撃を受けて、世界経済は、停滞と混迷の度合いをますます深めている。

（「文藝春秋」二〇〇一年十一月号）

日米同時恐慌という悪夢

テロが景気に影響するのではないかという恐怖心こそが日本の恐慌を世界に広げる

ポール・クルーグマン
(プリンストン大学教授)
訳●山形《やまがた》浩《ひろ》生《お》

一九五三年生まれ。市場と政府のバランスを重視する新ケインズ派の鬼才。国際貿易理論、為替理論、経済地理学など他多面で活躍。

アメリカ経済は、いつもは災害の影響から結構すばやく立ち直る。一九九二年にアンドリュー台風がフロリダ南部に吹き荒れたときも、そして一九九四年にノースリッジ大地震がカリフォルニア南部を襲ったときも、家屋や建築物への影響はすさまじかったし、何百万人もの生活がその後何カ月もめちゃくちゃになった。でも、このいずれの災害も、アメリカの繁栄に対する脅威だと考えた経済学者はほとんどいないし、GDP成長のグラフを見ても、影響はほとんど見られない。

今回は何かちがうんだろうか。

人的な悲劇という面では、九月十一日はアメリカの最近の自然災害より遥かに上だ。でもお金の面で見ると、大規模な台風や地震で予想される被害に比べて、直接的な損害はそんなに大きいわけじゃなかった。それなのに多くの人はテロ攻撃が、台風や地震とはちがって経済に深刻な影響をもたらすんじゃないかと恐れている——それどころか、世界を不況に突き落とすことになるんじゃないかとさえ言う。そしてそういう予想は、たぶんはずれるだろうけれど、でもそれが当たる可能性はあるんだ。

なぜ当たる可能性があるか。これはこの災害の性質とはほとんど関係ない。天災ではなく人災だと災害は確かにことさら恐ろしいものになる。そして今回の後遺症もおっかないものだった。航空会社は一日何億ドルもの損失。空港もホテルも劇場も空っぽ。株式市場も急下落。さらに、お話がこれですんだわけじゃないというのも事実。未知の災厄——攻撃の第二波？　中央アジアで全面戦争？——がこの先に確実に控えている。そしてもちろん今回のテロリストたちが、グローバル資本主義の中枢を直撃したのも事実。

世界貿易センターの惨劇からくる経済的な波及は、とても不穏なものではあった。でも、もともとの経済が好調だったら、それはじきに薄れていただろう。この攻撃の経済的な悪影響を心配すべき最大の理由は、攻撃そのものよりはそのタイミングだ。仮にテロリストたちの攻撃が五年前に起きたとしよう。当時の経済は健全な投資主導の拡大基調にあり、株式市場バブルの発生と崩壊より前だった。当時であればいまほど心配しただろうか。たぶんしなかったと思う。

要するに、攻撃以前でもすでに、アメリカの経済状況はいつになくまずい状況にあったということだ。激しい不景気だったわけじゃない。厳密にいえば、ちっとも不景気じゃなかったとさえ言える。でも、ものごとのコントロールが効かなくなっていて、経済の疾患が通常のクスリに反応していないという切迫感があった。ほかの時期であれば、死者を悼んだらあとはいつも通りだったろう。でもアメリカの経済は、テロの時点ですでにもろくなっていた。

つまり、いまぼくたちが直面しているかもしれない経済的なリスクを理解するには、テロが起きる前の時点でぼくたちがどういう問題を抱えていたかを理解しなきゃいけない。この話をするには、はるかな時間と空間——一九三〇年代のアメリカ大恐慌と、現代日本の苦境——を旅することになる。こうした別の時間と場所のお話を見ると、心配すべき理由はたくさん出てくる。というのもそれらを見ると、いまのアメリカ並に高度に発達した経済であっても、手痛いつまずきは起こり得るのが思い出されるからだ。でもこういうお話はまた、今後数カ月で事態が悪化したとしても、楽観的になる理由も与えてくれる。テロリストはいろんな意味で、ぼくたちを未知の領域に引っ張りだしはしたけれど、でも経済的な風景はそこそこおなじみだし、きたるべきリスクに対処するにはどうすればいいか、かなりいいアイデアだってある。

でも、順番にいこう。あの残虐行為は人的な悲劇として巨大なものではあったけれど、一都市のほんの一部に限られていた。いかにでかいものとはいえ、ビルを数本こわすくらいで、なぜアメリカほどの巨大経済全体を脅かしたりなんかできるんだろうか？

心理的なインパクト

災害が経済にダメージを与える方法は二通りある。まずは供給を減らすことだ——つまり、経済の生産能力を妨害するわけだ。もう一つは、需要を減らすことだ——つまり、人々がその経済の産物を買いたがらないようにさせるわけだ。いまぼくたちが心配しているのはどっちだろうか。

答えは、ロウアーマンハッタンにあれだけの損害は与えたものの、テロリスト攻撃による供給へのインパクトは、アメリカ経済のすさまじい規模に比べたら微々たるものだということ。オフィス床が四五万坪（一五〇万㎡）も失われたかな。これってずいぶんたくさんのように見えるけれど、でも全国のオフィスの延べ床面積の〇・五パーセントにも満たない。瓦礫を片づけて再建するコストは、数百億ドルにもなるだろう——国富の〇・一パーセント以下だ。航空会社は週の大半にわたって運航停止だったけれど、もう復旧してる。確かに航空会社は財務上のトラブルに直面しているし、便数も減らして何万人もレイオフしたし、またボーイングは航空機の注文キャンセルを予想して縮小を始めた。でもアメリカ経済が人や製品を国中に移動させる能力は、深刻な打撃は受けていない。

この話は、もし軍事的な対立が中東からの供給を阻害するようなことになれば変わるかもしれない。でもいまのところ、みんなが買いたいものをなんでも供給するという経済の能力は、ほぼ完全に無傷のようだ。

でも、みんなどのくらい買いたがるだろうか。これが問題だ。

アメリカは長い右肩上がりの繁栄を続けてきたけれど、それが何度か下がったことがある。最悪だったのは一九二九年から一九三二年にかけてのもので、ＧＤＰは三分の一も減った。でも一九三二年のアメリカは、その三年前に比べて生産性が下がったわけでもないし、また技術的に退行したわけでもなかった。何が起きたかというと、人々がお金を使うのをやめて、モノを生産し続けられた工場は、自分の製品に買い手を見つけられなかったわけだ。一言で、これは供給ではなく需要がダメだったということだ。

そして需要の困ったところは、供給に比べてはるかに心理的な要素が強い、ということ。アメリカ経済は今後数カ月でどのくらい生産する能力を持っていますか、と尋ねたら、答えを決めるのは主に物理的な現実だ――工場の生産能力、光ファイバーケーブルの帯域幅、労働力の量とか。もし今後数カ月で消費者がどのくらい消費し、投資家がどのくらい投資するかを尋ねたら、答えはかなりの部分が気分次第、ということになる――ジョン・メイナード・ケインズが「動物的精神」と呼んだものだ。もしおびえた人たちが消費しないことにしたら、その不安は経済停滞につながることもある。

じゃあテロ攻撃――経済への物理的インパクトから言えば、ほんの小さなものだ――が、不釣り合いなくらい大規模な心理的インパクトを持つことはあり得るだろうか？　小さな原因が大きな影響をもたらすことはあるだろうか？　もちろんある。だって、あの大恐慌でさえ、はっきりした原因はなかったんだもの。

だからテロリズムの経済的な影響について心配すべき理由というのは、実害ではなく、不安になった消費者や投資家がお金を使わなくなるから、ということになる。まさに、恐れるべきなのは恐れそのもの、というわけだ。

でも、これっていつでも言えることでは？　なぜ五年前に比べていまのアメリカ経済は恐れに弱いと言えるんだろうか。この疑問に答えるには、次の問題を考える必要がある。なぜ通常時には、総需要に対する悲劇の心理的影響は経済政策で簡単にうち消せるのか——そして、なぜいまはそれがむずかしいのか。

経済学者がかつてのアメリカ大恐慌の話をするとき、一般的な気分としては「二度とはすまじ」ということになる。これは部分的には決意表明なんだけれど、でも自慢でもある。経済学者たちは、経済停滞の対処方法については十分に学んだから、あんな規模の恐慌が再発するのは十分に予防できると思っている、というか最近まではそう思っていた。だって現代経済学は、経済の減速について強力な防衛策を持っているし、またそれを使うだけの意志も知識も持っているんだから。

経済停滞に対する最初の防衛線は、金融政策だ。中央銀行——アメリカのＦＲＢ、欧州中央銀行、日本銀行——が金利を引き下げる。低い金利は、企業や消費者に、お金を借りてもっと消費するようながすことになっている。そうすると新しい仕事が生まれて、すると人はもっと消費するようになって、その繰り返し。そして一九三〇年代以来、この戦略はまちがいなく機能してきた。具体的には、アメリカは過去三十年にわたり、大きな不景気がくるたびに、この手口で脱出してきた——一九七五年、一九八二年、そして一九九一年にも。

実は過去四十年のほとんどずっと、金利引き下げの唯一の深刻な問題は、それが効きすぎるということだった。効きすぎると各国は、成長や雇用の面でえらく強気すぎる目標を掲げるようになってしまう。それをやると、結果はインフレだ。つまり、経済成長が速すぎると、企業は好況に便乗して値段をあげるし、労働者は賃上げを要求するし、そしてこの賃金と価格のスパイラルがどんどん悪化しかねない。

結果として過去数十年にわたり、経済と政治を考える人がひたすら考え続けてきたのは、どうすれば政府があまり気軽に金利をカットしないでくれるか、ということだった——経済を加速させて短期的に政治的な勝利を得て、長期的な物価安定を犠牲にしようという誘惑を、どうやって抑えるかが焦点だ。これが心配だからこそ、先進国はすべて独立した中央銀行を持っていて、それが政府の他の部門から影響を受けないように遮蔽してある。

この最初の防衛線の背後に控えているのが、二番目の防衛線で、これが財政政策だ。もし金利カットが経済を支えるのに不十分なら、政府は減税するか、政府自身の支出を増やすことで需要を増やせる。経済分析家の通説によれば、ほとんどの景気後退は財政政策は必要なくて、金利政策だけで十分だ。言い換えると、経済の安定化は本来は中央銀行の仕事であって、財務省の仕事じゃないと思っているわけだ。でも、財政出動の可能性はいつもそこに控えている。

この防衛線二本があれば、経済はもはや不況に陥る危険はないんだろうか？　まさか。アメリカは過去三十年で、大きな下降局面を三回迎えている。でもある意味で、こうした下降局面は見た目ほどは大したことないものだったんだ。

というのも一つは、これらは一部は意図的に引き起こされたものだったから。それぞれの場合に、不景気が始まったのは、ＦＲＢがインフレを冷やそうとして意図的に経済を減速させたことで始まった。それぞれ、ＦＲＢの意図したより強く影響が出てしまった。金融政策っていうのは、有無を言わせぬ強引なツールだからね。でもそれぞれの不景気は、ＦＲＢが政策を翻して金利をカットしたら、どれも終わった。だから全体的な成績は、実はかなり安心できるものだ。最近の歴史を見る限り、不景気は起きるらしいけれど、でもわれわれがそれに対処できることもわかる。

じゃあ、テロ攻撃後の経済状況について、安心していいってことだろうか？　そうはいかない、かもしれない。

日本の「のろのろ不況」

第二次世界大戦以降のアメリカ経済の歴史は、経済停滞のリスクについてそこそこの安心感を与えてはくれる。大恐慌がすこしでも再来しそうな時の防衛線は、とてもしっかり維持されてきた。そしてアメリカの歴史だけが手許の証拠であるなら、ぼくを含めほかのみんなも、現状についてずいぶんと気楽でいられるはずだ。

でも、先進経済の中で経済的な苦境に直面したのは、アメリカだけじゃない。そして他の国はアメリカほどうまくはいっていない。三年前に、ぼくはブルッキングス研究所に向けて「復活だぁっ！　日本の不況と流動性トラップの逆襲」という論文を書いた。（訳注：原文はhttp://web.mit.edu/krugman/www/bpea jp.pdf 邦訳はhttp://www.post1.com/home/hiyori13/krugman/krugback.pdf）。いささかふざけた題名は、日本――多くのアメリカ人があまりよく知らないはるか彼方の国――のできごとについて、アメリカ人も心配すべきだ、というメッセージを伝えようとしたものだ。

だってそういうできごとは、日本の経済的な苦労が日本固有のものじゃないことを示唆するものだったからだ。それどころか、恐慌型の問題に対して、実は思ったより守りが弱いんじゃないかということを示すものだったからだ。

一九八〇年代に、日本は先進世界でいちばん活発な経済を持っていた。多くのアメリカ人は、日本を危険な競合相手だと考えていた。でも、一九九〇年代初期に不景気がやってきて、日本は未だにそこから本格的に立ち直っていない。過去十年にわたり、山や谷はあったけれど、でも下降局面に入るたびに、谷は前の谷よりも深いものとなり、そこからの回復は前のより一層つらくなる。全体としてのこの十年は、スローモーション版の恐慌とさえ言える。

それでも、なぜこの陰気な記録で、ここアメリカのぼくたちが悩む必要がある？　なぜかといえば、日本の問題は、景気の減速に対する通常の防衛が効かないことがあるのを示しているからだ。日本では、最初の防衛線である金利カットは、実質的に敵に圧倒されてしまった。短期金利はずっとゼロまで引き下げられたけれど、でも経済はまだ不景気が続いている。財政政策は、ちょっとはましな成果をあげた。巨大な赤字支出で、経済は少なくともいまのところ、一九三〇年代の再現を迎えずにすんではいる。でもその結果は、真に有効な防衛というよりは、必死のくい止め作戦みたいな感じだ。そしていまや、負債がこわいほど山積みになってきて、そのくい止め作戦でさえいつまで続くかどうか、心配すべき理由が出てきている。

でも、日本の経験をもうちょっと深く見てやって、なぜアメリカが心配すべきかを考えよう。

過去十年にわたり、日本経済はますます一九三〇年代アメリカのモデルみたいな様相を呈してきている。でも日本はまだ、なにもかもが一挙に崩壊した一九三一年のアメリカみたいな年は経験していない。かわりに、恐慌がじわじわとにじり寄ってきている。

上下動を平均してみると、一九八〇年代には年平均四パーセント近く成長していた経済が、一九九一年以降は年一パーセントしか成長していない。失業率はほとんど切れ目なく上昇を続け、一九九一年の二・一パーセントから今日では五パーセントになっている。それでもそんなに悪い数字には見えないけれど、でも日本の統計は実態をすさまじく過少にしか報告していない。過去数カ月で、百万人近い労働者が職を失ったのに、こうした失職者のうち、失業者として登録されているのはわずか十二万人だ。たぶん日本の労働市場は、深い不況のどん底みたいな、失業率が一〇パーセント近い状況に近いと思っていいだろう。

こうした失職——そしてそれと密接に結びついた倒産件数は、一九八〇年代にはまれだったのが、いまやほとんど悪性伝染病なみの規模にまで増大している——の心理的なインパクトは、ふつうはこんなはっきりした結果を避けようとする社会においては、格別に大きなものだ。だってなんといっても日本は終身雇用と、強い企業が弱い企業を助けてつぶさないようにする、「護送船団方式」の国だ。だからいまの日本でいちばん陰気な数字が自殺率の急騰だというのも、当然なのかもしれない。なかでも失業者や事業に失敗した人々の自殺率はすごく高い。

だったら日本はなぜ、このグズな経済をまた動かすように努力しないんだろうか。困ったことにその答えは、日本は実は努力してきた、何度も何度もやった、というものだ——そして失敗してきた。

景気後退に対する最初の防衛線は、中央銀行による金利カット能力だったのを思い出して欲しい。でも日本では、金融政策は壁にぶちあたった。金利はどんどん下がって、一九九六年に一パーセント以下になった。一九九九年初期、日本のFRBに当たる日本銀行は、オーバーナイト金利(コールレート)をゼロにまで下げた。でも、インフレの兆候はない——どころか回復の兆候すらない。そして金利はゼロ以下には下げられない。

経済学者は、日本の状況みたいにゼロ金利でも経済成長が再開しない状態を、「流動性の罠」と呼ぶ。ポイントは、他の条件が同じなら、「流動性の高い」資産——つまり現金——のほうが債券よりもいい、ということだ。自動販売機で債券は使えないもの。人が債券に投資したがる理由はただ一つ、債券は現金とちがって利息が付くということだ。金利がとても低くなったら、このインセンティブは消えるので、みんな現金を持ちたがる。だからゼロ金利にしても消費者や企業にお金を使わせられないなら、金利政策でできることは、もう何もない。罠にはまっちゃったわけだ。

流動性の罠の別の例が見たければ、一九三〇年代のアメリカに戻るしかない。一九三九年には、アメリカ短期国債の金利は実質的にゼロだった(厳密に言えば、〇・〇二パーセントだった)。それでも経済は不況にはまったまま。でも、これはずいぶん昔の話だ。一九九〇年代になると、ほとんどだれも流動性の罠の可能性についてさえ考えなくなっていたし、たまに考える人がいても、そんなのは現実の生活では絶対に起きないだろうとたかをくくっていた。

でも日本の例は、それが起き得ることを怖い形で示した。流動性の罠の復活だ。

じゃあ二番目の防衛線、財政政策はどうだろう？　これも日本は試してみた。そしてこれはうまくいった――ような感じではある。説明しよう。

最近日本を訪ねた人なら、それが恐慌のただ中にいる国のようには見えないことは知っているだろう。一九九〇年代の日本と一九三〇年代のアメリカには強い共通性があるけれど、でも大きなちがいもある。アメリカは急速に恐慌に落ち込んでいった。日本の危機の進行は、ずっとゆっくりしている。日本の恐慌、と呼んでいいなら、それはなぜこんなに密《ひそ》やかなんだろうか。

重要な答えの一つ――ちなみにこれは、現状でパニックしてはいけないことを示す理由でもある――は、日本は現代の国らしく銀行をつぶさなかったということ。経済史家にきけば、大恐慌のはじまりは一九二九年の株式市場大暴落じゃないと言うだろう。暴落に続いて不景気はあったけれど、でもこれはごく普通の不景気だった。物事が本格的に崩壊したのは、一九三〇年末になってアメリカ中を銀行の取り付け騒動が襲って、銀行の三分の一が倒産してからだった。

今日、そんなことを許す政府はどこにもない。さらに日本では、政府が何度も介入して銀行を立ち直らせ、弱い銀行を強いのと合併させて、銀行の損失をカバーするのにときどき現金を大量注入してきた。このプロセスについて、批判はいっぱいある。このおかげで、銀行は生き延びはしたけれど、健全化はしていないからだ。でも銀行危機を避けることで、日本は経済がいきなり崩壊するような事態からは守ってきた。

日本が恐慌のさなかにあるようには見えないもう一つの理由は、政府が大量失業問題に対してがっちりした解決法を見つけたということ。「がっちりした」といっても、まじめでしっかりした本質的な解決、という意味じゃない。道路とかダムとか橋とか、そういうがっちりしたモノの建設による解決、ということだ。

一九三〇年代後半にアメリカにできた、公共事業局（WPA）のごっついヤツと思えばいい。過去十年にわたり日本はすさまじい公共事業をやって、職をつくり経済にお金を注ぎ込んだ。統計を見ると唖然とする。一九九六年の日本の公共投資支出は、GDP比率だとアメリカの四倍。日本の人口はアメリカの半分弱、国土面積は四パーセントなのに、注いだコンクリートはアメリカと同じくらいだ。日本の労働者の十人に一人は建設業界に雇われていて、これはほかの先進国にくらべてはるかに高い。

こうした公共事業プログラムなしには、事態はずっとひどくなっていただろう。というのも、このまちがいなくすさまじい公共支出があればこそ、経済は議論の余地のない真の恐慌にすべり落ちずにすんできたからだ。国際経済研究所（Institute for International Economics）の日本専門家アダム・ポーゼンが指摘するように、一九九〇年代の記録を見れば疑問の余地はない。政府が支出を抑えようとするたびに経済は不況になる。一九九七年の橋本龍太郎首相のときがそうだ。政府が湯水のような公共投資に戻るたびに、経済はちょっとばかり元気を取り戻す。橋本首相が不名誉な辞職をとげた後もそうなった。

さて、ここからが悪い報せだ。赤字支出は日本経済の後退を遅らせはした。でもそれをひっくり返すには至っていない。つまり、公共工事プログラムは、一時的な症状緩和の経済救済策でしかない。ありがたい効果は、支出そのものが続く間だけしか続かない。恒久的な回復の基盤にはなっていないようなんだ。

そしていまのところ日本は大量失業を逃れてはきたけれど、巨大公共工事支出は一方でいろいろといやな副作用をもたらした。一つは、雇用創出の名の下に行われてきたすさまじい環境破壊。もう一つは汚職の横行だ。キックバックやリベートが当たり前になって、経済と政治システム全体をゆがめている。

さらに巨大な赤字支出を十年も続けた日本は、巨額の財政赤字に陥っている。日本が財政黒字だったのは、一九九二年が最後だった。この年、日本の公的債務はＧＤＰの六〇パーセント、先進国の平均レベルでアメリカよりちょっと少な目だ。それ以来の赤字支出で、日本の債務はいまやＧＤＰの一三〇パーセントを超えている。これは先進国断トツで、これまでのチャンピオンだったベルギーやイタリアも真っ青な数字だ。先進国平均の二倍、アメリカの数字の二・五倍に相当する。

いまのところ、負債の利息がすさまじく低いために、日本政府はこれだけの債務を抱えても借金を増やし続けられている。でも、いつまで続けられるだろう。債権者たちが尻込みをはじめたら、日本経済はどうなるだろう？（これはすでに始まっているかもしれない。テロ攻撃の直前、債券レーティング会社ムーディーズは、日本の国債の格下げを検討していた。これは金利を上げるのと同じ効果を持つ）。

つまり日本の経験は、ぼくたちもたかをくってはいられないということだ。先進国であっても、先進国としての地位がもたらす優位性すべてをもってしても、景気停滞にうまく対処ができないことだってある、ということが示されているからだ。

でも、これはアメリカとなんか関係あるんだろうか。アメリカは日本とちょっとでも似ていると言えるんだろうか。

ここでも起きるかも

日本の陰鬱な経験が、アメリカとは何の関係もないよと自信を持って言えたら、どんなにかうれしいことだろう。確かに両国は、いろんな意味でとてもちがっている。でも、十年前の日本に起こったことと、ほんの数週間前にアメリカ経済に起きていたことには、はっきりした類似性がある。日本のお話は、アメリカの教育用に作られた教訓話のように見えて仕方がないほどだ。

いちばん一般的な部分で、日本は落ち目になる前の傲《おご》りについて、客観的な教訓を与えてくれる。ほんの数年前は、空港の本屋のビジネス書コーナーではサムライか昇る日が表紙についた本ばかりだった。当時は日本のビジネスマンと官僚が、崇拝されると同時に恐れられていた。いまじゃアメリカ人はそもそも日本人マネージャーや政府立案者たちのことなんか考えないし、たまに考えたとしても、それは軽蔑をこめてのことだ。最近では、自分は何でも答えを知っていると思っているのはアメリカ人のほうだ。

もっと個別に言えば、日本の金融バブルの発生と崩壊は、ミレニアム以降のアメリカ人にはあまりにお馴染みのものだ。先進国が、第一世界の仲間たちから抜きんでて、ホットな新技術すべてで先頭に立つ。株価は伝統的な基準からすると信じられない水準にまで高騰。でも、こんな活発な経済ではいままでのルールは当てはまらないんだ、とみんながうなずく。そこでバブルが破裂、不良債権の山と、回復してくれない経済エンジンが後に残る。過去二十年でこの記述にあてはまる経験をした国を二つあげてごらん。

日本とアメリカのこの類似性のおかげで、このぼくを含む多くの経済アナリストは数々の眠れぬ夜をすごしていた。そしてこれは、世界が実はだれも想像しなかったほど危険なところなのが明らかになる以前のことだ。

眠れず悶々と寝返りをうつぼくは、そこで何を心配してたかって？　アメリカは日本とはぜんぜんちがうよと言われ続けているけれど、でも実は、見れば見るほどますます同工異曲に思えてくる、ということだ。

一九九〇年代半ばに、ウォール街が不合理な多幸感の兆候を示し始めたとき、日本型のバブルができかけてるぞ、と警告した人がごく少数いた。でも、バカを言うなというのが世間の見方だった。アメリカの金融市場は成熟してるから、現実と乖離するようなことはあり得ないよ、と。株価と企業収益との比率ＰＥＲが、歴史的に見て異様な水準に達したとき、これはまさに日本型のバブルだと警告した人たちがいた。でも、バカを言うなというのが世間の見方だった。ニューエコノミーなんだから、そういう高い水準も正当化されるんだ、と。

われらがバブルがついにはじけると、日本型の不況がくるんじゃないかと警告した人もいた。でも、バカを言うなというのが世間の見方だった。アメリカ経済はもっと底力があるんだ、と。そして景気がホントに減速を始めると、これをひっくり返すのは日本並みに大変かも、と警告する人がいた。でも、バカを言うなというのが世間の見方だった。グリーンスパン大人がすぐに収拾つけてくれるんだから、と。

九月十一日以前の時点で、FRBはすでに金利を七回もカットしたけれど、でも景気回復がやってきそうな気配はなかなか見えなかった。これでビジネス系エコノミストの一部は、内輪ではFRB議長のことを日本語式に「グリーンスパンさん（Greenspan-san）」と呼ぶようになっていたくらい。企業投資は落ちる一方だった。楽観主義が吹き荒れていた時期に、企業は明らかに投資をしすぎたからだ。住宅建設は、低金利のおかげでマシではあったけれど、でも一部のアナリストは住宅バブルを警告している——そしてそれがまちがいだったとしても、住宅だけじゃ大した回復は見込めない。

というわけで、テロリストが攻撃する以前から、見通しはかなり暗いものになっていたんだ。実はいま不況がきても、それがテロ攻撃のせいか、それともどのみち起こるべくして起こったものなのか、判断はつけにくい。

とはいえ、みんなが言うように、いまや何もかもが変わった。恐怖のあとで、経済見通しはどうなったんだろうか？

恐れの経済

すでに指摘したように、テロリスト攻撃はアメリカ経済のサプライサイド（供給側）には微々たる損害しか与えていない。当初の需要に対する影響のほうがずっと明白だった。休暇旅行はキャンセル。はじめはそもそも飛んでいる飛行機がなかったからで、その後はみんな、飛ぶのを怖がるようになったからだ。消費者はすぐに戻ってきて生活必需品を買うようになったけれど、でも多くは贅沢品に埋もれたい気分ではないようだった。そして企業は、この危機の経済的影響を心配して投資計画を削減し、そのおかげで恐れていた経済的影響を自分で引き起こしかねないリスクを生み出している。

ちょっと先を見ると、様子はもっと改善するだろう。人生は続くし、人々はいずれ、消費財を買うようになるだろう――そしてやがては休暇旅行も。この日常への復帰はもちろん、テロリスト攻撃が続いたり、大規模なドンパチ戦争があれば遅れる。でも執筆時点では、軍事アナリストたちは長期にわたる低強度抗争――戦車部隊と重装歩兵部隊ではなく、爆弾と特殊部隊――を予想している。もしそうなら、それはイスラエルがここ何十年ほどほとんどとぎれなくしかけているような紛争に近いものになるだろう――そしてイスラエル人たちは、相変わらず人生のちょっとした贅沢に色気を見せ続けている。

一方で、危機のために政策が変化して、民間需要停滞を埋め合わせるようになった。いまから一年後、テロリストたちはアメリカ経済に間接的にハッパをかけてくれた（不適切な表現ながら）という結果になっている見込みは、少なくとも五分五分以上だとぼくは思う。というのも、九月十一日のできごとのおかげで、金融政策も財政政策も、拡大方向に動くようになったからだ。

まず、ＦＲＢは市場が開いたその日に、金利を〇・五パーセント引き下げた。もう一発金利カットがいるという見方はどのみち強まってはいたんだけれど、でもＦＲＢは次の十月の会合まで動きたがっていなかった。理由はいろいろあるけれど、グリーンスパンとその一党は、焦っているとは見られたくなかったからだ。不謹慎な言い方ではあるけれど、あの残虐行為は、ＦＲＢに、これまで踏み切れなかったような早期の思い切った動きに出るチャンスを提供してくれたわけだ。

二番目に、攻撃は政府支出の大幅な一時的増大への道を開いた——これは一部の経済学者たちがまさに求めていたのに、これまで政治的に不可能に思えた財政政策だ。九月頭には、財政政策についての議論は厳しい党派政治の中で行き場がなくなっていた。民主党は財政出動による刺激策を支持したがらなかった。それをやったら、共和党が前にやった減税の結果について共和党に責任をとれと言いにくくなるからだ。そして共和党は、経済の弱さを利用して、さらなる減税を正当化しようとした。こうした論争はまだ残ってはいるけれど、でも一方で議会は、軍用の巨額の支出パッケージにすぐ合意したし、ニューヨークの再建用に別の巨額パッケージも承認した。もし期待に反して、これが従来型の全面戦争になったとしたら、この支出パッケージはすぐにふくれあがる——そしてもっと大きな刺激をもたらす。

最後に、テロ攻撃は世界の他の部分でも望ましい政策転換をうながしたようだ。この九月まで、世界経済に暗雲がたれこめ始めているのに欧州中央銀行は金利を引き下げようとせず、そののろまぶりに多くの経済学者は歯ぎしりしていた。そして、欧州中央銀行が動こうとしない理由は、単にメンツと頑固さだけじゃないかと疑い始めていた——つまり金利をカットしないのはまさに、みんなが欧州中央銀行のふるまいを批判していたから、というわけだ。テロリストがそれを変えてくれた。ＦＲＢが動いてものの数時間後に、欧州中央銀行も協調引き下げ。

戦争というのが、ふつうは経済を停滞させるよりは刺激するものだ、ということは忘れないでおこう。戦争からくる主な経済的危険はインフレであって、デフレじゃない。確かに、ぼくたちは従来の意味では戦争をしていない。真珠湾と比べるのは、いろんな意味でまずい比喩だ。それでも、テロリスト攻撃が短期的には経済にプラスになったとしても、そんなに不思議ではない。

それでも、今回は話がちがってくる可能性は否定しきれない。テロ攻撃が長期的なマイナス影響をもたらす可能性はある。あるいはこうしたプラスの影響といえど、すでに訪れつつあった悪材料をうち消すには不十分な可能性はある。最悪で、事態はどこまで悪化するだろうか？

経済停滞を止める

テロリスト攻撃以前にぼくがいちばん心配していたのは、アラン・グリーンスパンの矢弾が尽きることだった。かれは今年の一月以来、オーバーナイト金利を六・五パーセントから三・五パーセントに下げたのに、景気の停滞は止まる様子がない。このままいくと、金利をずっとゼロまで下げても、事態は改善しないかも、と思ったわけだ。

攻撃の後で、ぼくの懸念はまったく変わっていない。いまやオーバーナイト金利は三パーセントまで下がった。金利はあと三パーセントしか引き下げられない。それで足りるだろうか。そもそもアメリカはどこまで日本と似た状況なんだろう？

この点では、ちょっと心強い比較を提供できる。日本とアメリカは、どっちも株価バブルを経験したし、そのバブルはだいたい同じくらいの規模だった。一九八五年から一九八九年にかけて、日経平均は三倍になった。一九九五年から二〇〇〇年にかけて、S&P五〇〇株価指数も同じく三倍。でも日本は、不動産や地価でも同じくらいの巨大バブルを持っていた。あの皇居の土地だけで、カリフォルニア州が全部買えるという有名なお話が当時はあって、どこまでホントかな、という気が当時からしていたけれど、それでも日本の地価がとんでもない水準になったのは事実だ。そして未だに日本を苦しめている不良債権のほとんどは、不動産投機をやるために積み上がったものだ。アメリカでは、これに相当するようなものは何もなかった。

さらにアメリカは人口の面で、日本よりぐっと優位にたっている。日本の頑固な経済問題は、企業の投資意欲以上に消費者が貯金したがる、ということだ。その大きな原因は、低い出生率と、移民の大規模流入の拒否にある。これは多くのアナリストが同意している。高齢化する人口は、引退後にそなえて貯金をたくさんしたがるし、今後何十年にもわたって労働人口が減り続けるとわかっている以上、企業にそれだけの貯金を投資させるのは難しい。アメリカにも、高齢化の問題はある。でも、それは深刻というレベルにはまだまだ達していないし、労働人口だってまだしっかり増加を続けている。

でもある意味で、アメリカの状況は日本より悪い。過去十年にわたり、日本は繁栄の海の中の不況の孤島だった。ほかの主要経済——特にアメリカ——はみんな好況なのに、日本経済だけが停滞していた。これはこれで、なかなか大した偉業だとは言えるかもしれない。でもいまのアメリカの問題は、世界のほかの部分も一蓮托生——もちろん日本も含め。

日本は、これだけ問題を抱えていても世界第二位の経済だし、アメリカの最大の貿易相手国の一つだ。その日本は、いまやもっと深みにはまりそうな気配を見せている。そのゆっくりした恐慌が、だんだん早送りになりそうなんだ。

二〇〇一年第二・四半期、日本経済は年率三パーセント以上で収縮した。ほとんどの観察者は、日本はテロリストの攻撃以前から厳しい不景気に入っていたと見ている。問題をさらに悪化させているのが、ひどくなる一方のデフレだ。日本の物価水準のいちばんいい指標であるGDPデフレーターは、年率二パーセントの割合で下がってる。デフレはみんなに、消費するより現金を貯め込むようにうながすので、経済の問題をさらにこじらせる。

これについてちょっと考えてみれば、話はどんどん悪くなる。だって、物価が下がっているのは、経済が停滞しているからだ。さていまの話だと、経済が停滞しているのは物価が下がっているからだ。これで、一九三〇年代以来お目にかかったことのない別の怪物が登場するお膳立てができた。その怪物が「デフレスパイラル」というやつ。下がる物価と停滞する経済がお互いを支え合って、経済全体を谷底に突き落とす。これはおっかない。日本にとってだけじゃなくて、他のみんなにとってもそうだ。もし日本が谷底にすべり落ちたら、それがアメリカ経済に与える直接の被害は、テロリストのやったことなんてメじゃないほどの規模になる。

最近のぼくたちの世界はどこを見ても暗雲がたれこめてはいるけれど、でも日の光が見えそうな気配も一部にはある——そして経済見通しの場合も例外じゃない。日本の問題のいい面はといえば、それがアメリカに事前警報を与えてくれることと、そして事前の対応策もある程度用意できるようにした、ということだ。こう考えて欲しい。日本の陰鬱な例がなければ、アメリカの経済官僚たちは現状のリスクをあっさり無視して、すぐに繁栄がやってきますから、と喜々として宣言していたかもしれない。これはまさに、日本の官僚が景気後退の初期にやったことだ。かれらはその後実際に起きたことが、実際に起こり得るとは知らなかった。でもいまのぼくたちは知っている。

そして日本の苦境は、恐慌型の経済問題が現代世界でも起きるんだということを示してくれただけじゃない。それにどう対応すればいいかについて、ずっと優れた理解も得られてきた。日本の例がなければ、一九九〇年代の経済思考は、繁栄がもたらす問題ばかりに集中していただろう。景気停滞の原因や、その対抗策といった問題はカビの生えた分野になって、経済史家が数人関心を持つくらいが関の山だっただろう。ところが日本のおかげで、こうした問題は活発な論争の場となり、世界最高の経済学者たちの関心を集めるようになった。——ここで情報完全開示。このぼくも、日本の問題についてここ数年研究を続けている。でも、ぼくが念頭においている経済学者というのは、たとえばスウェーデンのマクロ経済学者ラールス・E・O・スヴェンソン（訳注：スヴェンソンの各種論文はhttp://www.princeton.edu/~svensson/#Jump-start）などだ。かれは日本の回復に向けて、最高に精緻な提案を行っている——。そしてこの論争のおかげで、問題に対する新しいアプローチも出てきている。

ごく最近まで、ぼくがさっき説明した景気停滞に対する防衛線二つ——金利カットと赤字支出——で、経済学者に関する限り話はおしまいだった。それで十分に思えたからだ。戦後の不景気はすべて金利カットで片がついた。そして大規模な赤字支出――つまりは第二次世界大戦――が大恐慌を始末した。でも、もしそれが不十分だった場合、経済学者としては次にどうすればいいか、まったく無策だった。

でもいまでは、伝統的な防衛線がどっちも失敗しても、できることはいろいろあることが広く理解されるようになった――ただし伝統的な慎みの概念を捨てる用意があればの話だ。たとえば、通常の活動では、中央銀行は短期国債以外のものに投資しちゃいけないことになっている。何に投資するかという意志決定が政治色を持つようになったら困るからだ。そして日本の短期金利はすでにゼロだから、通常の活動の制限内では、日本銀行としてこれ以上できることは何もない。でも、経済がこれだけ深刻な状況なんだから、その制限を踏み越えてみちゃどうだろう？

たとえば、長期国債を買ったら？　長期債は金利ゼロじゃないから、効力は高まる。あるいは日銀が円を刷って、ドルを買ったらどうだろう。こうすれば円安になって、日本の輸出が世界市場でもっと競争力が高まる。

一部の経済学者は、日本みたいな状況にある経済は「インフレ目標」によって自分で自分を繁栄へと引っ張り上げられる、と提案している。これは経済を継続的な低インフレ状態に押しやるよ、と公式に宣言するということだ。たとえば年率二・五パーセントくらいのインフレにして、その実現のためならなんでもやるぞ、と宣言する。もしこれが信用してもらえれば、お金の借り手だって試しに借りようという気になるだろう。借金の返済が楽になると思うからだ。そして消費者も、たんす預金を考え直すようになるはずだ。

こういう過激なアイデアは、最初に出てきたときには無責任だとレッテルを貼られたけれど、でもその後、傾聴すべきまともな見解になり、いまやほとんど主流派の考え方だ。ということはつまり、最悪の事態が本当に起こってアメリカ経済が日本式の症候群を示しはじめても、対策は手詰まりじゃない、ということだ。そりゃ確かに、日本がこうした提案のどれかでも実際に試してくれたらもっとよかったし、そして試した結果それが成功していたら、もっと安心できただろう。残念ながら、日本国内での支持が高まっているのに、こうしたアイデアは試されていない。その理由は、たぶん恐れだと思う——未知のものへの恐れ、失敗の可能性があるものをなんであれ試すことへの恐れだ。

最近、日本の財務大臣が口走った変てこな発言の背後にあったのも、たぶんこの未知のものへの恐怖だろう。今年の初めに、異端児にして改革支持者の小泉純一郎が、政治インサイダーたちにすさまじく嫌われていたにもかかわらず、国民の圧力のために政権党により首相に選ばれた。小泉は、経済をどうにかすると約束。そして「構造改革」——たとえば銀行に、不良債権に見合うだけのお金を持てと強制するとか——を推進しているけれど、これは長期的には日本のためになっても、短期的には実は経済を冷え込ませるものだ。

でも、かれが伝統的でない金融政策を採ってくれるという期待はあった——そしてかれのアドバイザーの一部は、こうした政策に支持を表明していた。でもそれは財務大臣塩川正十郎に押さえ込まれた。かれはそんな政策だと「インフレに歯止めがきかなくなり、経済が迷走する」と宣言。この時点ですでに経済は十分に迷走していて、デフレに歯止めがきかなくなりそうだったというのに。たぶん塩川は、若い頃の戦時インフレのトラウマをまだ引きずっているんだろう。

一方で、日本の金融政策を直接コントロールする日本銀行は、目新しいことは一切拒否してきた。恐ろしいことに、テロリスト攻撃の後ですら政策を大きく変えるのを拒否したほど。この拒否は、もっとセコい恐れに根ざしたものだと思う。だって目新しいことをやったら、失敗する可能性がある。そうなったらメンツがつぶれる。自分のところはやるだけのことはやったから、経済回復の方法を見つけるのは他の人の仕事だよ、と宣言するほうがずっと安全だもの。

似たような状況になったとき、アメリカの政策立案者たちならもっと勇気と責任ある行動を見せてくれるものと願いたいね。

悪夢のシナリオ

ここではっきりさせておこう。アメリカがいまの時点で、日本の後について深い景気後退に今すぐ落ち込むリスクがあるとは思わない。ぼくが本当に恐れているのは、いろんな要因の組み合わせ——バブル経済の後遺症、日本の問題と、ひょっとしてテロリスト行動の心理的なインパクト——のせいで、アメリカがずるずると停滞をいつまでも続けることになることだ。

ぼくの悪夢はこんな感じだ。アメリカはいまの停滞からの回復は、いつになるか知らないけれど、実現しても一時的で短期間しか続かない。一九九〇年代の繁栄を導いた企業投資が冷え込んだままだからだ。やがて住宅バブルがはじけて、またもや停滞に入る。そしてこんどは赤字支出でちょっとだけ回復が見られるけれど、これもまたすぐに消える。はっと気がつくと、時はもう二〇〇九年なのに、経済はまだ一九九〇年代末以来の景気後退から完全には回復していない。

そしてさらに気がつくと、それまでの政府の景気維持策（もっぱら減税と電力会社への補助金）は恐慌をなんとか回避はしてきたけれど――失業率は上がったけれど、せいぜい八パーセント程度だ――同時に環境をボロボロにして、すさまじい財政赤字を残している。二〇一〇年の政府債務は八千億ドルと予想されていて、大量のベビーブーム世代が数年後に社会保障年金を受け取るようになったら、どうやって切り盛りしていくのやら、だれも見当すらついていない。

いま述べた概略は、実際の予想かって？　いいや。ただの可能性でしかない。そしてテロリスト攻撃のせいで、これが実現しやすくなったわけでもない――むしろテロに対する緊急財政支出のおかげで、経済にはいますぐに拍車がかかって、アメリカが日本型の罠にはまる可能性はかえって減るはずだ。

そしてこの可能性がたとえだんだんもっともらしくなってきても、ぼくたちは希望を捨てなくてもいい。日本は長い停滞にきちんと取り組むのに失敗したけれど、でもその失敗は必然じゃない。ぼくたちの多くは、もし東京がもうちょっと覇気と想像力を発揮してくれれば、いまでも経済を回復させられると思っている。そしてもし最悪の事態が起きて、アメリカが似たような事態にはまったとしても、ぼくたちだって経済を回復させられるんだ。

真に最悪ケースのシナリオといえば、アメリカが日本型の経済の罠にはまるだけでなく、そこから抜け出すのになりふりばかり構っている日本式の煮えきらなさまで真似することだ。でも、ぼくたちの経済指導者たちは、もっと勇気と想像力があると思う、というかそう信じたい。なかでもFRBは日本銀行よりは頭のいい機関だし、職員の才覚だってずっと上だし、歴史的に見ても、自分の仕事を狭く限定するよりは、経済に対する責任を負うだけの意志を見せてきたんだから。

というわけで、ぼくたちはテロリスト攻撃の後で、世界経済について心配すべきだろうか？うん、心配すべきだ——でも、攻撃があったからじゃない。実はぼくは、過去数年にわたって世界経済について心配し続けていた。恐慌型の経済問題が、現代世界でも、このアメリカにおいてすら起こり得るということに気がついて以来ずっと。

いまやすべてが変わった、というのはもう常套句になっている。ぼくが心配なのは、一部のものは変わってないんじゃないかということだ——アメリカの一九三〇年代と変わらず、過去十年の日本とも変わらず。

本当に事態を変えてくれるのは、しかもいい方向に変えてくれるのは、状況の深刻さを認識し、政治的なしっぺ返しを恐れることなく、あるいはもっとひどい場合には、危機に便乗して自分の政治的な下心を実現しようとするのではなく、行動してくれる、実効性のあるリーダーシップだ。そしてそれは、伝統的な解決法が失敗したときには、非正統的な治療法でも試す用意のあるリーダーシップでもある。ぼくたちは、そういうリーダーシップを持っているだろうか？　答えはいずれわかってしまう、かもしれない。

（「ニューヨークタイムズマガジン」二〇〇一年九月三十日号）

第4章 日本は何処へ向かうのか

佐世保基地に停泊するイージス護衛艦「こんごう」などの艦艇（共同）

日本はテロリストに立ち向かえるのか

戦場と化したワシントンは他人事ではない。
世界は一変したのだ。逡巡している場合か！

石原慎太郎（作家・東京都知事）

佐々淳行（元内閣安全保障室長）

いしはら・しんたろう　一九三二年生まれ。五六年『太陽の季節』で芥川賞受賞。作家活動を行う一方で、六八年に国会議員になる。

さっさ・あつゆき　一九三〇年生まれ。東京大学法学部卒。警察時代様々な事件の危機管理に携わり、八六年初代内閣安全保障室長に。

佐々　いや、驚きました。百年に一度あるかないか、という歴史的テロがアメリカを襲ったまさにその瞬間、我々はワシントンにいたのですから。

事件当日の朝、僕は昼の便で帰国する予定でしたから、ホテルの部屋で家内とともに荷造りをしていました。テレビをつけていたので、煙を噴き上げる世界貿易センタービルの惨状を皮切りに、現場のとんでもない映像が突然、続々と飛び込んできたんです。最初は何が起きたのかどうも実感が湧かなくて、これは本当に現実の映像なのか？　と目を疑ってばかりいました。

石原　僕の泊まっていたホテルは、ペンタゴン（米国防総省）から二キロちょっとしか離れていなかった。

事件の朝、かなりゆっくり起きたんです。そうしたら特別秘書が部屋に飛んできて「えらいことが起きましたね。貿易センタービルに飛行機がぶつかって、燃えてるそうです」と言った。「ニューヨークは霧なのか？」と聞き返したら、「いや、テレビでテロだとか言ってます」という。テレビをつけると、なるほどビルが燃えている。これは一体何なんだ、としばらく見ていると二機目が飛んできて、あれッという間もなくビルに激突した。「なんだこれ、まさしくテロじゃないか！」と言葉が口を突いて出た。

それからひとしきりテレビを見た後、着替えようと思って隣のベッドルームに移ると、開いている窓から妙なものが見える。ポトマック川越しに大きな黒煙が立ちのぼっている。「向こうでもなんかえらい火事になってるぞ」と特別秘書にいったら、「あれはペンタゴンです。やっぱり飛行機がぶつかったそうです」って。

佐々　事件の前日、我々はそのペンタゴンに足を運んでいたんですよね。ヴォルフォヴィッツ国防副長官に会っていた。

石原　そう、そこで「なぜペンタゴンは五階建てなのか」なんていう話をしてたんだよね。

佐々　なんでも人間が駆け上がったり下りたりする限界が五階ぐらいだ、という説明だった。なるほど、と思いました。というのも、警察庁の警備局も五階にあって、人事院が管理している関係で午後五時十五分になると空調とエレベーターが止まってしまうから、その後は階段を使うしかないんです。一九七三年八月の金大中拉致事件の時、四十二歳だった僕は何度も一階から五階まで階段を上り下りして大変だった。だからなるほど五階か、と思ったわけです。

その時にアメリカの友人たちと「ペンタゴンのエレベーターが止まって、駆け上がったり下りたりするようになったら世も末だねえ」と話をしていたんですよ。翌日に、そういう事態が起きてしまうなんてね……。

ニューヨークの惨状

石原 ニューヨークもひどい惨状だった。貿易センタービルも燃えながら次第に傾いていって崩落。その周りのビルもあっけなく崩れてしまって。

佐々 世界貿易センタービルの周辺には十棟ほどのビルがあって、もう五つぐらいは崩れてしまったけれど、のこりの五つも全て崩れてしまうらしい。あの一帯の敷地はかなり深く地盤を掘り起こしていて、地下構造でつながっており、そこにあたかもガーデニングの鉢植えをぎっしり詰め込むようにビルを建てていますから、真ん中が崩れてなくなってしまうと、周りもみんな傾いて共倒れになってしまうんです。

石原 あそこは地盤が相当硬いはずですがね。四男が絵描きでニューヨークにいたとき、SOHOの妙なレストランに案内されたことがありましてね。両サイドのビルの壁を勝手に使って屋根ならぬ床を張りわたして、その上に二階建てのレストランを作っている。むちゃくちゃなことをしてるから「こんなの大丈夫なのか」と尋ねたら「岩盤が硬いから大丈夫」と息子は言っていた。でも、過信は禁物だ。

佐々　ニューヨークの機能は完全に麻痺してしまいました。ブッシュ大統領が「今大事なことはネクタイを締め、背広を着て仕事をすることだ」と演説したけれど、とにかくみんな逃げてしまって仕事が手につかない。消費もストップしている。消費はアメリカのGNPの七〇パーセントを占めているから、株が下がるのは当たり前だし、経済も完全にギブアップ。

呼びかけに応じて職場に戻った人たちも、とても仕事に集中できる状況ではない。エンパイヤステートビルなどの超高層ビル、あるいはグランドセントラル駅から人々が避難したり、上院も下院も審議をやめて一斉に外に出てくる光景がまだまだ見られました。愉快犯のテロ予告の電話や、不審なボックスの発見が続いているからです。飛行機の利用を避ける人々でグレーハウンド（長距離バス）は満員だし、大富豪ともなればカリフォルニアから東部に戻るのにリムジンをチャーターして、四日かかってニューヨークに戻った、と聞いています。この混乱ぶりを見ていると、今回のテロが口惜しいけれども大成功を収めてしまっていることを痛感させられます。

石原　瞬時にして数千人の人々、それも全く関係のない民間人が巻き添えになって、社会機能がズタズタに引き裂かれた。これは新しい型の戦争ですよ。そう受け取らない方がおかしい。

佐々　瓦礫の上でタグを首に下げ、目を見開いて担架に腰掛けている血まみれの女性の写真（ニューズウィーク増刊号に掲載）を見てもわかるように、現場にはトリアージ（負傷者の重傷度を測り、優先的治療を施すためにランク付けをすること）担当ドクターが大量に投入されて必死の救助・治療活動を展開していたのですが、犠牲者数は日に日に増えていきました。ドイツのシュレーダー首相は今回のテロを指して「文明市民社会に対する宣戦布告だ」と言っています。その通りです。間違いなく「戦争」ですね。

石原　そう、価値観と価値観がそういう型で正面衝突したんですよ。

指導者たちはどう振る舞ったのか

石原　ブッシュ大統領が瓦礫の山の上で演説していましたね。

佐々　名もなき消防士の肩を抱いてね。周りの人々のUSA！　USA！　というコールを引き出した。これは感動的なシーンでした。

石原　僕も感動したよ。でも演説にはあまり感動しなかった。あれが名演説だったかな。

佐々　あれはアメリカには向くんですよ。「テキサスのカウボーイだ」といった台詞は。

石原　でも何だか力がないように思えた。「私にはみなさんの声が聞こえる。世界中の人々にも届いている。そして、このビルを崩壊させたやつらにもかならずこの声が聞こえているだろう」とどうもフニャフニャ言っている。「犯人、見てろ！」とか「聞いてろよ！」とか言えばいいのに、どうも頼りない。ブッシュはパフォーマンスが下手だな、と思いながら見ていた。

佐々　ブッシュは「私はラビング・ガイ（loving guy）だ」とも言っていました。要するに家族愛、人情を大事にする人という意味です。「でも私は決断する。やらねばならぬことをやるのだ」と涙ぐみながら話し続けた。

石原　ちょっと加藤紘一的だったけどね（笑）。「ニューヨーク・タイムズ」や「ワシントン・

ポスト」は今までブッシュを首尾一貫して批判していて、記事の中にしばしば〈runt〉という言葉を使っていました。意味がよく分からなかったので、日本研究家のジョン・ネイスンに聞いたら「でき損ない」だという。動物がたくさん子供を産んだときに、一匹ぐらいできの悪いのがいて、母親の乳にすがれなかったりする、そういうのを指すんだそうです。ネイスンもブッシュについては批判的で「目に光がないな」と言ったら「そう、頼りなくって、本当に runt ですよ」なんて言ってたけど。でも、今度の出来事は必ず彼を強い政治家に育てるよね。

佐々　あれがブッシュの人柄、それこそ「地」なんでしょう。「地」の魅力、というものもあるように思いますよ。それに、ヒトラーやゲッベルスのようにこぶしを振りかざすような演説をしてしまうと、かえって他の国の反感を買ってしまうかもしれない。

ただ、ブッシュと比べてもそうなのですが、パウエル国務長官やアーミテージ国務副長官の迫力はケタ違いですね。

石原　あれは軍人の凄味だね。プロ的な思いこみの激しさというか、湾岸戦争の司令官だったパウエルもそうだが、アーミテージも海兵隊の前線司令官だったからもっと凄い。

佐々　石原慎太郎もそっちのタイプに入りませんか（笑）。

石原　ハハハハ。いや、この前若い精神分析学者と話をした時に、「クレッチマーの法則というのがあって、人間は本物の病人以外必ず三つのカテゴリーに分類できる。いわく躁鬱、分裂、そしてわりと珍しいのが癲癇《てんかん》質。石原さんは作家には珍しい癲癇質だ」って言われたな。ならばパウエルもアーミテージも癲癇質でしょうね。

佐々　それからジュリアーニ・ニューヨーク市長には正直たまげました。闘病中でやせこけて、憔悴しているように見えたけれど、ヘルメットを被って消防車に飛び乗ったり、瓦礫の上によじ登ったり。とにかく目の力がものすごかった。ブッシュの演説もよかったと思いますが、彼がニューヨーク市の消防士・警官四百人の死を悼んだ演説は、最も感動的なものでした。検事上がりのジュリアーニは見事な行政手腕の持ち主で、ニューヨークの治安も劇的に回復させつつある。警察官も彼に心服しているのがよくわかりますしね。

そういえば石原さん、いつか「俺はジュリアーニをやるんだ。警察・警視庁をフル活用して東京を浄化する。治安を回復する」と言ってましたよね。ジュリアーニのあの必死の形相は、首都を預かる石原さんにとっても、私にとっても、非常に大切な記憶になると思いますよ。

〝ローテク・ハイコンセプト〟テロ

石原　今回のテロを首謀したのはラディンだ、ということになっていますよね。でも、「ラディンを中心としたテログループは単なる寄せ集めで、彼は資金を提供しているだけで完全な首謀者じゃない」という人もいるけれど、どうなんだろう。あの男、カリスマにしたら、妙に目に光がない。

佐々　彼らはボーイング７６７型など四機をハイジャックした。全て同型機なんです。操縦技術の習得については、フロリダでセスナ機による練習を重ねたことになっている。実際に犯人グループのうち何人かは、セスナでワシントン上空を飛んでいた、という記録もある。しかし、そんな練習だけで、あの巨大で複雑なジェット機の操縦装置を操り、幅六十メートルほどのビルに正確に機体をぶつけることができるでしょうか。

それからペンタゴンは、先に触れたように非常に低い建物でしょう。かつては安全のため、周囲には建造物がなかったけれど、今は脇に高速道路も走り市街化がすすみ、テロ機はその高速道路の上を誘導路として飛行し、標的としては非常に難しい建造物に激突させたのです。しかもテロリストたちは正確に、五階分すべてにダメージを与えられるように二階か三階の部分に旅客機を激突させている。

これは相当な操縦技術を持っていなければできないことです。

石原　ジェット機の場合は、例の大韓航空機撃墜事件のときもそうですが、高度と飛行目的地はGPSなどを使ってインプットすれば、オートパイロット機構が働いて自然に飛んでいくそうです。ただ、目標物にぶつける最後の瞬間は、誤差の修正も含めて操縦をしなければならない。でもそれは、小型飛行機の操縦と同じなんじゃないかな。これは軍事アナリストの小川和久さんが言っていたことだけど。

佐々　なるほど。でも、そのオートパイロット機構をうまく駆使するスキルも必要で、それこそ中古の767などを購入して訓練を積まなければ身につかないんじゃないですか。となれば、お金のある奴でなければできない。アフガニスタンの政府ではないでしょう。

また、今回のテロはナイフを用いてのハイジャックという、非常に「ローテク」な要素も加味された、複合的な、非常に高いコンセプトに基づく作戦でした。ブッシュは、さまざまな状況証拠がラディンが犯人であることを指し示している、という言い方をしています。

テロリストたちの狂気

石原　となると、僕はタリバンやイスラム原理主義者、あるいはラディンという人物がどのような考え方をしているか知りませんが、やはり今回のテロはラディンが首謀者だ、ということになる。彼が資金を出し、家族を持っているような若い人を十何人も組織して、乗客を巻き添えにして標的に突撃させた。

ならば、彼はどうして犯行声明を出さないんだろう。「俺が間違いなく今回のテロをやらせた。アメリカはかくかくしかじかの理由でけしからん。殺すなら殺してみろ。俺はそれを覚悟の上でやってるんだ」と声を上げて、その上で堂々と隠れればいいのに。なぜ「私がやったんじゃない」と言うのかな。妙な言い方かもしれないけれど、テロリストのマッチョ、というものもあるだろうと僕は思うんだけど。

大西滝治郎、という人がいましたよね。太平洋戦争末期、第一航空艦隊司令長官だった彼は「統率の外道」と自嘲しつつも、国体を残すために神風特攻隊を編成、指揮しました。そして敗戦の翌日「吾死を以って旧部下の英霊と其の遺族に謝せんとす」との遺書を残して腹を切って自決を遂げた。現場に駆けつけた副官に対して「貴様ら絶対に医者は呼ぶな。俺は自分の命令で殺した何百人のために死ぬんだ」と告げ、血の海の中を八時間のたうち回って死ぬんです。やっぱりそれは志のある若者を殺した償いであって、英霊たちも赦したんじゃないか、と思う。もちろん、それとこれとを重ねるのはおかしいのかもしれないけど、なぜラディンは「俺がやった」と言わないのか。「やってない」とでも言うつもりなのかな。

佐々　彼が犯行声明を出さない、ということは、あるいは戦争を避ける一縷《いちる》の希望となるかもしれませんよ。つまり、タリバンや他のアフガンゲリラたちが「なんだあいつは。あれだけ『聖戦だ』『銃を持て』と言っておいて自分は逃げ隠れするのか」と怒って、ラディンを条件付きでアメリカに差し出してくる可能性もある。そうなれば、ラディンを裁判できちんと裁けばいい。

いずれにせよ、捜査当局は「パイロットは七人いた」と表現しています。十九人の犯人グループのうちの七人。彼らは相当なインテリでしょう。少なくとも単純労働者ではない。その彼らを洗脳して、死を覚悟させてテロの道をひた走りに走らせたものは一体何だったのかと考えると、僕は昭和四十五年、いわゆる七〇年闘争のことを思い出すんです。

一九七二年五月三十日、テルアビブ事件が起きています。イスラエルのテルアビブ・ロッド国際空港で、岡本公三、奥平剛士、安田安之の日本人ゲリラ三人が自動小銃を乱射して二十六人を殺害、七十三人に重軽傷を負わせたのですが、最後に奥平と安田は手榴弾を自分の首に当て、指紋と顔を吹っ飛ばして自殺しました。僕は遺体の写真を見たんですが、どうして同じ死に方をしているのか、と不気味な思いがした。ただ一人、岡本だけが映画の見過ぎだったのか、ジェット旅客機に残った手榴弾を投げ、立ちのぼった紅蓮《ぐれん》の炎の中に身を投げようとして失敗したんだけど、いずれにしてもどうして彼らは揃ってあんなことができたのか。催眠術的なものか、麻薬によるものなのか……。やっぱり政治信条、彼らにとってのジハードだったのか。

石原　そうでしょう。まさに狂気の沙汰だけど、そこには一種の恍惚が隠されているんじゃないか。今回のテロにしても、ハイジャックを行い、旅客機をビルにぶつける時のテロリストたちの心の中には、忌まわしく、また唾棄すべき恍惚感がみなぎっていたと思う。テルアビブ事件にしても、奥平が難民キャンプを出ていくとき、アラブの子供たちと話をしたときにはかなりセンチメンタルなことを口にしていて、それから凶行に及んで爆死するわけです。狂気といえば狂気。でも、そこにも彼らなりの恍惚があるのでしょうね。だから怖い。

日本の外国人行政の欠陥

佐々　そういえば先日、十二人のアラブ・テロリストが日本に潜入した、とアメリカ側から日本の治安当局に通報があったらしくて、関係者が一斉に僕のところにやってきて「佐々さん、彼らはどこに潜伏していると思いますか」と尋ねてきました。「知らん」と答えましたよ。日本は外国人の平時における安全管理が全くできていません。何千人もの不法就労者が入り込んでいるわけで、危険な人物が十二人入ってきたから大変だ、と言われてもどうしようもない。

石原　そうなんです。外国人犯罪者を取り締まろうにもシステムが整っていないし、なにしろ監獄、収容施設が足りない。窃盗で逮捕したら「歯が痛いから歯医者に連れていけ」という奴もいたりして、それから難題なのが通訳の問題。今、外国語の通訳を連れてきて十五分尋問するのに二千八百円もかかってしまう。

佐々　一時間やるとして一万円以上。中国人のピッキング強盗八人組を逮捕して、一人一人一時間ずつ調べると十万円近くもかかってしまう。

石原　だから、警察が「こいつは怪しいな」と思っても、外国人だからあとあと金がかかるし面倒だ、ということで二の足を踏んでしまう。

佐々　ちょっと数字を出しておきましょう。日本には今、合法的な登録外国人が約百五十万人います。日本の人口を一億二千数百万とすれば、その約一・一パーセントが在留外国人です。ですから日本政府はその百五十万人を〝善良な外国人〟としてきちんと保護しなければなりません。しかし、その他に五十万人ほどの外国人が、目的外滞在などの不法残留で国内に留まっています。

また、東京都における殺人・強盗・放火・強姦・傷害という凶悪犯罪に占める外国人の割合は約一一パーセント。外国人は日本人の十倍、こういった凶悪犯罪を引き起こす可能性が高いわけです。

だから、その不法残留する外国人については、施設に収容の上、強制送還していくしかない。ところが強制送還の費用は国の税金でまかなっているから、全員を帰す金銭的余裕がない。

石原　野田警視総監が「その費用の分、対中ＯＤＡなどから差し引いたらどうでしょう」と言っていた。実にいいことを言うなあと思ったね。

佐々　さらに問題なのは、その外国人収容施設の収容能力が非常に貧しいこと。まず長崎の大村収容所が八百人、大阪の収容所が二百五十人、茨城の牛久の収容所が三百人。つまり、わずか千三百五十人。地方局等の収容定員を加えても約二千二百人しか収容できないし、常に満杯、ということになる。
では、満杯の場合どうしているか、というと、警察の留置場に回すんです。実は今、警視庁の留置場の三分の一はそういう外国人で、そのかなりの部分が中国人です。さらに留置場が満杯になれば検察庁の拘置所に行くはずなのですが、ここも満員ということになると、「外国人だから」ということで法務省入管局の拘置所に行く。
そして、もしここが満杯だったらどうなるか。
釈放してしまうんです。捕まえるとこの騒ぎがまた持ち上がるから、彼らはまた野に放たれてしまうんです。

石原 だから都で留置場を作ることにしたんです。一番いいのは、商社にやらせること。それで商社のOBを看守にすればいい。みんな語学に堪能だから、「スペイン語？　じゃあお前通訳やれ」「中国語？　だったらキミ」ということで通訳費用もかからない。

佐々 それで、現実にある警察署が新築をして、古い建物が用途廃止になるから改造して留置場にするんです。

石原 その収容人数について、警視庁は「五百人で十分です」なんて言うんだよ。だから「おれが責任持つから七百人にしろ。国が何か言ってきたらおれが出ていって、今の日本の治安の悪さをいろいろ言ってやる。恥をかくのは国なんだから」と言ったところなんです。警察も当節は現場を知らないエリートばっかりが出てくるから困る。佐々さんは浅間山荘から東大安田講堂から、幾度も矢玉の下をくぐってきた人だけどね。

佐々　知事と私が張り切ってるのに、現職は揃って「それは無理です」と言う。可能性を求める前に困難性を言うな、ということですよ。

石原　これは佐々さんの受け売りだけど、中国人や韓国人は警察をなめてるんですよ。「日本の警官は威嚇射撃をしない、なぜならば撃っただけで問題になるからだ」と思っているんです。だからこの前、警官が朝鮮系の犯人を撃った。彼らはそれではじめて「やっぱり撃つぞ」と警戒し始めた。だから中国人にも一度、きちんと威嚇射撃をすればいい。

佐々　銃の引き金の後ろにキッカリ入るようなゴム製品を作っている業者がいるんです。それを装着しているから、銃を撃つときには革のケースから出して、そのゴムをペコッと外してからじゃないと撃てない。ならば、その間に向こうが何発も撃ってきたらどうなるのか。世界中の物笑いですよ。だから私は先日、「拳銃等使用規範を緩和せよ」と書いた。そうしたら、ものすごい量の「よく言ってくださった」というeメールがきましたよ。国家公安委員長の村井仁さんですら声をかけてきたんですから。彼は「拳銃の抑止力効果も、絶対撃たないとわかっていたら意味がないんじゃないか」と言っています。だから彼に「あなたが在任中に『命に関わるときには躊躇なく撃て』という規定を作ってください」と激励しているんです。人権派の方々がまだまだ邪魔するでしょうがね。

いずれにしても、通訳の問題、収容施設不足の問題、そしてこの拳銃の問題と、実に驚くべき状況がこれだけある。だから、十二人のアラブ・テロリストが潜入していても、どこにいるかなんてわかりようがないし、捕捉しようがない。

もし私が今、外事課長をやっていたならば、すぐに入管の入国審査課長と協議して、アラブ諸国のパスポートを持っている入国者は全部止めて、一人一人厳重に、徹底的に検査をするでしょうね。そうすることで、日本に行くのは大変だぞ、行かない方がいいぞ、ということになるはずです。実際、テルアビブ事件以降しばらく、日本人は外国での入国審査や搭乗時に、それこそパンツまで脱がされたんですから。作曲家の都倉俊一がパンツまで脱がされて抗議をしたんだけど、向こうが拳銃を抜きそうになったので抵抗をやめた、と言ってましたよ。それぐらい国際社会は厳しいんです。

石原　だいたい入管は戦前内務省が管理していましたよ。あれを法務省がやること自体が間違いなんです。もう一度警察の管轄に戻すべきなんだ。

なぜ「殺された」と言わないのか

佐々　テロ事件に話を戻しましょうか。

九月十七日付の「フィナンシャル・タイムズ」に、今回のテロと日本の対応に関する記事が出ていましてね、そこで知事のことや発言がいろいろ引いてあるんですよ。ちょっとそこの部分を要約してみます。

「東京都知事のシンタロウ・イシハラはいつも脚光を浴びていて、何かといえば物議をかもす人物だが、彼はペンタゴンへの攻撃をすんでのところで避けて、ワシントンから帰国した。彼は戦後のパシフィスト（pacifist）＝反戦主義者の憲法を破棄すべきだ、東京はテロとの戦いに入るアメリカを、軍事的にも支援する、と言い、日本が救助隊のみを送ろうとしたことをナンセンスだと言った。

アメリカが特に助けを欲しなかったので、日本政府はイシハラのコメントを無視することができたのだが、いずれにしてもブッシュの『戦争状態』宣言は、東京を難しい状況に追い込み、日本政府の外交・防衛政策の弱点を改めて浮き彫りにした。今、日本政府は勇気と貴重なるビジョンをもって事に当たらなければ、国際社会の舞台で孤立してしまうだろう」――。

石原　でもこんなにアメリカに都合のいいことばかりは言わなかったよ。

佐々　そうですよね。真珠湾じゃない、これはパールハーバーじゃない、と言った。

石原　アメリカの上院議員が「これは第二のパールハーバー」と言っていたので、「民間人を一方的に巻き添えにしたのだから、この点ではむしろあなた方が広島、長崎に落とした原爆に似ているよ」と言い返したんです。

とにかく、危機、というのは実際に起こってみなければ何がどうなるかわからない。東京都の参与に迎えている志方元陸将から聞いたことですが、クライシスとはもともとギリシャ語でクリーシス、「物事が動く状態」「場面ががらっと変わる状態」を指すそうです。まさにその通りで、今回のテロにしても、地震にしても、まさに起きてみなければわからない。東京などは、世界で最も危険なファイアリング、火山脈の上にありますし、三宅島にしてもどう頑張っても十七年周期での噴火は止められっこない。

だから、それを想定して演習をやるんだし、演習の結果、既存の法体系や価値観が古いことがわかれば、それを変えればいいのであってね。そういえば去年のビッグレスキュー（都の防災訓練）のとき、朝日新聞が「銀座に戦車」と書いていた。今年は三多摩でやるから、会見の時に「朝日よ、おれのこと嫌いだろうけれど三多摩に戦車なんて書くなよ。あれは災害対策用の特別指揮車で、機関銃は積んでるけど戦車じゃないからな」と言っておいたんだけど、別に指揮車に乗りたいからやってるんじゃない。必要があるから、想定して訓練しておかないとクライシスに対応できないからやってるんですよ。

佐々　だから今度の日本政府の「国際緊急援助隊の派遣」という申し入れは、余りにもナンセンス。どうも田中真紀子外相もその感覚を共有しているようです。閣僚懇談会で田中外相は「ヘッドライトの付いたヘルメットを送ったらどうかしら」と言ったそうです（笑）。そういう災害感覚で考えてもらっては困りますよ。

それから今回、僕がどうしても気に食わないのが、政府もメディアも「殺された」と表現しないこと。CNNははっきり murder（殺人）という言葉を使っていましたよ。でも日本はずっと行方不明、missing しか使おうとしない。missing というのはくしくも、北朝鮮に拉致された横田めぐみさんはじめ、十五人とも百五十人とも言われている日本人たちに対して、米朝協議の時にカートマン特使、オルブライト国務長官、そしてクリントン大統領が使った言葉ですよ。めぐみさんたちは好きこのんで家出をしたわけじゃない。missing なんかじゃなくて、kidnap であり、abduction（誘拐）なんだ。

とにかく、日本の政府もメディアも、今回のテロの被害者について「行方不明何名、死亡何名」という言い方をしている。なぜそうしているかといえば、もし「殺された」と書くと、抗議の電話が殺到するからだ、という。一縷の望みをもって必死になって生きている関係者たちの心をお前はずたずたにする気か、というんですね。

だから、僕は最近みんなにこう言っている。「殺された」と書いて、「文責在佐々淳行」という言葉を添えておけ、とね（笑）。

この前も、石原さんが警察学校でやったスピーチで、世田谷署の警察官が包丁を持った暴漢に刺し殺された事例を話すときに使った「きちがいに刃物」を産経新聞の「正論」欄に書きました（九月七日付）。久米宏が「ニュースステーション」で石原さんの発言を「この人が、またまた大暴言です」と言って取り上げたんですが、翌日どの新聞も無視していましたからね。だから「まさに『きちがいに刃物』（文責在筆者。人権派用語だと『触法精神障害者』）とはこのことである」と書いたんです。抗議は一つもありませんでしたよ（笑）。

石原　どこが暴言なんだろう。だって正統な日本語じゃないか。

佐々　言ってはならないことを口にしている人は、石原さんや私ではない。他にいるんですよ。たとえば今回のテロに際して社民党の原陽子議員が、自分のホームページに「（今回のテロに接して）ざまぁみろと思っている国もある、皆さんそう思いませんか」などと書いて、抗議を受けてお詫びをしたという一幕がありました。とんでもない発言ですよ。

「ならば是非、議員バッジをつけ、ニューヨークのあの現場に行って、犠牲者の写真を持って『こういう人を見かけませんでしたか』と言いながら埃まみれになってさまよっている家族や関係者たちの前で、『ざまぁみろ』と言ってみてください」と僕は言いたいね。

対テロ政策を早急に進めよ

石原　今回ワシントンに行って、旧知新知さまざまな人とこれからの日米関係について話してきました。それで、相手に等しくこういったのです。

北朝鮮は百五十人もの日本人を誘拐している。そして、その数はこれから増える可能性が依然としてある。なぜなら、日本は日本海と東シナ海の自分の領土と、その領土に住む日本人の生命・安全をまったく無防備なままにしているからだ、と。

ブッシュ政権になってアメリカの対中姿勢も大きく変化したし、冷戦が終わって日本の海自も米軍と協力してロシアの原潜の追尾を行う必要もほとんどなくなった。だから日本が今、自前でまずなすべきは日本海と東シナ海の防衛です。日本にとって一番近いテロ国家は北朝鮮なのだから。必要な装備にしても、たとえば排水量が五百トンぐらいで、シップ・トゥ・シップやシップ・トゥ・エアのミサイルを積んだ高速艇なんかすぐに作って配備できる。これで北朝鮮の工作船や、領海侵犯して海底の資源探査をやっている中国の調査船をきちんと捕捉する。

佐々　排除する。

石原　場合によったら撃沈もする。で、「もしそれが火種となってもっと大きなホットフラッシュ、熱い紛争になったのならば、アメリカは安保条約に基づいて助けてくれるのか」と尋ねたら、「当然だ」と彼らは答えてくれましたがね。

でも、前の駐日大使だったモンデールは、沖縄で海兵隊員が小学生を輪姦し、一方で尖閣諸島に中国人の跳ね上りが上陸して彼らの国旗を立てたりしたとき、記者の「もし尖閣で熱い紛争が起こったときに、アメリカは安保に則って日本を支援するのか」との質問に「支援しない」と答えたんだよ。僕はこれは由々しき問題だと思って『正論』にモンデール批判を書いたんだけど、そうしたら瞬時に大使が引退してしまった。この出来事は、民主党政権下で共和党筋の専門家たちが、「イシハラが正しくてモンデールの言うことがおかしい。大使がこんな馬鹿なことを言い続けると、安保条約に対する不信感がますます募って、いずれは安保そのものの信憑性を問われかねない」と警鐘を鳴らした、その結果らしい。そしてその後、一年ほど日本にアメリカ大使はいなかった。

このあたりの経緯は、実はインドの国防相も知っていました。中共との核配備問題で神経質になっているインドですが、彼はしきりに「スプラトリーや西沙ならまだしも、もし日本が海底資源がある尖閣を奪われて、アメリカがそれをサポートしなかったら、我々ユーラシア大陸のアジア諸国は中国に完全にギブアップしなければならない。一気呵成に呑み込まれてしまう。アメリカだって防衛線の後退を迫られるし、インドは全て失うことになりかねない」と言った。だから「少なくとも東シナ海と日本海だけは自分で守ります。皆さん、今まで日本はそういうことをしなくてよい、と言ったけど、もうそういう時代じゃないでしょう」と言ったら、みんな納得していましたよ。

佐々　尖閣については、僕らも当時モンデールの発言を問題にしたんです。彼は尖閣諸島を、安保条約五条の対象外である、と言ったんですから。そんなの全くのナンセンスですよ。尖閣は沖縄返還のときにも返還地域の一部としてきちんと緯度・経度で示されているし、精細な測量図だってあるんですよ。

石原　だからこの間ヴォルフォヴィッツに会ったとき、「尖閣に灯台を立て、航路図に入っている。でも外務省はぐずぐずしていてその登録をしてくれない」と話を向けたら、「じゃあ今もそれはピカピカしてるのかい」と尋ねてきた。「ピカピカしてるよ」と伝えると、「それは危ないね」となって（笑）。

灯台はチャートに載っていないことが逆に危険でしょう。だって、あそこの灯台とほぼ同じ間隔で同色に光る灯台が台湾にあったら、荒天下で船舶が尖閣の灯台を台湾の灯台とも間違えかねない。船なりヨットが座礁してしまう危険がある。だから、よっぽどあの時、ヴォルフォヴィッツに「日本政府に灯台の記載を頼んでくれ」と言おうかと思ったんだけど、まあ悔しいしね。でももしその頼みを実行すると、日本政府は板挟みになる。外務省は北京とワシントンの板挟みだね。一度踏み絵を踏ませればいい。

日本は何をすべきか

佐々　結局日本政府の問題になってしまいますね。先ほどからの対テロの話、外交の話も含めて、東京都が決めることではありません。国が決めることです。

石原　そうですよ。それに、今回アメリカがテロに襲われたことで愕然としているとすれば、それは今まで何も考えていなかった、ということでしょう。日本が最も心を砕くべきテロ支援国家である北朝鮮外交も、百五十人の拉致された同胞が帰ってこないままに、太陽政策だかに則ってコメ支援を行ってしまった。外国人は「なぜ日本はそんなことをするのか」とみんな言いますよ。

森前首相は昨年、イギリスのブレア首相を通じて「第三国で横田さんが見つかった、という形でも構わない」と非公式に打診したそうだけど、あれは政治家の知恵としてまともな考えだった。彼には表現力がなかったけど、なんとか帰したい、という心情があったからその言葉を口にした。なのに、その発言をみんなこぞって騒ぎ立てる。同胞が拉致され、人質のように扱われているというリアリティーがテンからわからないんだよね。

佐々　アメリカの場合、たとえばベトナム戦争で負傷した行方不明者が、ベトナムの捕虜になって生きているかもしれない、といまだに調査をしてます。ミッシング・イン・アクション、MIAと言って、大きな国家的課題になっている。映画の題材にもなっています。

石原　いっぱいある。『ランボー』もそうで。ところが日本の場合、生きている人ではなくて亡くなった人の遺骨は熱心に探しに行くんですよ。遅すぎる。

佐々　生きている人を助けなければどうするんですか。でも、できないんですね。

そういえば、今回のテロ報道に際して、オルブライト前国務長官が何度となくテレビに出演して、「テロと戦わなければならない」「テロリストに対してハーバー（政治庇護）を与えた国は同罪だ」なんてコメントを出しています。いまさら何を言っているのか。オルブライトこそ、テロ支援国家の北朝鮮にクリントンの露払いで行って、マスゲームに感動して民族舞踊を一緒に踊っていた人ですよ。驚きましたね。それにクリントンだって、九月十四日の追悼式の時に、わざわざみんなに見えるようにして泣いている。でも、元を辿ればクリントンの民主党政権時代、テロリストやテロ支援国家を甘やかしたそのツケが今回の状況を作っているんですからね。

石原　まあ、日本も人のことは言えないよ。今回だって、支援表明国として日本の名前が挙がってきたのは最近になってから。イギリス、フランス、カナダ、ドイツの名前はテロ発生直後から頻繁に聞かれていたのに。

佐々　日本はアメリカの同盟国であり、日米安保条約のパートナーなんです。湾岸戦争の教訓を今こそ活かして、対米支援を行わなければなりません。パウエルにしても「今回の協力度合いを見て将来の有事支援の度合いを考える」と言っているのですから。

また、今回行うべき支援は、自衛権について定めた憲法第九条とは全く別の次元の問題です。安保条約六条の「周辺事態」でもないし、侵略国家を対象とした国連憲章四十二条該当の制裁でもない。ラディンの組織は昨年アメリカが定めたテロ支援国家、テロ組織として認定されていますから、これは「狂信者に対する文明の正当防衛」とでも言いうるものなのです。

ここで日本が立ち返るべきは、むしろ憲法の前文でしょう。中でも以下の文言を全面に掲げていけばいい。

「専制と隷従、圧迫と偏狭を地上から永遠に除去しようと努めてゐる国際社会において、名誉ある地位を占めたいと思ふ」

「自国のことのみに専念して他国を無視してはならない」

これら前文の文言を使うことで、具体的にはノンコンバタント（非戦闘要員）による輸送、通信、医療衛生活動、建設支援などの後方支援活動ができると思います。

それから、米軍に対する協力として非常に有効だと思うのは、在日米軍基地にいる米兵たちの家族を警備・保護することです。米軍基地への攻撃の可能性がある以上、彼らが一番心配しているのが家族の安全です。警察でも自衛隊でも構いません。協定を結んでパトロールを行えばいい。先日、安倍晋三官房副長官に呼ばれてこのことを話したんですが、「それはいいポイントですね」と言っていました。家族を守る、というところが大事なんですよ。

ジュリアーニへのメッセージ

石原　東京もやれることはいくらでもするつもりです。ニューヨークは姉妹都市でもあるから。

佐々　東京都も横田基地にいる米兵の家族を守るために、警視庁がパトロールしたっていいわけですから。

それから、これも安倍さんに言ったことですが、すぐにニューヨークなりワシントンの新聞広告を一ページ買って、小泉首相のメッセージを載せればいいんです。それこそ小泉純一郎の顔とライオンハートの絵と、「I'm with you（我々はあなたたちのそばにいる）」という文句だけでいい。クウェートなんて非常に要領よく、テロが発生してすぐに「Kuwait expresses condolences（クウェートは哀悼の意を表します）」という一面広告を「ワシントン・ポスト」に載せていました。日本の意思をアメリカに知らせるには最も有効な手段だと思います。

それでもし、知事にやっていただけるなら、メイヤー・トゥー・メイヤーということでニューヨーク市長のジュリアーニに対するメッセージを出していただきたい。「おれはワシントンで見てた。頑張っておられる。警察官・消防士の壮烈な殉職を心から悼む。東京都としてできることがあれば何でもする」といった文言でいいし、そこに東京都民からニューヨーク市民へ、というメッセージを加えればもっといい。

石原　東京がやることについてはやぶさかでないですよ。でも、政府はどうだろう。

佐々　安倍さんは乗り気でしたよ。費用については、こういうときにこそ官房機密費の出番でしょう。閣議にかけたり、外務省と協議したりする必要もない。ブッシュの友人、小泉が心を込めてメッセージを送るだけでいいんです。

石原　そうですね。メッセージが掲載されれば、それは同時に国際社会に対する「日本はアメリカを支援して共に戦う」という強い主張にもなる。あるいは日本が世界の激動に対応し、順応していく大きなきっかけになるかもしれません。

（「諸君！」二〇〇一年十一月号）

自衛隊派遣の是非

国民を守るのは国の義務、黙視することは許されない。首相の決断で「やることはやれ」

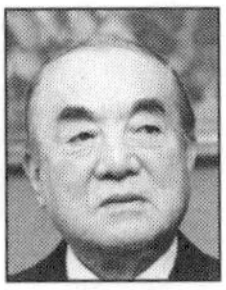

中曽根康弘（衆議院議員・元首相）

宮澤喜一（衆議院議員・元首相）

●司会 **松本健一**（評論家・麗澤大学教授）

なかそね・やすひろ 一九一八年生まれ。東京帝大卒。防衛庁長官、通産相、行政管理庁長官などを歴任、八二年から八七年まで首相。

みやざわ・きいち 一九一九年生まれ。東京帝大卒。通産、外務、大蔵などの各大臣を歴任して、九一年から九三年まで首相。

まつもと・けんいち 一九四六年生まれ。東京大学経済学部卒業後、法政大学大学院で近代日本文学を学び、評論・文筆の道に入る。

あらゆる支援が必要だ

——サンフランシスコ講和条約締結五十周年の記念式典が彼地で開催され、宮澤さんが基調講演をされました。

宮澤さんはかつて吉田全権に随行して講和条約の調印式典にも参加された「歴史の証人」であります。その講演の中で次のように発言されました。

「日米同盟をより効果的なものにするために、私は、日本が必要と考える場合、自衛権の論理的延長として集団的自衛権を位置づけることを提案する。米軍の活動が日本の安全保障上のリスクに直接かかわる活動である限り、米軍を援助するために自衛隊を運用すべきだという考え方をしたい。これは日本の憲法第九条の改正を必要とはしない。日本政府は、九条を集団的自衛権に関してどう解釈するかを明確にすべきである」

加えて「これは私の遺言である」とも言われたために、新聞で宮澤さんが集団的自衛権を容認したものと大きく報道され反響を呼びました。

ところが、その直後の九月十一日に、アメリカの中枢を襲った同時多発テロによって、この集団的自衛権の問題がにわかに国会やマスコミで議論されるようになりました。ビンラディン一派に対するアメリカの報復に日本の自衛隊はどういった支援をすべきかということが焦点になっていますが、小泉首相は、米軍に医療・輸送・補給等の支援活動をするために自衛隊を派遣したり、情報収集のための自衛隊艦艇を派遣するといった方針で臨んでいます。そのことの議論に入る前提として、まず、今度のテロに対する印象を伺いたいと思います。

中曽根　日本ではすでに地下鉄サリン事件が起きていますが、二十一世紀に入って、「新しい型の戦争」がついに発生してしまったなと痛感しました。これから将来にわたって、これを真似た新しい型の「国家対過激集団」の戦いが起こる可能性があります。次にはサリン事件のような生物化学兵器を使ったり、原発や新幹線のコンピューターシステムを麻痺させたり破壊するといった「サイバー・テロ」を仕掛けてくるかもしれません。

ですから、今回のテロは単にアメリカだけの問題ではない。また、従来の国家と国家の戦争ではないけれども、それに近いような、国家の代わりになりうる規模を持つテロ集団によって、開かれた民主主義国家が襲撃される危険性が高まってきたといえます。

それに対する防護措置が、日本では全くなされていない。二十一世紀以降は、我々は新しい対応をしなくてはいけなくなったと思いました。

宮澤　私はふだんから、日本は戦前に海外であぁいう行為をしたので、戦後の行動は慎重でなければならない、憲法の平和条項、第九条の精神を重視しなくてはならないといった主張をしていますので、まぁ世間からはハト派だと思われていることでしょう。

しかし、その私から見ても、今回の出来事は、過去の湾岸戦争の時とは全く違った事態が生じているということに注目すべきだと考えています。

まず、日本人がかなりの数、行方不明というか、事実上、亡くなっているわけです。そして、こうした攻撃を今後また受ける可能性がある。そういう時に日本という国が何もしないですむはずがない。国民の生命財産を守るのは国の義務ですからね。今回はたまたまアメリカで起こったものの、我々日本人自身の問題として受け止める必要がある。こういう時に、後方支援が許されるのかどうかといった湾岸戦争の時のような議論を繰り返していてはいけないと思うんです。

小泉首相が政府のテロ対処方針を発表する直前に、福田官房長官から私のところにも、日本の貢献策についていろいろとお訊ねがありました。そこで、「米軍に対する自衛隊の後方支援もやるべきだし、新しい法律が必要なら作ればいい。あらゆることを日本はやる努力をすべきだ」と伝えたんです。日本が絶対にしてはいけないことは、戦争をするために外国へ行くことだけなんです。これは憲法では許されていない。しかし、それ以外のことは、今回はむしろ全部すべきだと思いますね。

ただ、そのために新しい法律を作り、場合によっては国会が自衛隊の出動に関して拒否権を行使する余地を残すといった歯止めを作る必要はあるかもしれませんが、基本的にはこの新しい事態に際して、国があらゆる支援活動を行なうべきです。そうした姿勢に反対するということは、本来ありうるのだろうか、とさえ感じています。

ただ、誤解してほしくないのですが、今回のテロに関して、多くの人が「戦争状態」という言葉をお使いになっていますが、これは戦争ではないんです。犯罪です。その犯罪行為のために日本国民が被害に遭っている。これからも被害を受けるかもしれないという恐れがあるというのに、政府が何もしなくてもいいのか、いいわけがないというだけの話なんです。中曽根さんがおっしゃるように、国家ではないけれども、国家のような規模と組織力をもったテロ集団が、こうした犯罪を次々と無差別に起こす恐れが強くある以上、国がきちんと対応しなければ、国としての務めを果たしてないことになる。そう考えているわけです。

戦争に出かけるのではない

――ニューヨークで日本人が何十人と死んだとはいっても、日本にとってそれが戦争状態であるといった認識は政府にも国民にも、たしかに稀薄だと思いますが、アメリカのブッシュ大統領が「これは戦争行為だ」と断言したことに関しては、どうお考えになりますか。

宮澤　アメリカの場合は、ペンタゴンも狙われたわけですから、そうおっしゃっていいでしょう。そしてこの事態の処理は、標的になったアメリカが中心になってやるわけですが、我々日本人も同胞が被害を受けた立場の国として、それに協力をするのは当然だと思います。

しかし、それは厳密な意味でいえば、戦争の遂行に協力しているのではない。国際的な犯罪の防止、および犯罪を犯したものに対する懲罰行動に協力をしようとしているだけです。こういうふうに戦争と犯罪防止活動とを分けて考えておかないと、「自衛隊が戦争に出かけるのか」というような感情論にすぐなってしまい、それがいいとか悪いとかいう話になりかねないでしょう。だからそこはちゃんとしておきたいと思うんですね。戦争に出かけるのではなくて、犯罪防止活動のために自衛隊が後方支援をするだけの話です。そこが、湾岸戦争の時とは違うんです。

中曽根　ニューヨークの中心の超高層ビルが破壊され、国防の要であるペンタゴンが攻撃されたわけですから、ああしたテロをアメリカ人が、ブッシュ大統領以下、新しい型の戦争と考えるのは当たり前だと思います。

ひるがえって、もし日本が、海外のテロ勢力から、同様のテロに遭ったらどう感じるか。高層ビルに航空機が突入したり、水源地に毒が入れられたりして、何千人もの人々が死んだりしたら、これはやはり新しい型の戦争行為だと実感するのではないか。

ニューヨークの例を見れば、六十カ国以上の国籍を持つ人たちが死傷している。だから、ある意味において、今回の同時多発テロは、全自由世界に対する挑戦として受け取らざるを得ない。そういう視点で見たほうがいいという気が私はしているんです。

宮澤　中曽根さんのその認識に私はまったく異存はないんですよ。私が言おうとしているのは、俗に「アメリカが戦争するのに、日本が何でそれと一緒にやるのか」という、ごく単純な認識で自衛隊の後方支援などに反対する人がいるけど、「それは違いますよ、戦争に加担するのではない、日本人も犠牲になった犯罪を犯したものに対する懲罰行動に協力をしようとしているだけです」ということを強調したいためなんです。

——中曽根さんは、新しい型の戦争であるというふうにおっしゃいましたけれども、この問題に関して、湾岸戦争以後のアメリカの国家戦略として、たとえばハンチントンが「文明の衝突」ということを言い出しました。それを自明のこととみなす雰囲気が欧米社会には強くなっています。

そのため、次に大きな戦争が起こるとすると、「西洋近代文明対イスラム文明」だろうと言われてきた。さらには、イスラムには中国のような儒教文明が加担するかもしれないといった粗っぽいハンチントンの見通しも出たりしましたが、それはともかくとして、イスラム文明にあらかじめ敵対するような姿勢をアメリカが中東政策で打ち出していたことが遠因になって、今回の事態になったと説明する考え方もありますが、その点はいかがでしょうか。

中曽根　そういった考えがいちばん危険な考えなんです。一部のイスラム過激派が今回のテロを二十一世紀における対「十字軍戦争」だと位置づけたりしているようですが、これは「キリスト文明対イスラム文明」との戦いであるかのように装えば、彼らにとって有利になると戦略的に考えているからでしょう。

ユダヤ・イスラエルとイスラムとの衝突は二千年以上の歴史を持ちますが、少なくとも、今回のテロは一部の過激派勢力による卑劣な犯罪的攻撃であると正しく認識すべきです。イスラム文明は立派な文明であり、我々も敬意を表します。あくまでも、そうしたイスラム国家の中の一部の過激派の某集団による戦争的犯罪に対抗するだけであると認識すべきです。軽率に「文明の衝突」だとか「新十字軍戦争」だとか囃《はや》すのは非常に注意をすべきでしょう。

また、アメリカは復讐という言葉を使いますが、そのような狭い考え方でなく、人類の平和的生存への挑戦に対する抗戦と言うべきです。さらに第二の真珠湾という発言も聞きますが、今回は見えない敵に対する戦いであって、国家が正面から挑戦した真珠湾とはまったく異なるもので軽率な発言はよくありません。

宮澤　「文明の衝突」論の是非については、考え出すと時間がいくらあっても足りないでしょうから、時間に余裕のある時に考えるべきでしょうね。ただ、少なくとも、乗っ取った飛行機をビルにぶつけて多くの人を殺すような文明は、世界にはないと思います。そんな文明は過去にもあったためしはないし、これからも文明として栄える余地はない。あくまでも、単なる犯罪者集団によって引き起こされたテロと見なすことが第一義的に大事なことでしょう。

中曽根 ただ、今回のテロの遠因にパレスチナ問題という淵源があるのは否定できない。テロリストたちは、それを表に出してとりわけ強調するでしょうが、しかし、そういう遠因が今回のテロと直接結びついて正当と論拠づけるのは無理がある。その点はやはりきちんと判別すべきです。

しかし、これが落着した後で、全世界とアラブ、イスラエルがこの二千年のパレスチナ問題をいかに解決するか考えなければならない。

「集団的自衛権」とは無関係

——私がわざわざハンチントンが提起したイスラム文明の問題を出したのは、今回のテロではまず標的にペンタゴンと世界貿易センタービルが選ばれたことが一つです。これはアメリカの覇権と同時に、グローバリズムあるいは世界資本主義を標的にしたとしか思えない。次にホワイトハウス、もしくはキャンプデービッドが狙われていた。これも反アメリカニズムは明白ですね。

ただ、九月十一日に攻撃が行なわれたことですが、この日は実は中東問題にとって象徴的な意味をもっていました。というのも、一九七八年九月五日から十七日の間、カーター大統領が仲介に立って、エジプトのサダト大統領とイスラエルのベギン首相とのあいだでキャンプデービッドの合意がなされて中東戦争が一応終結した。その歴史的な交渉のちょうど真ん中の日が九月十一日だったわけで、これはどう考えても、イスラム世界側からのアメリカに対する攻撃という要因があると感じたわけです。

中曽根　まあ今申し上げたことに尽きますが、だからといって、十字軍的発想とか、あるいはキリスト教徒とイスラム教徒との戦争であるとかといった考えに引っ張られていくことにはいちばん注意しなくてはいけない。遠因の問題ではあるけれども、今回のテロを正当化出来る直接的な要因ではない。米国の要人も、ちょっと不用意ではあったけど、「十字軍」云々という言葉を口走ってしまいましたが、私はその言葉を耳にして、これは大きなミスを犯したなと思いました。

――湾岸戦争のとき、当時のブッシュ大統領はゴッド――神のために戦うと語り、イラクのフセインも、アラーの神のために決起せよと中東世界に呼びかけていた事実があった。そうした因縁めいたものがあって、アメリカ側からも「十字軍」発言が出たのかもしれません。

ところで、こういった二十一世紀の新しい型の戦争なり、あるいは戦争状態に対して、アメリカのみならず、日本は主体的にどう対応していくべきなのか。まもなくブッシュは、テロ、戦争行為に対する報復を始めるでしょうが、日本には日米安保条約に基づいて国内にアメリカの軍事基地も置かれている。当然、それに対するテロの可能性も出てくる。狭い国土で高度な都市文明が発展している日本は、ああした都市ゲリラ的な攻撃に最も弱い国ともいえます。こういった場合、集団的自衛権の行使などのいろいろと難しい問題に直面するのは必至と思いますが。

宮澤　ブッシュが戦争だと考えて、アメリカ人もそう思っていることには異存はないのですが、アメリカがテロ集団からの戦争を受けて立ち、日本もそれに呼応して自衛艦を応援のために出動させるんだというふうには私は見ていないのです。今回の件は、集団的自衛権を行使すべきか否かといった次元の話ではまったくない。
繰り返しになりますが、犯罪を犯した者に対する懲罰行動に協力するために自衛隊を活用するというだけのことなのです。その違いをきちんと認識しないで、集団的自衛権云々を議論するのは事の本質と違うというしかない。
また、湾岸戦争の時は、日本人が直接攻撃されたわけではなかった。今回のアメリカでのテロのように、日本政府が国民の生命を守らなくてはいけないという義務が、あの時発生したわけではなかった。その点が今回とは大きく違うということを見落とすべきではありません。

中曽根　私も今回の事件と集団的自衛権の問題は関係ないし、また関係させてはいけないと言っています。

——宮澤さんのサンフランシスコでのスピーチがあまりにも印象的で、かつタイミングも何となく合いすぎている感じがするものですから、そのあたりのことをお伺いしたく思ったんですが。

宮澤　サンフランシスコでの私のスピーチを、今回のテロと関連して議論することは読者に混乱と誤解を与えることになりますので、今回は差し控えたいのですがね（笑）。

——う〜ん、そうですか……。

宮澤　でも、まぁ集団的自衛権に関しては、こういうことです。ごく簡単な話でして、つまり、横須賀沖の公海上で日本の自衛艦がどこかの国から攻められて、アメリカの艦船が一緒にその攻撃に対して防御活動をしている時に米艦が損傷を受けたら自衛艦はどうすべきなのか。集団的自衛権は行使できないから、米艦船を助けることはできないといった意見は、非常識であり私には理解しがたい主張としか思えないわけです。

だって、日本の近くである横須賀沖での公海で起きた以上、日本は自衛のための行動をしているのであって、そのために自衛艦が米艦船の擁護に立ち向かうのはおかしくない。これが集団的自衛権の行使になるから憲法違反だというような解釈は、まったくの間違いでしょう。

さらに、そこで負傷した米兵を、日本の野戦病院なり自衛艦内で治療するのは許されるが、治った兵士をアメリカ側に渡してしまうと、それはアメリカの戦力の増強になるから、これまた集団的自衛権の行使で憲法違反であるといった奇怪な議論もあります。こんな「学者バカ」のような議論はいい加減にした方がいいのです。

しかし、これがカリフォルニア沖の公海だったらどうなるか。同じ公海でアメリカ艦船が被害を受けているからといって、日本の自衛艦が太平洋を超えて助けにいくというようなことはちょっと考えられないでしょう。

このように横須賀沖の公海での対応とカリフォルニア沖の公海での対応は、同じ公海上であっても当然異なってくるわけです。この二つの事例を、法律的に見て区別できないなんていう法律家は、法律家の値打ちがないと私は思うんです。

たとえ、それが法律であったとしても、カリフォルニア沖の公海での戦争に日本の自衛艦は派遣しない、横須賀沖の公海での米艦には協力するということは、日本政府の政治的な決断で、それぞれ決定できることです。いや、この二つのケースは区別できないから、横須賀沖の米艦船も助けてはならないなんていうバカな話はない。横須賀沖の場合は、自衛の延長であって、当然助けるべきです。しかし、カリフォルニア沖の公海は自衛の延長とは言いがたい。

——しかし、あるアメリカの政府高官が、「パキスタンで日の丸を見せてほしい」というような意向を漏らしたとも伝えられていますが……。

宮澤　そう言ったとすると、それは聞くに値しない議論だと思いますね。

中曽根　パキスタン国内に日章旗を立ててくれとまでは言ってないんじゃないですか。湾岸戦争の時と違って、お金だけではなくて目に見えるような支援をしてくれという意味合いで言っただけでしょう。

宮澤　そういうことでしょうね。

中曽根　日本政府は、かなり時間が経過してからの具体的対処行動の態度表明になり、初動対応が遅れた。しかし、自衛隊の後方支援を定めた七項目のテロ対処方針は応急措置としてまず合理的な案だったと評価できます。しかしこれから事態がどう展開していくかは予断を許しません。さらなる対応措置が必要になってくるでしょうし、また過去の湾岸戦争以来の経験に鑑みて、将来にわたってもっと中長期的な観点からの対策やら措置や法的準備を早めにしておく必要がある。

先述のように、私は「報復」というような小さなスケールの問題ではないと思います。正確には将来に向けた再発防止をも含む「抑止力」の行使としての「抗戦」といったところでしょう。

宮澤　実際にそうしたアメリカの行動をどう表現するかは別にして、テロの再発を防ぐための努力は必要だし、犯罪行為は罰せられなければいけませんね。

「清瀬理論」の有効性

——先ほどの宮澤さんの講演のなかでは、「日本政府は、九条を集団的自衛権に関してどう解釈するかを明確にすべきである」と指摘されていました。たまたま私は、昨年国会の憲法調査会に招かれて話をしたときに、「集団的自衛権の問題をどう考えるのか」と国会議員から質問されました。

それに対して、「憲法は自衛権を認めていると政府は解釈しているけれども、実際には自衛という言葉は、憲法の何処にも書かれていない。一方、現行の日米安保条約では『両国が国際連合憲章に定める個別的又は集団的自衛権の固有の権利を有していることを確認』していると記されています。したがって、日本がきちんと集団的自衛権の問題を追究していこうとすれば、先ず日本国に自衛権があるということを明確に打ち出した新しい憲法を作っていく必要があるのではないか。その上での集団的自衛権ではないか」と答えたのでしたが、この点は、宮澤さんはどうお考えですか。

宮澤　もし、集団的自衛権を何かの出来事で確立しようとすれば、それは、今回のテロ事件ではなくて何か別の事情でアメリカが軍事的攻撃を受けた時に、日本は参戦すべきかどうかという際に出てくる議論になろうかと思います。そういう意味での集団的自衛権を正式に認めるということになれば、それは日本が自国の自衛のため以外に海外で戦闘行為をしてはならないという考え方に抵触する危険が高いと思います。

したがって個別的な自衛権の延長としての集団的自衛権の限界を、憲法や法律で明確なものにするのは大変困難なことでしょう。それはやはりその都度、政治的な決断を政治家が行なうことによって解決していくべき問題だと思います。

――ケースごとに政治的な決断でやるべきであって、憲法を改正するとか、そういう問題ではないというふうにお考えなのですね。

宮澤　そう思いますね。

中曽根　この問題は、一九五〇年に朝鮮戦争が勃発して以降、日本が自衛隊を作るときにも出てきた議論と同じことなんです。憲法には「自衛権」も「自衛」という言葉もないのにどうして自衛隊を作ることが可能なのかと。その時、東京裁判で東条英機の主任弁護人を務め、一九六〇年の安保国会の際、衆議院議長を務めた清瀬一郎さんが、「いや、憲法に書いていなくとも、国家が存在する以上は、人間個人が自分の生命を守る権利があるのと同じように、国家も自己の存在を守ることが可能なのである」とおっしゃっていた。

つまり、憲法九条以前に国家には自衛権があり、それを全うするための力の保持は自然法的に認められているというわけで、私はそれを「清瀬理論」と呼び、それに依拠して、自衛隊の合憲性などを説明してきました。

しかし集団的自衛権の問題は、その後ずーっとあとになって浮かび上がってきた新しい問題で、当時はそうした方面への問題意識が乏しかったのは否定できない事実です。最近の湾岸戦争などに直面して、本格的に法律上の解釈問題や立法政策の問題として新たに提起されてきた問題なんですね。だから松本さんが参考人として出席された憲法調査会でも、集団的自衛権に関して、これは憲法改正の対象になるのかならないのかといった次元で議論が始まったばかりなのです。したがって、こんどのテロの問題以前に、憲法調査の固有の問題としてこれは深く捉えたほうが賢明だろうと思います。

宮澤　同感です。もし集団的自衛権を憲法で明文化して認めていくと、アメリカのみに加えられた軍事攻撃であっても、日本に対しても加えられた攻撃と見なすというような議論に当然発展をする可能性があります。今回はＮＡＴＯが実際そう反応していますね。そうなってくると、政治の決断としては集団的自衛権を行使するか否かは簡単なことではないでしょうね。

日米安保にしても、日本に固有の集団的自衛権があるのならば、より双務的なものにしていこうという議論にもなっていくでしょうから、そこはやはりよくよく考えておく必要がある。

というのも、戦前の日本は自衛の名においていろいろなことをやってしまい、それが侵略であったかどうかについて、いろいろと問題があったわけですから、戦後はそうした海外での行為を控えたいということを基本にしてきたわけですからね。

中曽根　集団的自衛権の行使について、私は国家安全保障基本法を作り、その使用の態様を法律で決めておくべきだと思います。自衛隊が米軍に協力する限度は、他国の領域で一体となって戦争すること以外は国会の承認等監督下において認めることにする。ただし、日本が危急存亡の時には外国領域での行動も例外的に認める。元より国会の承認を必要としています。

——ただ吉田茂が、憲法を制定する時に、だいたい戦争というのは自衛の名のもとに起こるから新憲法は自衛のための戦争も放棄したのだと説明していたし、自衛権自体をあまり強く主張するな、とも言っていましたね。宮澤さんも同意見なのですか。

宮澤　それはかなり遠い昔の話でしょう。吉田さんのときは、まだそういう戦争があった時代に近く、戦争への記憶も生々しいものがあった。しかし、もう日本は侵略的な対外行動を起こさない国であることは、周辺の国も概ねわかってくれているんじゃないでしょうか。ですから日本が個別的自衛権は無論のこと、集団的自衛権も持っているのか否かという議論が出てきても、それ自体は不思議はないでしょう。

――数年前には北朝鮮からテポドンが日本に向けて発射されたり、あるいは国籍不明というより明らかに北朝鮮の不審船（工作船）が領海侵犯をするといった事態が起こっています。こうなってくると、必然的に自衛権の行使や集団的自衛権の問題が注目を集めることになってきますね。

宮澤　当然、議論されることにはなりましょうね。

中曽根　ＰＫＯのような国連協力や今回のような事件は、憲法第九条の問題ではない。むしろ日本の防衛に関係しない国際協力、国際貢献でこれは憲法第七十三条の内閣の権限、特に外交権の発動と考えた方がよい。今までの扱いで九条中心に考えすぎている。外交権に基づく法体系を構築すべきです。

新しい情報機関が必要か

――ところで、今までの反アメリカ的なテロは、海外の米国大使館が占拠されたり、世界各地の米国民間施設が爆破されたりして数百人単位の死傷者が発生するといった程度でした。今回ほど大規模なものはありませんでした。今後はこういうテロは多発していくとお考えですか。彼らは国境を超えて、国家間を横断的に結ぶテロ・ネットワークを形成している。神出鬼没で自由自在に世界を行き来して破壊活動をしているわけですが。

中曽根 もう前例ができてしまいましたからね。今後は国家がそうした過激集団を陰で操りながら代理的に破壊行為をさせるということも出てくるかもしれません。本当の首謀者である国家は涼しい顔をしつつ、責任はテロリストに負わせてとぼけたりする事態も出てくるでしょう。特に戦争直前には起こり得る。

宮澤 今回のテロでも首謀者はオサマ・ビンラディンであるとされていますが、その背景にはアルカイダという厳然たる組織が存在しているようですね。

ですから、やはりこういうテロが繰り返される恐れは十分にあると思うべきでしょう。

中曽根 日本は戦後一貫してアメリカに防衛を頼りすぎて、その庇護のもとに甘んじてきた。もちろん日米安保条約は不可欠の条約ですが、アメリカの核の傘の下で日本人は安易に安全をエンジョイしてきたともいえます。だから独立自存で自分の国を守るという意識が非常に欠落してきていますね。そのために、こうした新しい型の戦争に直面しても、心の準備も出来ていないし、実際の防衛諸体制の整備においても甚だ欠けている状況があると言うしかない。

例えば、今回のテロとの関連を考えてみても、日本には独自の情報力というものはほとんどない。ほとんどアメリカなどに依存している。しかし、アメリカの情報ばかりに頼ると、アメリカが望む方向に引っ張られていくばかりです。

そもそも、日本では国家戦略機構が政府内に絶無と言っていいでしょう。以前から指摘していることですが、国家戦略機構の中枢を作り、国家存立及び国民の安全確立のために不可欠な情報は貪欲に収集しておくことがこれからますます必要になってきたと思います。

例えば、総理大臣直属の国家戦略を策定する調査局を内閣府に作り、そして各省の情報を統合するとか、また、国家情報省のような機関を設立し、総合的に情報を集め、分析し、そして対処するべきです。現在は、防衛庁、外務省、JETRO、経産省、公安調査庁といった各省庁の情報機関がバラバラに情報を収集し、それぞれの機関が出し惜しみしている。もちろん、的確な情報を競わせて収集するのも一つの手ですが、今のままではそれではせっかく集めたそれらの情報を統合して活用することは永遠に不可能です。日露戦争の時の明石大佐がやっていたような積極的な情報活動は、戦後の日本では絶無になってしまった。

——007のようなインティミットな情報・諜報活動がないと本当に役立つ情報はなかなか手に入らないでしょうね(笑)。しかし、そうしたスパイ組織も持ち、エシュロンという名の全世界の通信傍受機能を持つアメリカでさえ、今回の自国に対する同時多発テロを事前に察知することはできなかったのは何故でしょう。

中曽根　情報機関が、ルーティンワークとして処理していたかもしれません。またいささか傲慢というか、自分たちは超大国なんだという安心感からテロへの警戒心が薄れていたかもしれません。

宮澤　アメリカは多数民族国家で、しかも個人の自由というものがかなり高度に発達している社会ですからね。どんなに情報機関が発展していても、独裁国家のような完璧な盗聴体制を作るのは難しいんじゃないですか。

ただ、中曽根さんのご指摘については、十分議論すべき問題だろうと思います。日本人は、世界でいちばんポーカーが下手な人種だそうですからね（笑）。

しかし、国家情報省のようなものを作ったほうがいいかと問われれば、それはまたそれとして違う角度から議論する必要が出てくるでしょう。

中曽根　しかし、日本は、偵察衛星をまもなく持つようになりますし、そうなるとその情報を解析する機構が必要になります。その場合、その機関は官邸の直属として内閣府に置くべきでしょう。そして内閣府に総理・官房長官の直属の調査局を作り、そこが、今言った諸般の情報の収集から、戦略の策定、外国に対するＰＲ、説得の機能を果たしていくべきです。

宮澤　うーん、内閣府に一元化した情報局を作るという問題は、常に難しい問題ですね。

ＦＢＩと内閣法制局

――以前、内閣情報調査室に呼ばれてアジアについて話をしたことがありますが、あそこには当時の大蔵省、通産省、外務省、警察庁、文部省から出向で来ている人ばかりでした。そうなると、「アジア」を問題にしても、彼ら一人一人が考えるアジアへのイメージが全部違ってくる。

例えば警察庁出身者の場合、それは犯罪捜査がらみでトルコやアラブまで含めたイメージでアジアを考えている。一方、通産省出身者の場合は、経済貿易しか考えになくて、それはせいぜいマレーシアあたりまでです。これでは同じ内調室員でもアジアに対する基本的な共通したコンセプトが存在しない。

逆に言うと、そういう出向者で構成するような形で将来国家情報省を作っても、結局は出身官庁からばらばらな情報が集まってくるだけで、旧態依然としたものになってしまいかねない。国家戦略を真正面から考える組織を作るためには、専門の担当者による高度なインテリジェンス活動が必要になるのではないか。

中曽根　やはり生え抜きの情報官を育てなくてはいけないと同時に民間の有能者を思い切って優遇して取り入れる。

また、少数の指導的情報官にはしかるべき地位を与え、情報調査局長官ともなれば内閣法制局長官並みの待遇を与えるべきです。そういうような体制の変換を早急に行なうべきです。今度の問題などに鑑みて、ますますそういうふうに痛感しましたね。

宮澤　そういう情報収集活動に関して、我々日本人は呑気すぎるところがあるとは思うのですが、今、中曽根さんのおっしゃったようなことには、にわかには賛成できない。

というのも、情報の一元化は、やはり危険な側面もある。専属のキャリアを育てていくこと自体は結構なんですが、そうした情報を一元化して所有する権力者によって、いかにして悪用されないかということが政治上の問題として残ることを見落とすべきじゃない。

例えば私は、アメリカの元ＦＢＩ長官のエドガー・フーバーのことをすぐに思い出さずにはいられないんです。彼がどれだけ情報を悪用して歴代大統領を威嚇したか。民主主義国家のアメリカでさえ、そういうことが起こりうるわけですよ。

そういう人が国のデモクラシーを裏で動かすとしたら国民は迷惑なはずですね。もちろん、国家情報省のような情報機関を作ったからといって、必ずそうなるというわけではないが、そういう危険、マイナス面もあることを我々政治家は考慮しておくべきです。

中曽根　宮澤さん、情報の一元化ではない、統合ですよ。また重要人物は、国会承認の人事にするといいんですよ。任期も一期三年で二期までとか制限を付けるといい。また一番重要なのは国会で政治家がきちんと監督するということです。そういうチェック機能を持っていれば、フーバーのような独裁者の出現も防げるでしょう。

――内閣法制局もかつては政府に先んじて憲法解釈を独占し、内閣を一方的に動かしているとして批判の対象になりましたが、政治家からの批判やチェックもあったりして今はそれほどの権力もなくなっているといえるかもしれません。

例えば、以前、中曽根さんは集団的自衛権の問題で、内閣法制局の憲法解釈が「個別的自衛権は必要最小限度の中にあるから行使できるが、集団的自衛権は必要最小限度を超えるから行使できない」というのは間違っている、と強く批判していましたね。それまでは、内閣法制局長官の憲法解釈を、首相や政治家がおうむ返しに踏襲するばかりでした。

中曽根　そうです（笑）。

宮澤　ただ、内閣法制局は行政の一部であって、その職責は首相を助けて、その指揮を受けるわけです。湾岸戦争の時、首相側近か誰かが、自分たちとは違う意見を述べた法制局長官をクビにしろと言ったと報道されたことがありましたが、これは政治家の方が自分たちの無能さを暴露したようなものでしょう。普段から憲法問題に関して十分、法制局と議論をし、所信を決めておけばいいのに、急場になって一つの結論をあわてて議論もなしに押し通すのに邪魔な官僚はクビにしてしまえという乱暴なやり方はあってはならないことだと思います。

中曽根 たしかに、集団的自衛権に関して、最高裁判所が判断をしないならば、やはり首相が行政的、行動的に決定すべきでしょうね。内閣法制局は政策論を法律論にすりかえることがありますから、その点は注意した方がいい。

集団的自衛権は自衛権であって、個別的自衛権と一体であり、その延長線上にあり行使できると私は前から言っている。法制局はそれは必要最小限を超えるから駄目だと言って極小範囲に限局しているが、必要最小限は内外の情勢によって移動し、その範囲も拡大するものです。平和な平常時と、侵略される危局では適用範囲が異なるべきです。

日本の防衛体制の構造改革が必要

――いずれにしても冷戦構造が解体しただけではなくて、まさに二十一世紀型の新しい戦争、あるいは新しい国際的な犯罪が突如として発生しました。これは今までのパラダイム、思考の範囲では捉えることができない事態です。そういう状況に対して、日本はどう対応していくべきかとなると、例えば、情報機関の設置とも関連しますが、国民をきちんとテロや戦争から守ることを明確にするためにも憲法九条の改正も必要になってくるのではないですか。条文だけを読むと自衛隊は日陰者扱いされている印象は否めない。そうした自衛隊が国民のために国民軍の誇りをもって行動してくれるか。

宮澤　いや、それは議論の分かれるところで、さっきの清瀬さんの話ではないが、自衛権が日本にはあることはもう自明のことですから、それをわざわざ明記するために憲法を変える必要があるんでしょうか。

――現在の九条はそのままにして、新たな「自衛」のための条文を第三項として書き加えるだけでも、非常に大きな新しい発展だというふうに考えるんですが。

宮澤　それは具体的に提言されないと、簡単にお返事できない問題だと思いますね。

中曽根　今までの憲法論争の経緯や国民心理等を見ると、憲法はいろんな条文を改正する必要があると感じていますが、その中でも一番重要なのは第九条でしょう。第一項はそのままにして、第二項以下を変えることが必要でしょう。今回の新しい型の戦争は、今までの惰性で流れてきた自国や国際的な安全保障に対する甘い考え方を国民がもう一回考え直して、新しい体系を模索する機会になってほしいと思います。そういう意味において、憲法改正をいよいよやるべき時期に入ってきたと私は考えています。

宮澤　今度の出来事について、私は、冒頭で述べたように、一般に議論されているよりもっと日本政府としては思い切った対応をしなくてはならないと思っている一人ですが、しかしこれが契機になって憲法改正論が発展していくべきだとは考えていません。

自衛隊をどういうふうに運用するかということは、常に最高指揮官である首相の決断で行なえることなんです。内閣法制局などが口を出す話ではない。また、今度のテロでの日本の対応は、周辺事態というコンセプトにも当てはまらない。あくまでも、犯罪防止のための懲罰行動なんです。戦争ではない。そこをごっちゃにするから話はおかしくなってきている。もっと簡単に、国民が犯罪者によって被害を受けた時に国はどうするかという話へ戻ればいいんです。

そのための対応措置のために新しい法律も必要になってくるでしょう。自衛隊は自衛隊法に書いてあることしかしてはいけないことになっていますが、この自衛隊法が不思議な法律なんです。自衛艦がインド洋へ行って情報を集めることは、自衛隊法の中で雑則を定めている第八章の百条以下に暇なときにしてもいいことが書いてある補足項目がありますが、それに基づいてだとのことです（百条の九「自衛隊の任務遂行に支障を生じない限度において、アメリカ合衆国の軍隊に対し、物品を提供することができる」「自衛隊の任務遂行に支障を生じない限度において、アメリカ合衆国の軍隊に対し、役務を提供することができる」等）。主要任務を規定している第七章の「自衛隊の権限」などにそうした任務の項目がないというのは変な法律です。

だから、自衛隊法にしても改正すべき余地は多々あるでしょう。今回のように具体的な目的のためにそうした改正をするのは結構なことですが、あくまでもその目的、初志を忘れないようにしておきたいものです。国民の生命安全を守るための改正なのですからね。

それなのに、誰かが、今回のテロへの対応措置を集団的自衛権とくっつけようとしたりすると、簡単な話が複雑になって、初動態勢も遅れてしまったわけじゃないでしょうか。

中曽根　今の政府や政界の対応は、アメリカの諸行動に対して、日本が誹《そし》りを受けないようにどう対応し支援するかばかりを気にしてあたふた対応を練ってる印象があります。そのための立法措置を一刻も早く臨時議会で通そうというので躍起となっていますが、あまりにもアメリカへの対応という性格が強すぎる。国家の独立自尊の姿が薄れている。

もちろん湾岸戦争の時のような金だけですませようとしたことへの反省があるからでしょうが、それ以上にああしたテロ行為、新しい型の戦争に日本はどう対処するか、そのための防護体系を作り、情報収集体制の強化に努める改革をしていく必要がある。経済の構造改革同様に、小泉首相は政界、学界にそれらの点を諮問して、新しい型のテロと総合的国家安全保障に関する体系を準備するということから始めなければいかんと思いますね。

（「諸君！」二〇〇一年十一月号）

際限のない「熱狂と腐敗」

アフガニスタンを注視する大国と周辺国の思惑。わが日本は何をなすべきか

中西輝政（京都大学教授）

春名幹男（共同通信論説副委員長）

なかにし・てるまさ　一九四七年生まれ。京都大学卒、ケンブリッジ大学歴史学部大学院修了。専攻は国際政治学、国際関係史、文明史。

はるな・みきお　一九四六年生まれ。大阪外国語大学卒。六九年、共同通信に入社。ワシントン支局長などを歴任、九八年から現職。

中西　湾岸戦争は二十世紀の冷戦時代を終焉させた戦争ですが、今度の戦争は二十一世紀の方向性を決める新しい戦争になるでしょう。

歴史を振り返ると、なぜか世紀の初めには大戦争が起こって、その後百年近く続く時代の基調を作っていくことが多いのです。二十世紀の初めには、ボーア戦争、日露戦争、第一次大戦があり、植民地戦争や総力戦といったそれまでにはなかった二十世紀の戦争の特徴を世に示しました。同じような意味で今度の戦争は二十一世紀の大きな流れを作ることになる。「九・一一」をもっ

て、二十世紀をひきずっていた枠組みは大きく変わってしまった。

春名　同感です。同時多発テロは世界の覇権国・アメリカの威信をズタズタにしました。今度の事件については語るべき多くのことがありますが、まず目についたのはＣＩＡの情報収集能力のお粗末さです。この問題から入りましょうか。

中西　九〇年代にＣＩＡが迷走を続けてきたツケがここで一気に噴出したかっこうですね。冷戦が終わってソ連に代わる脅威がなくなった後、米国の有力な上院議員までＣＩＡ解散論を唱えるような状況を迎えて、彼らは新たな目標を見つけるのに必死でした。逆風のなかでＣＩＡは経済情報収集へと強引に方針転換をしたんですね。電話やインターネットといったあらゆる情報通信を傍受するシステムとして最近話題になっている「エシュロン」にしても、ヨーロッパや日本が批判したのは、ＣＩＡがこれを企業情報の盗聴に使う恐れがあったからです。

春名　ＣＩＡはハイテク機器に頼りすぎで、「ヒューミント」（ＨＵＭＩＮＴ、ヒューマン・インテリジェンスの略）、つまり人間関係を媒介にした情報収集を疎《おろそ》かにしてしまったんです。ＣＩＡの活動には大きく分けて分析と工作があるのですが、ハイテク機器は分析には役に立っても、工作活動は人間でなくてはできません。九〇年代のＣＩＡは分析偏重になっていました。

実はＣＩＡの情報収集が世界で最も手薄な地域がアフガニスタンだったのです。同じイスラムの地域でも、パレスチナ人に対してはＣＩＡも比較的強いといわれる。酒を飲ませたり、女を抱かせたりして、彼らの懐にもぐり込んでいるＣＩＡはいないわけではない。ところがアフガニスタンは戒律の厳しいイスラム原理主義が支配する地域ですから、酒や女といった接点を見つけることができず、ＣＩＡのエージェントを育てるのが難しい。

八〇年代のソ連によるアフガニスタン侵攻の際に、ＣＩＡは秘密工作をしましたが、金と武器を渡しただけで、実際の活動は当時連携していたパキスタンの三軍統合情報部（ＩＳＩ）にまかせていたのです。ＣＩＡの多くの現地担当者はイスラマバードのアメリカ大使館から一歩も外に出なかったといわれています。当時も今もＣＩＡはアフガニスタンに弱い。恐らく今度もビン・ラディンの居所は容易なことでは摑めないでしょう。

ハイテク過信の罠

中西　エシュロンや人工衛星などのハイテク予算が年々増加したおかげで、ＣＩＡの予算がどんどん削られていたことも影響しているのでしょうね。

春名　たしかにクリントン政権時代に行われたリストラで二万人いた職員は四分の一も削減され、一万五、六千人になりました。希望退職の募集も始まり、優秀な人から続々と民間企業に人材が流出する始末です。昔は秘密工作部門には、愛国心の強いアイルランド系米国人が多く在職して、荒っぽい工作もやったものですが、分析部門偏重の結果、組織の官僚化ばかりが進んでしまった。

中西　対してテロリストの側はハイテクを操るエリートたちが命を捨てて挑んでくるわけですから、とてもかないませんね。

「人間軽視、ハイテク過信」は情報の質の劣化に直結します。九八年アメリカは、インドによる核実験の予測を誤りましたが、あれもハイテクへの過信が原因だという。画像には核実験の準備の模様が映っていたにもかかわらず、肝心の分析担当者が席をはずしていた。今回の同時多発テロに関する予測も、日本か韓国で起こるという誤った情報に踊らされています。ヒューマンエラーの可能性は高いですね。

春名　九五年にグアテマラ秘密工作で現地のエージェントがアメリカ人を殺害した事件がCIAに与えた影響は決定的でした。この事件を知ったクリントン前大統領は激怒して、以後犯罪歴のある人間をエージェントとして雇ってはならないという大統領令を出してしまったんです。

この大統領令はCIAの現場活動に大きな弊害をもたらしました。パキスタンやアフガニスタンで情報工作をしようと思っても、ブロンドで青い目をしたアメリカ人ではあまりに目立ちすぎ、仕事にならない。現地人の中からエージェントをリクルートしなければならないのですが、大統領令が邪魔をする。現地の人間はイスラム過激派でいずれもテロに手を染めている連中ですから、大統領令に引っ掛かってしまう。

中西　情報活動とは時にそういう「悪い奴」ともつきあう必要があります。「いい人」ばかりとつきあっていても、本物の情報を手に入れることはできません。イギリス情報部がヒューミントに強いのも、ひとつはこの点でのノウハウのうまさがあるからです。

春名　実は、一昨年あたりからCIAの内部で、アフガニスタンの北側に位置するウズベキスタンやキルギスタン、あるいはアフガン国内の反タリバン勢力である北部同盟の中にCIAのエージェントを送り込もうという提案が下から上がっていたようです。しかしこれもリスクを恐れた上層部が退けてしまった。

鍵を握るのは誰か

中西　あまり指摘されていませんが、政治の失敗も大きいですね。九八年にケニアとタンザニアのアメリカ大使館が爆破されたときに、クリントン大統領はビン・ラディンの引渡しを求める国連決議があったにもかかわらず、その後、報復として巡航ミサイルを打ち込んだだけで、粘り強い捕獲作戦を行わなかった。あのときビン・ラディンを捕えていれば今回の事件は起こらなかったでしょうから、クリントンの責任も重い。

春名　クリントンはＣＩＡにビン・ラディンの暗殺を命じたが、ＣＩＡの工作は失敗に終わったことが最近明らかになりましたね。

いずれにせよ、今回の失態でクリントン政権から居残ったテネットＣＩＡ長官とクラーク国家安全保障会議（ＮＳＣ）テロ対策担当調整官が解任されることになるでしょう。

アメリカの「次の一手」が注目されるところですが、どうも政権内部では方針を巡って真っ二つに意見が割れているようですね。

中西　チェイニー副大統領とラムズフェルド国防長官を中心とする「タカ派」。それに対する「国際協調派」のパウエル国務長官という図式です。

春名　どんな作戦を展開するにしても、ブッシュ政権の人脈図が今後の作戦展開に微妙に絡んできますね。

ラムズフェルド長官はすでにフォード政権時代に国防長官を務めている、アメリカの軍産複合体を代表するような大物です。チェイニーは湾岸戦争のブッシュ父政権の時の国防長官。現政権ではチェイニーのほうが地位が上ですが、もともとはラムズフェルドがチェイニーをワシントンにひっぱってきた仲で、二人は三十年来の先輩後輩関係にあります。

　彼らはビン・ラディンとタリバンを叩くだけでなく、世界に散らばるイスラム過激派はもちろんのこと、これを機会に最終的にはイラクからサダム・フセインを引きずり出せと主張する強硬派です。

中西　彼らはレーガン政権の「強いアメリカ」路線の継承者ですね。タカ派はタカ派でも、少々とうのたった「オールド・ホークス」で、対テロという二十一世紀型の戦争にナツメロ路線でどこまで対応できるのかいささか疑問のところもあります。

春名　これに対してなるべく戦線を拡大せずに、戦争の終結を図ろうとしているのがパウエル国務長官です。パウエルは湾岸戦争の際に統合参謀本部議長として対イラク戦を指揮してアメリカを勝利に導き、国民的英雄となりました。彼は湾岸戦争のときと同様に国際的な支持を取り付けたうえで、ビン・ラディン一派を孤立化させることに目標を絞りたいと考えているようです。

中西　湾岸戦争の「パウエル・ドクトリン」は、一、軍事作戦の目標ははっきりと定義すること。二、国内と各国の支持を取り付けること。三、軍事力の行使に当たっては短期間に大軍を投入して勝利を確実にすること。

春名　そしてもう一つ、「出口」を定めておくこと。つまりあらかじめ戦争の終結方法を定めておくというものでした。

中西　事件の直後からブッシュ大統領が各国首脳と会談し、中国やロシア、さらにはイランの協力を次々に取り付けているところを見ると、ある程度パウエル・ドクトリンに沿って作戦が進められていることがうかがえます。ただし今回のような戦争では、一と三の条件が満たされるとは思えないので、パウエルが主導権を握っているとは言えません。

春名　チェイニーとラムズフェルドは湾岸戦争の轍を踏みたくないと考えています。たしかに湾岸戦争でアメリカは勝利しましたが、ブッシュ元大統領は再選を果たせなかった。戦争には勝ったものの、政権としては敗北です。フセインの首をとらなかったために、イラク国内でクルド人の迫害が始まり、これが米国内の「湾岸戦争は何の意味があったのか」という世論につながってしまった。

この失敗はパウエル・ドクトリンが原因だという苦々しい思いが、チェイニー＝ラムズフェルド組には明らかにある。彼らとパウエルの意見対立が容易に解消できるとは思えませんから、今後の作戦は二つの勢力が合意したものから段階的に実行していくことになるでしょうね。

中西　そうした二派に対立する構図の中で誰の意見が鍵を握ることになるのか。

春名　私はこの事件のさなかに統合参謀本部議長に就任したばかりのマイヤーズ議長に注目しています。空軍の出身で九三－九六年には沖縄の在日米軍司令官を務めて、当時起こった少女暴行事件の処理にあたり、調整家として非常に力量のある人物だと言われています。

実はブッシュ政権になってから米軍の制服組と国防総省は非常にぎくしゃくした関係にありま

す。ラムズフェルド国防長官は就任当初からミサイル防衛構想を掲げて海外基地の削減、武器調達の制限などのリストラ方針を打ち出したのですが、これが制服組の不評を買ってしまった。説明抜きに強引にリストラを進めようとするラムズフェルド長官への反発が高まる中、マイヤーズが抜擢されたわけですが、彼は軍と国防総省との調整のみならず、政権内部の調整役も期待されることになりました。

中西　なるほど。私は安全保障担当のライス大統領補佐官がキーパーソンになりうる可能性があるとみているんです。彼女はまだ四十代ですが、ブッシュ大統領への影響力を着々と高めています。

春名　湾岸戦争のときに国家安全保障会議でソ連担当部長として活躍した黒人女性ですね。ブッシュの父親の推薦でホワイトハウス入りしたと言われています。

中西　実は、私はスタンフォード大学時代に彼女と面識があるんですよ。研究室が向かい合わせでコーヒーをいれてもらったこともあります。二十年ほど前のことですが、頭が非常にシャープで当時から将来を嘱望されていましたが、まさかこれほど出世するとは思わなかった（笑）。

彼女の場合はチェイニーやラムズフェルドのレーガン型の冷戦的な戦略とは違う。あえてたとえればキッシンジャーの手法に近いかもしれません。世界全体の情勢に目を配って合理的な戦略を立てることができるタイプだと思います。いたずらに戦線を拡大してイスラム世界全体を敵に回すような「文明の衝突」型の戦争は避けなければならないと考えているはずです。といってパウエル的な柔軟路線とは一線を画すでしょうが。

春名　ライスは基本的には「タカ派」に近いですね。したがってチェイニーたちに取り込まれないように気をつける必要があります。

中西　ブッシュ大統領の戦略は時と場合に応じて政権内の二つの勢力の間でスタンスを踏み替えることによって行われるはずです。そのときライス補佐官が手綱を緩めたり、締め直したりして大統領をコントロールできるかどうか。

ただ私の記憶からすると、スタンフォード時代の彼女はあまりに生真面目すぎる印象がありました。もともと学者志向ですから、過去の戦略戦術には通じているのでしょうが、そういった知識は「対テロ戦争」という前代未聞の戦争の前にはおそらく通用しないでしょう。ライスをたとえれば、「生真面目な戦略家」ということになるのでしょうが、これはどこか言語矛盾していて危険な感じがするのも否めません。真面目すぎる性格が災いしないように祈っています。

春名　中西さんは今回の軍事作戦が今後どのように展開すると予想されていますか。

中西　正直言って、この戦争には我々の想像がおよばないところがあります。国家対テロ組織の戦争というのは歴史上経験していないし、全く新しい戦争になるに違いありません。

おそらく地形的な条件から言って、特殊部隊による作戦が主体にならざるをえないでしょう。ミサイルや空爆では致命傷が与えられない。陸軍のグリーンベレー、海軍のシールズ、空軍のデルタフォース、あるいは英軍の特殊部隊ＳＡＳが中心となって、まずはビン・ラディンの身柄の確保か殺害が課題になる。

春名　アフガニスタンは十九世紀からイギリスが三度戦っていずれも結果的に失敗し、八〇年代にはソ連が侵攻して敗退した世界屈指の難所です。国土の大部分が二、三千メートルの高地。冬場は零下十五度から二十度と厳しく、高地では高山病が発生しやすい。大規模な地上軍による侵攻は大きな犠牲が予想されますから、よほどのことがないかぎりやらないでしょうね。

中西　ただ特殊部隊による作戦も相当の損害を出す覚悟が必要です。湾岸戦争の空爆直前に、勇猛なるイギリスのSASがバグダッド近郊まで侵入していますが、そのときの部隊の損耗率は非常に高く、三分の一が戦死、三分の一が捕虜、残りの三分の一だけが何とかシリア国境に逃れたというありさまでした。今回も特殊部隊を二百人、三百人の単位で順次投入していくことになるでしょうが、おそらく三分の一が帰ってこないことを覚悟しなくてはなりません。

春名　冷戦後、死傷者を出さない戦争にこだわってきたアメリカですが、いまのところアメリカ世論は死傷者が出るのもやむをえないとみていますね。

中西　それでも実際に大きな損害が出ればアメリカにとっては容易ならざる事態になります。イギリスの場合はＩＲＡのテロとの戦いの経験がありますから、多大な損害が出てもなんとか持ちこたえられたが、果たしてアメリカがどこまで耐えられるか。

犠牲が増え、国内世論の突き上げなども重なると、ブッシュ政権としてはB52を使った絨毯爆撃のようにより安全な作戦に変更したいという誘惑に駆られることになるでしょう。しかし、空爆ではさしたる効果は得られない。作戦途上でブッシュ政権が難しい政治判断を迫られることもありえます。

春名　ソ連のアフガン侵攻のときにＣＩＡが持ちこんだ様々な兵器が大量にアフガニスタン国

内に保管されたままです。肩掛けの地対空スティンガーミサイルもいまだに二百五十から三百基回収できていません。こういった兵器がいまタリバンの手にある可能性は高い。

中西　特殊部隊の作戦は、作戦終了後の部隊救出作戦のリスクが非常に高いのが特徴です。ソ連がアフガニスタンにやられたのも、退却する兵員空輸の飛行機をスティンガーミサイルで次々に打ち落とされて、兵の士気が落ち込んだのが大きいといいますから、救出作戦には細心の注意が必要です。

「十字軍」では敵を増やす

春名　イタリアの新聞によれば、大規模な地下施設が作られているようです。ソ連軍侵攻の時代にＣＩＡが援助した武器を保管する場所として、全国各地に穴がいくつも掘られています。ビン・ラディンはもともとサウジの……。

中西　ゼネコンの御曹司でしたね。

春名　サウジからアフガニスタンに建設機械を運び込んで穴を掘っていたそうです。その穴のなかにどんな武器がどれだけ残っているのか。

中西　国際情報筋の話として、ビン・ラディンのグループが生物兵器、化学兵器、そして核兵器を持っている可能性があるとも報道されています。実際にタリバンがアメリカ軍に対して生物・化学兵器を使えば、アメリカは核兵器で反撃せざるを得なくなる。一般的に、生物・化学兵器で大量のアメリカ兵が死んだときには、戦術核兵器によって攻撃することがアメリカ軍の反撃手段として決められています。

春名 しかしイスラム社会との「文明の衝突」的な要素がある状況のなかで、核兵器を使用すれば、これは憎しみが憎しみを呼び、イスラム社会全体との全面戦争になってしまいかねない。たとえ核兵器を使わなくても、最初から爆撃機を動員して大規模な爆撃を実行すると、一般市民にまで「コラテラル・ダメージ（付随的な損害）」を与えて敵を増やす危険性もあります。

中西 ビン・ラディンは地下施設に潜伏しているとも伝えられますが、そういった地下施設に対して核ではなくても破壊力の大きい兵器を撃ち込めば、一般のイスラム教徒にもその残酷さが伝わっていくでしょう。それがアメリカ軍の非情さとしてとらえられることで、次のテロを招く可能性もあります。今回の戦争は兵器の使い方からして非常に難しいんです。

春名 となるとかねてから指摘されているように、最高指揮官であるブッシュ大統領の政治感覚の欠如が気になってきます。今回も案の定「この戦いはテロに対する十字軍」という失言をやってしまった。「十字軍」と言ったら、過激派だけでなくイスラム教徒全体を敵に回すことになりかねないのに。

中西 このブッシュ声明を受けてビン・ラディンはすかさず「十字軍に対する聖戦」を過激派の仲間に呼びかけていますね。彼らの仲間が増えれば増えるほど戦争は長期化してきますから、アメリカを中心とする反テロ陣営は戦略・戦術に細心の注意が必要です。

春名 ラムズフェルドなどの政府高官は記者会見で数年単位の長期戦になるということを言明していますが、中西さんはどう見ますか。ウールジー元ＣＩＡ長官などはテレビ番組で数十年は戦いが続くと言っていましたが……。

中西　私も最低二十年はかかると見ています。どこまで戦線を拡大するかにもよりますが、ブッシュ大統領がいま打ち出している戦略を実行するとなると、今回のような作戦を一、二年おきにイラク、リビア……と続けて各国のイスラム過激派を追い詰めることになります。

中国とタリバンの関係

春名　期間の長さもさることながら、この戦争は情報が非常に不足しているという点でも異彩を放っていますね。軍事行動の前に情報が大切なのはどの戦争も同じですが、さきほど述べたようにCIAはアフガン情報に弱い。したがってビン・ラディンやタリバンの情報に関しては、アフガニスタンにルートを持つロシアや中国との緊密な連携が不可欠になります。

中西　ロシアの場合、十数年前にアフガン戦争で養成したエージェントがいまだにそれなりの数残っていて、ウズベキスタンなどを経由してスパイ工作もできる状態だといいます。

中西　パキスタンと緊密な関係にある中国は最近になって、タリバンと協定を結んだと伝えられていますね。中国製の兵器がタリバンに流出しているという噂もあります。

春名　この数年、新疆ウィグル自治区のイスラム原理主義の連中にタリバンが軍事訓練を施しており、これが自治区の不安定要因になっていた。この不穏な動きを抑えるために中国は九九年、懐柔策に転じてタリバンと軍事協定を結び、中国が軍事的な支援を与える代わりにタリバンは新疆ウィグル自治区に手を出さないと約束を取り交わしました。

こうした関係から中国国家安全局の連中はアフガニスタンに相当食い込んでいるといいます。これを裏付けるようにパウエル長官も記者会見で、中国がタリバンに関して影響力も情報力もあると発言していますね。またアフガニスタンの電話工事は中国企業が請け負っているという情報もある。こうなると中国の協力が大きなカギになるのは間違いありません。

中西　中国は今回の事件を利用して一生懸命アメリカに擦り寄ろうとしています。少し前ならありえないことですが、イスラム過激派によるテロへの対策ということでは米中の利害が一致しますから、この機会に便乗してアメリカとの関係強化を図っているわけです。

春名　実は五月末ころに、ブッシュ政権はポスト冷戦の安全保障戦略として「中国脅威論」を発表しようとしていたのです。ラムズフェルド国防長官は中国への強硬戦略をほとんど完成させていたにもかかわらず、ブレア太平洋軍司令官などの制服組が猛反対したために表に出せなかった。ブレア司令官は人民解放軍の装備からして台湾を占領するような能力はないと反論した。

ところが同時多発テロ事件が国際情勢を一気に変える様相を見せています。今回の米中接近は日米関係にも大きな影響を与えざるをえません。

中西　私は今回の事件での米中関係の修復は必ずしも長くは続かないと思います。それよりも、事件直後に出た『エコノミスト』のタイトル「世界を変えた日」がそのまま同時多発テロのキーワードになるでしょう。これほどこの事件の本質を言い当てている表現はありません。少なくともアメリカ人が世界を見る目は劇的に変わりました。

アメリカは毎年何百億ドルというお金を使ってヨーロッパや東アジアに何十万人という軍隊を

とを知り尽くしていますから、テロ対策と同時に、この利権についても片時も頭から離れないでしょう。

実は中国もカスピ海の油田を狙っています。国内原油の枯渇が危ぶまれる中国にとって、石油資源は喉から手が出るほど欲しいものだからです。海軍力の弱い中国にとって、マラッカ海峡を通らずに中東の石油をいかに輸入するかは常に頭を悩ませてきた問題で、地続きのパイプラインでカスピ海油田が手に入れば問題は一挙に解決する。中国は米国への情報提供の見返りとして、カスピ海からの石油供給を米国に必ず申し入れるはずです。

中西　私は今度のことで、将来、アメリカが中国を排除してアフガニスタンに戦略的な橋頭堡を築けば、そこで中国と再度、ぶつかる可能性も高いと思っています。

春名　なるほど。同時にアフガニスタンはヘロインや阿片の世界有数の産地でもあり、これがタリバンの有力な資金源にもなっている。すでにアメリカでは初期の作戦でけし畑を爆撃せよとの意見が出ています。

アフガニスタンからの麻薬の流通ルートはアフガニスタン北側のウズベキスタンを通ってヨーロッパへとつながるものです。この麻薬の流入を封じるためにドイツは、相当な数のエージェントをウズベキスタンからアフガニスタンにかけて配置しています。麻薬ルートはタリバンの資金源であると同時に、ロシアとヨーロッパにつながる情報ルートともなっています。アメリカにしてみれば、これを叩かない限り、この戦争に勝利することは難しい。

テロ事件の直後にアーミテージ国務副長官がロシア行きを決めたのも注目されます。九月十九日、アーミテージがロシアで会った相手はトゥルブニコフ第一外務次官です。ほぼ同時にイワノフ外相がワシントンでパウエル国務長官と会っているのにもかかわらず、なぜアーミテージはわざわざロシアまで行ったのか。

中西　秘密工作の匂いがしますね。

春名　ええ、アーミテージは海兵隊出身でベトナム戦争のころからパウエルと親しい。ベトナムでは麻薬密輸に関わる山岳民族を使った秘密工作に携わっていました。私は数年前にアーミテージの自宅に行ったことがありますが、ベトナム人の執事がいて、鮮やかなベトナム語で指示を与えていたのが印象的でした。

彼がロシアで会ったトゥルブニコフは実は元ＫＧＢで対外情報局の前長官でもある。彼らがどんな話をしたのか非常に興味深いですね。麻薬ルートとロシアのエージェントによる秘密工作の話題が出なかったはずはありません。

中西　十九世紀に世界の覇権を握った大英帝国はアフガニスタンを中心に東西南北の十字を立てて地政学的な整理を行い、インドを中心とするアジアの植民地経営の羅針盤としていました。歴史的に見ると、この十字路に沿う形で、北からはロシアが南下し、南からはインドを通って大英帝国が侵入しています。この覇権争いは「ザ・グレート・ゲーム」と呼ばれ両国は熾烈な戦いを繰り広げました。また東からは中国も西進してきた。

アフガニスタンは、大英帝国の軍隊を全滅させ、ソ連軍も十年にわたる戦争の末敗退した。歴史をさらに遡れば、アレクサンダー大王の東征もアフガンの地で止まっている。それはかの地のです。

険しい山岳地理ばかりが原因ではなく、大国と大国の力がぶつかる地政学的な十字路だったから

実際、大英帝国が敗北したのは北から侵入したロシアの秘密工作が原因だし、ソ連がやられたのは南のパキスタンから侵入したCIAの秘密工作が一因ですからね。ブレジンスキーやキッシンジャーなどの十九世紀的な地政学を身につけている人たちはそのことがわかっていて、どこまでやったら危険だといったセンスがあるのですが、ライスあたりではまだ難しいかもしれません。

春名　ブッシュには手にあまるでしょうね。

中西　春名さんが指摘された石油と麻薬のルートもまさにアフガニスタンで十字に交わるわけですが、もしここにヘゲモニー的な形で手を出すなら、アメリカは大きな戦略的コストを覚悟する必要があるでしょうね。ロシアと中国は表面では米国に協力する姿勢を見せていますが、今後、この関係が中央アジアでの戦略利権を巡ってどのように転化していくかわかりません。どの国も不用意に足を突っ込みすぎると非常に危険な地域です。覇権国がいずれもアフガンで躓《つま》いている。

春名　困ったことに、日本政府の対応ぶりを見ていると、こういった地政学や国際関係の情勢変化にまったく無頓着のように見えますね。湾岸戦争のときのトラウマがあるせいか、米国にアピールしようとする姿勢ばかりが目立ちます。

中西　今回の事件は湾岸戦争とはまったく意味が違って、何よりもテロ事件であるという認識が大切です。外資系企業に勤める日本人社員を含めれば五十名近くの日本人がニューヨークで行方不明になっているんですから、アメリカが日本に何を望むかはさておき、テロ事件の当事国と

して日本政府は主体的な姿勢を示すべきでした。直ちに人道的な非難を表明し、アメリカへの共感の姿勢を示すのが遅れたのは小泉首相の明らかなミスです。

しかも他国の首脳に比べて出遅れたと批判されて慌てたのか、その後十分な判断もせずに自衛隊の派遣などの支援策を矢継ぎ早に決めてしまった。集団的自衛権の問題まで見据えて、大きな決断をして取り組まなければならない問題なのに、「憲法の枠内」と言いつつあまりに無原則な対応に見えます。

春名　この十年だけを振り返ってみても、イスラム過激派によるテロの犠牲になった日本人は非常に多い。九七年にエジプトのルクソールで十人が銃殺され、九八年にはタジキスタンで国連政務官の秋野豊さんが殺害された。さらに九九年にはキルギスで日本人技術者たちが拉致されています。

にもかかわらず、これらのテロに対して日本が断固たる姿勢を見せたことは一度たりともないんですね。事件のたびに妥協を重ねてきた。キルギスの事件では犯人に相当な額の身代金を渡したと言いますし、ペルー大使公邸事件でも当時の外務次官をキューバに派遣して、テロリストたちと取引しようとした。七七年、ダッカの日航機ハイジャック事件のときに福田赳夫首相（当時）が「人命は地球より重い」と言って、テロリストたちを釈放してしまいましたが、もしも今後もこういった態度でテロ事件に臨むとしたら欧米諸国の集中砲火をあびることでしょう。テロ対策を巡って日本と欧米社会との間で「文明の衝突」を起こしかねません。

中西　田中外相が極秘に米国から伝えられた米国務省の避難先を記者団に話してしまいました

ね。米国政府はカンカンになって怒り、以後外相には絶対に重要情報を伝えないようになったようです。こうなるともはや危機管理以前の状態で国家の体をなしていない。

春名　今回の事件直後、日本にイスラム原理主義過激派が十二人入国していたことがＣＩＡからの問い合わせでわかったのですが、入国管理局は確認作業に一カ月かかると返事して、ＣＩＡの担当者を怒らせたといいます。金正日の息子の金正男が偽名パスポートで何度も入国していたのに入管は気づかなかった。海外の情報機関からの通報ではじめて知ったんですからね。テロリストにとって日本は天国のような国ですよ。

中西　日本は政府も国民もこの同時多発テロによって戦後の安全保障の大きな枠組みが変わったことを一日も早く理解しないと、二十一世紀の世界からとりのこされることになる。本当の意味で新しい世紀に入ったのです。

（「文藝春秋」二〇〇一年十一月号）

春名　アフガン全土に及んだ米軍の大規模な空爆作戦に続いて、特殊部隊による作戦が展開されています。米英軍によるアフガン作戦は一見、順調に進んでいるように見えますが、実際はタリバンは予想以上に頑強で、米軍はてこずっていると思います。ペンタゴンも「越年必至か」という情報を流し始めました。空爆と特殊部隊作戦、そしてタリバン後の受け皿づくりという三正面作戦の連携がうまく行っていないんですね。

中西　ブッシュ大統領やラムズフェルド国防長官は「見えない戦争」であるとしきりに言っています。たしかにアフガンの山岳地帯に隠れるテロリストたちの姿は見えないし、どこで戦争が終結するのか、先行きも見えない。しかし今回の戦争の場合は、「見えない戦争」というよりも「見せない戦争」といったほうが正確ではないでしょうか。湾岸戦争のときにも、肝腎の地上戦に入ると米軍は情報を徹底的に遮断した。しかし湾岸戦争と比べても、特殊部隊が中心の今回の作戦は秘匿性がうんと高いと思いますね。シークレット・ウォー（秘密戦）がこの戦争の基本コンセプトになっている。

春名　反タリバンのアブドゥル・ハク元司令官が捕まって処刑されました。彼はザヒル・シャー元国王を受け入れるよう各地の長老を説得して回ろうとしてタリバンに通報されたんですね。空爆後、長老たちの反米ムードが高まっているのでしょう。ハクはＣＩＡとけんかして金ももらわず潜入したので、空爆と連携していなかったのです。「見せない作戦」のように見えましたが、いずれにしても、敵に露見してしまったわけです。

中西　誤報か情報操作か、よくわからない奇妙な情報がずいぶん流されています。十月半ばにムタワキル・タリバン政権外相の亡命説が飛び交いましたし、タリバンとアルカイダが武力衝突を起こしたという誤報もあった。これらの情報は意図的に流されたカッコ付きの「誤報」とも疑ってみるべきで、日本のメディアは発表をタレ流すのではなく、もっと目をこらして報道すべきですね。

十月十九日に「特殊部隊投入」の報道が流れ、タイミングよくビデオ映像が各メディアに提供されました。あのニュースもアメリカ国内の炭疽菌騒ぎを静めるために意図的に流されたリークだと私は見ています。空挺部隊のビデオ映像を見ても、実施された地上の作戦は日常的に行われている威力偵察の域を出ない小規模のものです。しかしあの映像のおかげで、世界中のニュースで炭疽菌騒ぎが二番手になったのですから、情報戦略としては大ヒットだといっていいでしょう。

春名　もしかするとわれわれは巧妙に騙されているのではないか。そんな疑問もふと脳裏をよぎりますね。

中西　同時に世界中のメディアが「湾岸ボケ」しているのも気がかりです。「空爆」から「地上戦」へという報道の流れは、湾岸戦争を踏襲したもので、湾岸戦争のアナロジーで今度の対テロ戦争を理解しようとすると大きな間違いを犯します。「湾岸ボケ」しているのはアメリカのブッシュ政権も同じ。彼らはいま、アフガン軍事制圧に躍起になっていますが、この戦争が根本的に性質の違うものであることがわかっていない。

春名　湾岸戦争のときの敵はイラクだけで、国と国との戦争という意味では古典的な戦争だったといえます。しかし今回の敵はアフガニスタンという国でもなければ、アフガンのリーダーでもない。敵はアフガンにもいますが、アフガンだけにいるわけではないのです。

中西 対テロ戦争の「最前線」は、アフガン国内の戦場ではなく、まず第一にテロリストが難民に紛れて脱出しつつあるパキスタン国境、それにカシミールや北の中央アジア国境でしょうね。第二の「最前線」は、イスラム原理主義グループの国際的なネットワークでしょう。パキスタン、ウズベキスタン、タジキスタン、トルクメニスタンの中央アジアから、サウジアラビア、エジプト、スーダンのアフリカ、そして北欧や西ヨーロッパまで、彼らのネットワークは張りめぐらされています。イスラム原理主義グループは「グローバリゼーションの申し子」でつねに国境を悠々と越えて活動している。こういった国際的なテロ組織の本質が今回の戦争とその戦場のあり方を前代未聞のものとしているのです。

たとえば、「アルカイダ」はビン・ラディンが率いる原理主義グループですが、エジプトやサウジ、スーダンや西欧に大きな根城を持っています。むしろアフガンにいるのは一部の勢力で、多くは中東・北アフリカにいるという説が有力です。イギリスのある専門家によれば、総勢四万〜五万人もの戦闘集団を保持しているといいます。

春名 アルカイダでは、リーダーのビン・ラディンがサウジアラビア人で、ナンバー2のザワヒリとアテフはエジプト人。ザワヒリは元医者でアテフは元警官。彼らは故国を追われてアフガンで活動していますが、エジプト国内のみならず、各国のイスラム原理主義勢力から強力な支持を受けています。

中西 その強力なネットワークがテロという形で機能するから怖いんですね。

春名　そうなんです。だからアメリカがアルカイダをアフガンから駆逐したとしても、彼らが潜り込める国はいくらでもある。隣国のウズベキスタンやトルクメニスタンの彼らと親密な組織は喜んで受け入れるでしょう。たとえアルカイダやタリバンの殲滅に成功しても、テロの火種はまったく消えず、場所を移して再開されるだけで、「最前線」は常に移っていくわけです。

中西　だから、アフガンだけに目を奪われていると大変な失敗をする羽目になると思いますね。

春名　パキスタンのムシャラフ政権はすでにぐらついています。パキスタンには最高指導者層に原理主義者が大勢いて、ムシャラフ大統領のアメリカ協調路線に対する風当たりは非常に強い。対テロ戦争が始まってから、三軍統合情報部（ＩＳＩ）のトップだったアフマドは辞任させられました。アフマドは同時テロ発生時にたまたまアメリカにいて、アーミテージ米国務副長官と会っていますが、おそらくそのタリバン寄りの姿勢を、米国から拒絶されたのでしょうね。

中西　ＩＳＩはタリバン政権の後ろ楯となっていましたから、対タリバン戦争が起これば組織の危機的な亀裂が起こっても何の不思議もありません。それは即、パキスタン国家の危機につながる。おまけに、北東部のカシミール地方ではインドとの火種を抱えているから大変です。十月に入ってからインドと割合大きな衝突を繰り返しており、不安定な情勢が続いているし、いつ政権が引っ繰り返ってもおかしくありませんね。

「熱狂と腐敗」の二十一世紀

春名　イスラム原理主義グループは資金源も豊富です。これはアルカイダの例ですが、ＣＩＡ

が摑んだ情報によれば、サウジアラビアの寺院関係のチャリティだけで、毎年数十億円も送金があるという。親米路線を打ち出すサウジの王室やビン・ラディン一族から縁を切られたオサマ・ビン・ラディンですが、彼の運動に共鳴する人間はサウジ国内では、むしろどんどん増える傾向がにあります。

中西　資金源を断とうとして、アメリカが中心になってビン・ラディン関係の資産凍結を一生懸命にやっていますが、なかなか効果が上がらないでしょうね。というのも、意外なことに彼らの資金は「クリーンな」お金が多いのです。食品やハイテクの機器やソフト販売など、「正業」で稼いだ売上げが大変な額とされ、加えてイスラム世界の金持ちが学校や病院へ寄付した「浄財」の一部が彼らの手元に流れ込んでくるシステムができ上がっているといいます。表向きグローバルなビジネスや慈善事業のお金だから、闇資金の世界だけを洗っても引っかかりにくいし、それだけに資金源を根絶するのは厄介な作業なんですね。

春名　原理主義に走るのは圧倒的に若者が多いんですが、今日のイスラム社会では若者が将来の夢を持てるような状況にはないんですね。そういった社会状況が原理主義を育む土壌になっている。たとえばサウジですが、この二十年間で人口が八百万人から、二千万人にまで増えている。外国人労働者が急増しているんですね。石油以外の産業を育ててこなかったせいで若者たちに仕事がない。その彼らを虜《とりこ》にしているのが麻薬と原理主義なんです。

中西　サウジといえば王室がいまだにビン・ラディンと密接な関係を持っているという噂が根強くささやかれています。先日もサウジの王子がニューヨーク市へ一千万ドル寄付したのをジュリアーニ市長が返却しましたね。ジュリアーニは、「米国のパレスチナ政策はイスラエル寄りだ」とする王子の不穏当な声明を返却の理由に挙げていましたが、あまりに不自然な反応でした。おそらくＣＩＡあたりからサウジの王子と原理主義グループとの関係を知らされて、返したというのがことの真相ではないでしょうか。

春名　サウジの王室は表向き、ビン・ラディンを国外追放にしていますが、本当に縁が切れているかどうかは怪しいものです。今年の八月末にサウジアラビアの情報機関のトップだったトルキ・ビン・ファイサル王子が辞任しています。彼はアフガン戦争でビン・ラディンとともに戦ったかつての同志。本音ではビン・ラディンの活動に共鳴していたはずですが、親米路線を取るサウジ王室にあっては、ビン・ラディンとの関係を放置するわけにはいかない。おそらくそうした矛盾の中で辞めていったのでしょう。あるサウジの王子の二人の子息がＦＢＩの取り調べを受けたという情報もある。原理主義は下層民だけでなく国の指導者層までも虜にしているのです。一歩対応をあやまれば、こうした原理主義が爆発する危険がある。もしもサウジで火がつけば、アフガンどころの騒ぎではありません。サウジの原理主義者の間では、同時多発テロはイスラエルの情報機関・モサドの陰謀であるという説が事件の真相として広く信じられている状況を、甘く見てはいけませんね。

中西　この戦いの「天王山」は、原理主義の最大の標的であるサウジとエジプトの現政権がどうなるか、ということです。ここが崩れると世界史的変動が起こります。あるイギリスの学者は、アフガンの山に爆弾を撃ち込むより、イスラム教徒向けの大メディア作戦にもっと真剣に取り組むべきだと提言しています。テロ事件では多くのイスラム教徒が犠牲になっているのだから、そのことをもっと宣伝して、一般のムスリムと原理主義を分断しろというわけです。

春名　ビン・ラディン声明が中東の放送局アルジャジーラから流された直後に、英国のブレア首相が同局のインタビューに応じたのも、そうしたメディア戦略の一環なのでしょうね。

中西　その意味では、この戦争の本質は「心の戦い」という点にあるのですね。米国民のテロに対する不安心理をどう取り除くか、と同時に、原理主義に走るイスラム教徒の心をどう感化していけばいいのか。長期的なスパンで眺めれば、この課題のほうがアフガンの平定よりもずっと重要であり、かつ難しい。

少し大きな話になりますが、二十一世紀の時代思潮は「熱狂と腐敗」になると私は見ています。すでにその傾向はどの社会にも見て取れますが、イスラム社会にも見事に当てはまる。イスラム世界のいまの精神状況は、原理主義のような「熱狂」に走る人々が急増するいっぽうで、サウジやエジプトの政権はもちろん、ＰＬＯのように本来、闘争組織なのに完全に「腐敗」した組織が排除されずに脈々と生き残っているのが特徴です。

春名　「熱狂と腐敗」の行き着く果ては、秩序ある社会の崩壊しかありません。この風潮には何とかして歯止めをかけなければなりませんね。

中西　もしも二十一世紀に核兵器の引き金が引かれるようなことがあるとすれば、「熱狂と腐敗」が融合したときになるでしょう。その意味では中央アジアが舞台になる可能性は非常に高い。もしもパキスタンでクーデタでも起これば、保有する核兵器がいつ原理主義グループの手に渡るかわかりませんし、すでに旧ソ連の解体後、冷戦後の世界で「腐敗」の象徴であるグローバルな闇経済のネットワークを通じて、ロシアの核兵器が大量に中央アジアや中東に流出しているという説もあります。

春名　「九・一一」の直後にパキスタンの核については、米国のエネルギー省とCIAが査察しようとして、協議に入りました。核を安全な管理下に置くには、トリガー装置を外して、別のところに保管することが重要なのですが、パキスタン側は果たしてそこまで合意するかどうか。

中西　パキスタンの原理主義の高級将校は、どこにトリガー装置を隠しても、その場所をつかんでいるでしょうね。

コネと利権が絡み合う

春名　二十一世紀が「熱狂と腐敗」の世紀になるとすれば、それに対抗するためには「大義」が必要です。ところが、いまのアメリカに本当に大義があるのでしょうか。今回の対テロ戦争も一皮剝けば、覇権と利権をめぐる争いになっています。

中西　アフガニスタン、トルクメニスタン、サウジアラビア……。原理主義が跋扈《ばっこ》する国はアメリカの石油利権と切っても切り離せない国ばかりですからね。私は、日本が対米支援するのは、日本の国益上、不可欠だと思いますが、同時にこのこともよく知っておくべきだと言っているのです。

春名　ブッシュ大統領はテキサスの石油ファミリーの出身、チェイニー副大統領は世界最大手

石油掘削会社の前会長。ブッシュ政権は石油業界に支えられていますから、今回の戦争を石油利権抜きには考えられない。ブッシュ政権はオールドエコノミーの信奉者たちの集団で、ウォール街出身者が多かったクリントンのニューエコノミー政権とは対照的です。

中西　財務長官のオニールでさえ、金融ではなくアルミ業界の出身ですね。

春名　サウジの財閥ビン・ラディン・グループの総帥であるバクル・ビン・ラディン、つまりオサマ・ビン・ラディンの兄にあたる人物ですね。実はこのバクルと、父親のほうのブッシュ元大統領は以前から個人的に親しい関係にあって、何度か会食している仲です。

彼らを繋ぐのは石油だけではありません。ビン・ラディン家の資産を預かって運用しているアメリカの投資ファンド、カーライル・グループも旧ブッシュ政権とは深い関係にあります。このファンドは元国防長官のカールーチが会長を務め、ブッシュ元大統領やベーカー元国務長官が顧問という形で籍を置いている。しかも、カールーチは軍産複合体の代表選手である現国防長官のラムズフェルドとプリンストン大学レスリング部の先輩後輩の関係できわめて親しい。加えて現駐サウジ大使のロバート・ジョーダンは、かつてブッシュ現大統領の弁護士をしていた人物です。サウジと新旧ブッシュ政権とは、コネと利権が絡み合っているのです。ビン・ラディン家はこのほどサウジ国内の批判を受けて、約二億五千万円の投資資金をカーライルから引き揚げたんですが、そうせざるを得ないほど、サウジ国内で王室とブッシュ政権との癒着批判が強まっているのは驚きです。

中西　冷戦時代は、アメリカも、もっと首尾一貫して自由と民主主義を守るという大義を掲げ

ているように見えたものですが、いまは大義の陰から私利私欲がややストレートな形で見え隠れしていますね。

春名　現政権の若手エリートも石油利権と無縁とはいえない。いまホワイトハウスで中心になってアフガン戦略を練っているのは、アフガニスタン出身のカリルザード大統領特別補佐官です。

中西　彼はカブール生まれで、保守系シンクタンクのランド研究所にいた。今やグランド・ストラテジストの代表ですね。

春名　カリルザードは政権に入る前、ユノカルという石油会社の顧問を務めていました。ユノカルはアフガン利権そのもので、トルクメニスタンからパキスタンに抜けるパイプライン計画をタリバンと組んで進めようとしていた会社です。キッシンジャーもユノカルの顧問です。

カリルザードだけでなく、安全保障担当のライス大統領補佐官も、この政権に入る前、大手石油会社のシェブロンの社外重役を務めていたことが最近わかりました。スタンフォード出身の学者ですから、利権とは無関係だと思っていたらそうではなかった。シェブロンには彼女の名前を付けた「コンドリーザ・ライス号」というタンカーまであるそうです。

中西　法律に違反しないとはいえ、ここまで癒着が進めば、やはり「腐敗」ということになるかもしれませんね。

春名　イスラム各国で反米デモが盛り上がる理由もわかるような気がしますね。テロ事件の直後にブッシュ大統領は「自由と民主主義を守る戦いだ」と宣言しましたが、そのメッセージが空虚に響くようでは戦いは貫徹できない。

中西　いまのアメリカの指導者たちは、アメリカ国民の心だけに気を取られ過ぎて、海外からの反応を敏感に受け止められる人が少ないですね。炭疽菌でパニックになりそうだからということで、国内向けにアフガンでの作戦が順調に進んでいることを必死にアピールするのもいいですが、あまり内向きな姿勢が目立つと国際社会の信頼を失います。国際情勢に敏感に反応しているのはパウエル国務長官くらいではないでしょうか。

春名　ところが政権内でパウエルはタカ派に押されつつありますね。湾岸戦争で採用された「パウエル・ドクトリン」も対テロ戦争では結局、適用されないことになりました。

中西　戦争の終結方法をあらかじめ決めておくという「パウエル・ドクトリン」は、この戦争では難しい。

春名　おかげで戦争の終結もいつになるか、目処《めど》はまったくついていない。短期的な予測だと来年の春までという説がありますが、ブッシュ大統領は小泉首相に二年かかるかもしれないと言っている。そもそも何をもって戦争を終結させるか、誰もはっきり言わないから、予想のしようがないんですね。パウエル国務長官は「テロがほとんどなくなって、人々が安全に暮らせる状態になれば勝利」だと言いますが、この定義も曖昧です。

中西　国際協調派のパウエルが孤立しているとすれば、ブッシュ政権がバランスを失いはじめたことを意味します。

穏健派の後退によって、政権内ではイラクへの戦線拡大が既定路線になる可能性が強まります。キッシンジャーなどの有力者が参加している国防総省のアドバイザー会議でも、イラク作戦への

方向づけをしています。炭疽菌とイラクを結び付ける見方もメディアに登場し始め、国連でイラクの大量破壊兵器の査察委員をしていたリチャード・バトラーなどがテレビで、さかんにイラク関与説を仄《ほの》めかしていますね。彼はかつて国連要員でありながら、CIAとの関係を取り沙汰されて、辞任に追い込まれた人物です。

私はいまの状況だと六分四分くらいの確率でイラクまで戦線が拡大するのでは、と思っています。フセイン政権の打倒は、ブッシュ父政権から十年来の悲願ですから、チェイニー副大統領やラムズフェルド国防長官といった湾岸経験組のタカ派には、この機会にやっておかねば、との思いがあるのでしょうね。

春名　ウールジー元CIA長官もイラクの関与を示唆する発言を繰り返しています。彼はイラク内の反フセイン派と密かに接触しているくらいです。ウルフォウィッツ国防副長官を筆頭に、「ネオ・コン（新保守主義）」派の現役、OBたちが一体になって声高にイラク攻撃を主張しているわけです。同時多発テロ事件直後の国家安全保障会議でも、ウルフォウィッツはイラク爆撃を主張したのですが、ブッシュ大統領はアルカイダを討伐するのが先だと言って、GOサインを出さなかった。しかし却下したというわけではなく、結論を持ち越しているんです。だからウルフォウィッツはその後も繰り返し戦線拡大を唱えている。

こうした動きにはさすがに警戒論も出てきました。たとえば孤立主義者の元大統領候補パット・ブキャナンは最近の論文で「対テロ戦争は誰のためか」と問うています。「イスラエルのための戦争ではないか」と暗に言っているわけですね。ウルフォウィッツはブッシュ政権の中で最

も地位の高いユダヤ系で、イスラエルの期待を一身に背負っていると言われている人物です。ブキャナンはイスラエルとアラブの戦争に巻き込まれるのは御免だと言いたいのでしょう。

中西　一方で、国務省の政策企画局長のリチャード・ハースが中心になって、元国王のザヒル・シャーを引っ張りだして、ポスト・タリバンの政権作りの工作をしていますね。

春名　彼はパウエルの子分で政策企画局長でありながら、アフガン担当に指名された。タカ派の連中はハースはイラク利権を代弁していると非難しています。

中西　政権内の人間がそれぞれ勝手に動いて、異なるコンセプトから別方向に手を広げているように見えますね。これで果たして収拾がつくのか。

ウズベクも火種になる

春名　アフガンのポスト・タリバンを巡っては早くも各国の駆け引きが始まっていますから、アメリカの思惑どおりにいくかどうかは予断を許しません。

中西　日本ではあまり注目されませんが、アフガン北部と国境を接するウズベキスタンの動きはもっと注意して見ておかねばなりませんね。いまのアメリカが急接近しているウズベクのカリモフ大統領は旧ソ連共産党の生き残りですが、これが大変な野心家ときている。周辺のトルクメニスタン、タジキスタン、カザフスタンなどへの膨張意欲を隠していません。いまはアメリカ軍の山岳師団と海兵隊が大量に駐留しているから大きな動きはないでしょうが、カリモフがこの機会を利用してアメリカに恩を売ろうとしているのは間違いありません。

春名　どんな見返りを要求しているかわかったものではありませんね。すでに十月にラムズフェルド国防長官が訪問した際、米軍の駐留に際して地位協定を結んだという話もある。ウズベクには資源はないんですが、キルギスやタジキスタンには豊富にある。カリモフ大統領はそれを狙っているわけです。

中西　このままゆくとカリモフが次のサダム・フセインになる可能性もあります。フセインがイランに対してしたように、はじめは米軍から大量の武器供与を受けておいて、戦後一気に隣国に攻め込み、その後はアメリカが叩く側に回る羽目になる。中央アジアの国境線はもともとスターリンが引いたものですから、その点でもイラク、クウェートあたりと似ており、野心家が尊重するわけがない。アメリカが肩入れしすぎると、ウズベクが次の火種になりかねません。

春名　ウズベク国内の原理主義勢力も非常に力を持っていますね。ウズベキスタン・イスラム運動を指揮するナマンガニ司令官は、いまタリバン政権に参加して、枢要な位置を占めています。九九年にキルギスで日本人技術者の拉致事件がありましたが、実はあの事件の主犯がナマンガニでした。

中西　ウズベクが中央アジアの覇権を目指せば、旧宗主国ロシアが黙って見過ごすはずがありません。将来、中央アジアをめぐってロシアとウズベクが対決することもありえます。ロシアのプーチン大統領は元ＫＧＢマンですから、その辺の勘は非常に鋭い。アフガンに残してきた旧ＫＧＢの情報網を活用して、積極的にアメリカに情報提供を行っています。アメリカに恩を売って、戦後の中央アジア経営に対する影響力の確保を狙っているのです。ロシアの情報網はタリバンの

奥深くまで入り込んでいますから、アメリカが喉から手が出るほど欲しがるような情報も多く含まれているといいます。おかげでワシントンでのロシア情報の評価はうなぎ上りだそうです。

春名　プーチンがアメリカへの影響力を高めると、アメリカと一体となって対テロ戦争をもり立てているイギリスのブレア首相は心穏やかではないですね。

中西　孤立するパウエルの後ろ楯となっているのはブレア首相ですね。国際協調路線はこの二人が一致協力してリードしているようなものです。ブレアが今回、ことのほか頑張っているのは、パウエルの路線を応援しなければ、との思いが強いからです。

春名　たしかにブレアの活躍は目立ちますね。世界の盟主はアメリカではなく、イギリスではないかという気さえしてきます。九月十一日に事件が起きたとき、ライス補佐官はホワイトハウスの地下室から駐米イギリス大使に電話を入れている。おそらく、万が一のときには頼みますよ、という重大な申し入れをしたのではないか。

中西　思い出すのは一九四〇年のチャーチル・ルーズベルト合意です。あのときはロンドンがドイツ軍に占領された際に、イギリス政府はニューヨークへ移るという手筈が整えられていた。やはり米国とイギリスの間には「危機においては一つの国になる」という一心同体のＤＮＡが埋め込まれているんです。

春名　ポスト・タリバンのアフガン政府をどうするか、という話も出始めましたが、実は、ブッシュは先の大統領選で、「ネーション・ビルディング（新国家建設）」は絶対にやらないと言って当選したんです。クリントンが、コソボやソマリアで評判を落としたのを見て、逆の立場を鮮明にしたわけです。ところがアフガンでは新国家建設に関わらざるをえない状況に追い込まれつつあります。

中西　だからそのお鉢を日本に回そうと思って必死に工作しているんです。ＡＰＥＣの一週間ほど前からさかんに「日本中心のアフガン復興支援」という発言が出始めた。アメリカ軍の後方支援を自衛隊がやるのは大変よいことで、日本の国益だと思うのですが、アフガン復興への貢献はそこそこにすべきで、深入りは避けるべきです。たとえポスト・タリバンに新たに部族連合の政権を作っても、長続きするわけがない。

春名　ペシャワールなどで診療所を開いている中村哲さんによると、アフガンではタリバンにかぎらず、普通の民家でも武器を持っているという。

中西　ええ、武装し、つねに戦うのが部族の誇りなんですね。こういうややこしいところに、果たして日本の国益はあるのでしょうか。湾岸戦争のときの単純な「国際貢献」の発想だけで、東京でアフガン復興会議を、などと唱えて小泉首相は例によって前のめりで突っ走っていますが、これは靖国参拝と違って、途中でやめたというわけにはいかない。カンボジアとはまったく状況はちがうのです。少なくとも、アフガンに深く関わることの大きなリスクを知った上で、覚悟をもって事にあたろうとしているのか、大いに疑問です。

（「文藝春秋」二〇〇一年十二月号）

初出一覧

二〇世紀の「負の遺産」（「文藝春秋」二〇〇一年十月緊急増刊号「グローバル・テロによる超世界戦争の始まり」を改題）
自爆テロの研究（「文藝春秋」二〇〇一年十一月号）
その時、ホワイトハウスは…（「文藝春秋」二〇〇一年十一月号）
暴力の悪循環が始まった（「文學界」二〇〇一年十一月号「同時多発テロと戦争」を改題）
戦争の枠組みを決めたブッシュ議会演説（「ニューヨークタイムズマガジン」二〇〇一年十月七日号）
「開かれた社会」の「敵」（「諸君！」二〇〇一年十一月号）
アラブの大義とは何か（「文藝春秋」二〇〇一年十一月号「アラブの大義とアメリカの正義」を改題）
キリスト教徒から見たイスラム（「諸君！」二〇〇一年十二月号「我ら、キリスト教徒から見たイスラム」を改題）
世界恐慌から世界戦争へ（「文藝春秋」二〇〇一年十一月号）
「戦時経済」を覚悟せよ（「文藝春秋」二〇〇一年十一月号）
米国ドル支配の崩壊（「文藝春秋」二〇〇一年十一月号）
日米同時恐慌という悪夢（「ニューヨークタイムズマガジン」二〇〇一年九月三十日号）
日本はテロリストに立ち向かえるのか（「諸君！」二〇〇一年十一月号「今こそ『日の丸』を立てる秋！」を改題）
自衛隊派遣の是非（「諸君！」二〇〇一年十一月号「非道テロに『自衛隊派遣』——どこが悪い!!」を改題）
際限のない「熱狂と腐敗」（「文藝春秋」二〇〇一年十一月号『石油』と『麻薬』の戦争が始まる」、同十二月号「火種はアフガンからサウジへ」を改題）